本书为国家自然科学基金项目
“价值溢价的成因与消失之谜：理论与实证”（项目编号：72261031）研究成果

中国经济问题丛书

风险、预期差和价值溢价

姜　圆／著

中国人民大学出版社
·北京·

总　序

我国经济社会的发展与进步离不开我国哲学社会科学的繁荣与发展。新中国走过的伟大历程，不仅给当代学人带来了从事哲学社会科学研究的丰沃土壤与最好原材料，也给我们提供了观察和分析这一伟大“试验田”的难得机会，更为进一步繁荣我国哲学社会科学创造了绝佳的历史机遇。

当前，坚持和发展中国特色社会主义理论和实践提出了大量亟待解决的新问题，世界百年未有之大变局加速演进，世界进入新的动荡变革期，迫切需要回答好“世界怎么了”“人类向何处去”的时代之题。坚持和发展中国特色社会主义必须重视和发展构建中国特色、中国风格、中国气派的新时代哲学社会科学学科体系、学术体系、话语体系及评价体系。加快构建中国特色哲学社会科学，归根结底是建构中国自主的知识体系，必须以中国为观照、以时代为观照，立足中国实际，解决中国问题，不断推进知识创新、理论创新、方法创新，使中国特色哲学社会科学真正屹立于世界学术之林。在实现中华民族伟大复兴的伟大征程中，中国将为人类文明提供中国智慧和中国方案。书写中国故事、归纳中国经验、总结中国智慧正是在这个大背景下获得了特别的意义。

我们策划出版“中国经济问题丛书”的主要目的是鼓励经济学者把文章写在祖国大地上，继续推动中国经济学研究的进步和繁荣，在中国经济学学术著作的出版园林中，创建一个适宜新思想生长的园地，为中国的经济理论界和实际部门的探索者提供一个发表高水平研究成果的场所，使这套丛书成为国内外读者了解中国经济学和经济现实发展态势的必不可少的重要读物。

中国经济问题的独特性和紧迫性，将给中国学者以广阔的发展空间。丛书以中国经济问题为切入点，强调运用现代经济学方法来探究中国改革开放和经济发展中面临的热点、难点问题。丛书以学术为生命，以促进中国经济与中国经济学的双重发展为己任，选题论证采用“双向匿名评审制度”与专家约稿相结合，以期在经济学界培育出一批具有理性与探索精神的中国学术先锋。中国是研究经济学的最好土壤，在这块土地上只要勤于耕耘，善于耕耘，就一定能结出丰硕的果实。

推荐序

资产定价、公司金融、金融市场与机构一道构成了现代金融学的三大核心研究领域，而其中资产定价研究的发展沿革在相当大程度上标志着金融经济学的进步。资产定价理论是旨在研究和决定未来具有不确定收益索偿权的价值或价格的经济学理论，其核心问题可以用一句话来表述，即金融资产的价值或价格等于其期望收益的现值。

从研究方法看，资产定价理论既属规范经济学的范畴，又含实证经济学的内容。资产定价研究之所以属于规范经济学范畴，是因为它力图回答金融索偿权的价值或价格应该是多少，这一问题的答案对企业或个人的金融决策有重要意义。同时，我们也可实证性地利用资产定价理论来理解和解释某一风险资产的历史价格或收益水平。如果该资产的价格偏离理论的预测，那么就有两种可能的原因：一是市场出现失灵，这可为精明的投资者提供有利可图的投资机会；二是理论与实际脱节，因而需要修正理论。

对资产定价问题的规范性研究起源于 18 世纪，可追溯至大数学家丹尼尔·伯努利（Daniel Bernoulli）于 1738 年发表的拉丁文论文，距今已有近 300 年。不过对资产定价问题的描述性研究很早就开始了，具体时间无从考证。伯努利提出的边际效应递减概念，为后来经济学家发展风险决策理论提供了一定的基础。资产定价理论发展的黄金时期在 20 世纪六七十年代，这个时期具有标志性的研究成果包括夏普（Sharpe）、林特纳（Lintner）和莫辛（Mossin）的资本资产定价模型，布莱克（Black）和斯科尔斯（Scholes）的期权定价理论。正如达菲（Duffie，

2002）所言："从 1969 年到 1979 年的十年间，是动态资产定价理论的黄金时期……"尽管 20 世纪 80 年代之后资产定价理论缺乏突破性创新，然而，正如坎贝尔（Campbell，2000）所指出的，从 1979 年到 1999 年的 20 年间，金融经济学家的研究已经大大推进了人们对随机贴现因子这个资产定价之核心的理解，他们已经在很大程度上一般化了随机贴现因子存在的条件，从而拓展了实证资产定价研究的范畴。因为随机贴现因子存在性约束条件的弱化，现实经济中的金融数据得以更自由地被研究人员用来检验并推进已有的理论。

现代金融理论从马科维茨（Markowitz，1952）开始，并在 20 世纪 60 年代取得辉煌的成就。在这些成果之中，无论是早期的资本资产定价模型（Sharpe，1964；Lintner，1965；Mossin，1966），还是较晚的套利定价理论（Ross，1976）、期权定价的布莱克-斯科尔斯公式（Black & Scholes，1973）或二项式模型（Merton，1976），都是以有效市场为假设前提的。可以说，有效市场假说是经典金融理论的基石。有效市场假说是由萨缪尔森（Samuelson，1965）从理性投资者假设出发推导出来，并经法马（Fama，1970）系统总结大量实证成果的基础上建立起来的。然而，理性投资者假设自提出之日起就备受指责，因为它要求资本市场的代表性投资者具有无限的计算与信息处理能力，并且风险偏好符合时间可加性等苛刻的要求。这样的假设显然是不现实的。但以弗里德曼（Friedman）为代表的经济学家认为，评价理论的标准应是其预测而不是假设的正确与否（Friedman，1953）。这种思想加上经典金融理论不断取得重大突破，理性投资者假设逐渐为主流金融学家所接受。

20 世纪 70 年代中期以来的近 50 年时间里，随着计算机技术的进步和主要金融市场研究数据库的建立，金融学家们从不同角度对金融理论进行了广泛的实证检验，与有效市场假说不相符的资产定价异象逐渐引起了学者们的注意，新的研究发现与传统资产定价理论的结论之间存在一定程度的差异，与理性投资者假设有关的讨论逐渐抬头。理性学派尝试在理性投资者假设下对这些资产定价异象进行解释，部分金融学家则转而尝试放松假设，借鉴心理学、社会学等理论成果，从投资者的心理与行为出发建立模型来解释，发展为行为金融学。行为金融学者主张抛弃有效市场假说，并试图建立以心理学或社会学成果为基础的资产定价模型以解释这些异象，由偏差理念模型、非规范偏好模型与有限套利模型等为主要组成部分的行为金融学正在不断取得进展。

市场是否有效是一个长期的争论。面对种种挑战，主流金融学家依然坚持有效市场假说，这部分是因为它能提供一个简洁的分析框架，但更重要的是存在联合假设检验的问题。具体来说，通过实证数据检验有效市场假说的难点在于，“除非明确有效市场运行的基准模型，否则无法检验市场是否真的有效”（Malkiel & Fama，1970；Fama，2014）。也就是说，在理性人假设前提下，我们必须对市场达到均衡时决定资产期望收益率的状态变量和检验模型的具体形式进行明确设定，通过对比根据模型推断出的资产收益率与资产的真实收益率是否存在系统性差异来判定市场的有效性。因此，市场有效性通常需要与决定资产价格的均衡市场模型共同参与联合假设检验。

自法马（Fama，1970）提出联合假设检验问题之后，金融学家都力图去解决这个问题。然而，迄今为止，这个问题还没有一个大家都接受的解决方法。金融学家们不得不在这个问题上预先采取一定的立场。金融学家的立场明显分为两类：经典金融学和行为金融学。经典金融学家坚持有效市场假说，认为所有的资产定价模型都是对资产期望收益率变化的一个不完全的描述，任何市场上的异象都是由资产定价公式的误设所导致的，法马（Fama，1998）甚至直接称联合假设检验问题为坏模型问题（bad model problem），因而所有的市场异象都代表着未确认的系统性风险因素（Campbell & Cochrane，2000）。行为金融学家则认为，市场是无效的，投资者情绪等非理性因素使资产价格持续地偏离其价值，虽然由于联合假设检验问题，许多异象可以解释为资产价格偏离其价值，但行为金融学家认为存在少数情况可以绕开对定价公式的讨论，在这些情况下资产价格偏离其价值是确信无疑的（陈雨露和汪昌云，2021）。

尽管经典金融学和行为金融学面对联合假设检验问题时采取不同的立场，但对这个问题的讨论还可以有另外一个思路，那就是如果存在一个比较符合历史数据的资产定价实证模型，则经典金融学家和行为金融学家都必须对这个模型进行合理的解释：如果这个实证模型的所有定价要素都代表风险因素，并且对这些因素的定价是合理的，则可以说明有效市场假说是合理的；如果这个实证模型的部分要素反映了投资者情绪等非理性因素，或者风险因素的定价不合理，则不支持有效市场假说。从这一角度出发，法马和弗伦奇（Fama & French，1993，1996b）提出的三因子定价模型是经典资产定价的典范，而丹尼尔等（Daniel et al.，2020）的三因子定价模型则属于行为资产定价的前沿研究成果。

就法马和弗伦奇（Fama & French，1993，1996b）的三因子定价模型而言，法马和弗伦奇（Fama & French，2004）以及科克伦（Cochrane，2000）都认为，虽然公司规模和价值本身不是状态变量，但小公司与价值型公司反映了与某些状态变量有关的系统性风险的存在，虽然还缺乏严密的逻辑推导，但他们认为这种风险与经济周期或财务困境有关。行为金融学家却发现经典金融学家的解释并不令人信服。拉科尼肖克等（Lakonishok et al.，1994）根据1963—1990年的数据发现，价值型股票即使在经济衰退期也比成长型股票表现得更好。科克伦（Cochrane，1999）也承认，价值因子和市值因子到底指代什么风险因素目前还不清楚。目前，这方面的争议尚无定论。

由于联合假设检验问题依然没有得到解决，行为金融学与经典金融学关于市场有效性的争议还将持续下去。在行为金融学的推动下，未来金融学在实证方法上应有突破，目前的实证方法尚解决不了行为金融学与现代经典金融学的争论。我们相信，有了更先进的实证方法来探究真实的金融市场现象之后，一个融合行为金融学与现代经典金融学的新金融理论终将出现，这将催生行为金融学与经典金融学均不断出现令人兴奋的研究成果。在融合后的新金融理论形成之前，一个不走极端的金融学者采取的态度是：对任何实证结果同时寻求风险解释与行为解释，并分别判断其合理性。在很多情况下，也许还是无从判断到底哪一个更合理，但这样的分析无疑将加深我们对金融市场的理解。

本书所做的研究正是在以上背景下历经多年所做的一个初步尝试。本书的作者姜圆是我的博士研究生。他是一个富有情怀和探索精神的科研工作者，工作学习勤奋刻苦，学术研究功底扎实。他在对文献深入调研梳理的基础上，立足中国大地深入观察，所做的研究既回归理论本源，又融会了资产定价最前沿的特征事实。在我国倡导探索建立具有中国特色的估值体系这一时代背景下，就以三因子定价模型为代表的资产定价模型本源进行研究，对回答如何对我国金融资产定价既具理论价值，又具现实意义。

汪昌云
中国人民大学教授
国家杰出青年科学基金获得者
“长江学者”特聘教授
2023 年 8 月 1 日

前　言

金融资产如何定价是金融学理论研究的基本问题，围绕对该问题的集中讨论形成了现代资产定价的核心理论体系。

早在 1738 年，丹尼尔·伯努利在圣彼得堡皇家科学院公开演讲时就对商品的预期价值这一范畴进行了讨论。他认为商品的价格并非由其价值决定，而是由其为消费个体所能带来的效用决定。当消费个体的效用水平随着财富总量的增长而增加时，消费个体所拥有的消费品数量也会随之增加，这促使消费个体可以在预期财富总量的变化和与此相伴随的潜在风险之间做出权衡。

尽管“高风险高收益、低风险低收益”这一理念现在已成为近乎公理化的论断从而为人们所耳熟能详，但在伯努利所在的时代，学者一般认为风险和收益是截然对立的两个方面，个体在偏好财富增长的同时，总是期望消除与之相伴的风险。因此，长期以来金融经济学者对风险和收益两个概念通常割裂开来加以研究。这对矛盾体直到马科维茨 1952 年发表《投资组合理论》之后，才真正被有机统一起来。马科维茨认为，个体不可能在最大化投资组合期望收益的同时消除投资组合的全部风险，而是在利用多样化投资消除资产特质风险的同时，通过承担较高的系统性风险获取更高的期望收益，或在降低期望收益的同时减小组合风险——终极擒狼之术在于与狼共舞。这种将风险和收益有机统一起来的理念，对现代金融学理论的发展产生了革命性的影响，风险-收益匹配的思想对人们观察和认识金融市场产生了深远的影响。即使时至今日，这一思想也依旧深入人心，并几经完善从而成为近乎公理化的理论体系。正因如此，马科维茨的投资组合理论被视为现代金融学理论研究的开山之作。

托宾（Tobin）在马科维茨的研究基础之上，于 1958 年提出两基金分离定理，进一步回答了投资者应该持有怎样的风险组合才是最有效的投资组合。此处的“最有效的投资组合”意指单位风险能获得最大回报（最大夏普比）的投资组合，该组合即为市场组合。对于具有不同风险偏好的投资者而言，通过持有 α 单位的无风险投资组合与（$1-\alpha$）单位的市场风险投资组合即可获得不同风险水平的投资组合，α 的具体数值取决于投资者异质性的风险偏好。

然而，马科维茨的投资组合理论和托宾的两基金分离定理在实际应用过程中，均需对资产的方差-协方差矩阵进行估计。以 2 000 只证券估计为例，需估计含超过 200 万个估计量的参数向量或参数矩阵，在 20 世纪五六十年代，如此庞大的计算量难以通过当时的计算机算力达到。即使时至今日，这种计算难度也十分巨大。随着金融市场持续不断波动，方差-协方差矩阵中参数对数据的变化亦十分敏感，即使费时费力地估计出来，其可应用性和可操作性亦随着金融市场的瞬息万变而显得微乎其微。对此，夏普、林特纳和莫辛在 20 世纪 60 年代先后独立提出了著名的资本资产定价模型，解决了马科维茨的投资组合理论和托宾的两基金分离定理在实际应用中所遇到的困难。资本资产定价模型认为，资产的预期收益率唯一的决定因素是资产的系统性风险贝塔。该贝塔可以通过个体资产与市场收益率的简单线性回归得到，投资者获取更高收益的唯一途径是承担更高的系统性风险。自此之后，资产的风险-收益分析框架在现代金融学中以简洁而深刻的形式被正式建立起来，成为现代金融学研究的基本范式和对后期资产定价研究最具影响力的研究基础。

20 世纪 70 年代前，大量文献对资本资产定价模型与实证证据的一致性提供了强有力的支持，略显不足之处在于理论所预测的证券市场线相较实证检验结果更为平坦，即市场提供的单位风险溢价小于理论模型的预测值。但随着时间的推移，资本资产定价模型的合意性受到了越来越多的质疑，产生了学术界对两个问题的“大讨论”：一是投资组合的系统性风险贝塔与预期收益率的相关性逐渐减弱甚至消失，产生了对“贝塔通缉令”的大讨论（Fama & French，1996a）。二是除贝塔之外，存在越来越多的状态变量可以在统计意义和经济意义上更为显著地预测投资组合的预期收益率。基于有效市场假说和资本资产定价模型的一系列市场定价异象不断涌现出来，产生了对“因子动物园”的大讨论（Cochrane，2011）。

以上两大实证证据的出现，对资本资产定价模型理论与现实世界的合意性提出了重大挑战。基于此，以 Fama & French（1992，1993）为代表的研究从拓展定价模型的视角提出了三因子定价模型，认为决定资产收益率的潜变量除市场因子之外，还应加入市值因子和价值因子。该模型在 20 世纪 90 年代大放异彩，解释了大量为资本资产定价模型所不能解释的资产定价异象，自此之后成为学者广泛接受的资产定价模型。

“人无千日好，花无百日红”，法马和弗伦奇的三因子定价模型也概莫能外。三因子定价模型的不足主要在于：模型缺乏严谨扎实的理论基础，市值因子和价值因子为何可以用于解释资产收益率之间的差异，其机理最初并不明了，而仅仅是以“黑箱”形式存在于定价模型之中。围绕对此问题的讨论，风险学派和行为金融学派进行了长达 20 多年的争论，形成了近乎势均力敌的两方观点。以法马和弗伦奇为代表的风险学派在后期的研究中认为，价值型公司相比成长型公司，其财务困境风险更高，账面-市值比这一状态变量本质上反映了不同投资组合之间潜在的财务困境风险差异。而与此针锋相对，以拉科尼肖克为代表的行为金融学派则认为，价值因子的有效性源于投资者基于两类股票历史表现差异错误线性外推未来预期收益率表现，从而形成预期差溢价。

两大学派对价值溢价成因的讨论从具体争议点来看是在就事论事，但其争议焦点涉及的深层次、根本性问题在于，自 1952 年之后所建立起来的风险定价理论体系是否可为资产定价。这是现代资产定价理论的根本性问题。若价值溢价本质上为预期差溢价，这将对现代风险定价理论体系赖以存在的根基形成根本性挑战。因此，从风险角度对价值溢价的成因加以探究，对风险定价理论体系的完备性就显得关键而又紧迫。

大概也是出于这个原因，在法马和弗伦奇的财务困境风险理论为大量实证证据所拒绝后，为弥补实证结果与该风险理论的背离或冲突，后期风险学派就价值溢价的成因进一步提出了股权隐含违约风险理论、系统性风险敏感性理论、市场现金流风险理论、个股现金流风险理论、营运杠杆风险理论、股权久期风险理论、长期消费风险理论等等。

价值溢价消失之谜的出现，对风险定价理论体系的完备性提出了进一步的挑战。自2008年全球金融危机之后，以账面-市值比为价值指标代理变量所构建的价值因子经历了长达15年的低迷期，最大回撤已达55%，且到目前仍不见转机，造成价值因子长期惨淡的表现，这种现象被学术界称为价值溢价消失之谜。目前，已有少量文献对此问题进行了初步的讨论。但严重的问题是，无论就风险学派还是行为金融学派而言，现有的这些对价值溢价消失之谜原因讨论的文献，似乎完全脱离了对价值溢价成因讨论的理论框架。这说明学术界似乎尚未找到价值溢价的真正成因，因此也无法解释和预知价值溢价何以会消失。

风险理论的繁杂性事实上已过于分散了学者的注意力。在面对如此之多风险的同时，学者难以回答哪一种风险才是价值溢价真正的成因。学者对于实证结果显著性有意无意的“精心选择”，在一定程度上可能说明风险理论本身亦具有“风险”：在不同的样本期和不同的数据处理方法下，风险理论的研究结论具有前后不一致性，这可能是价值溢价的风险理论不断推陈出新和至今未能达成一致意见的重要原因。价值溢价消失之谜的出现对风险理论提出了进一步的挑战：如果以上风险理论可以解释价值溢价产生的原因，则这些风险理论理应可以解释价值溢价何以会消失。但从现有研究来看，尚无任何实证证据表明价值溢价的消失是由成长股风险的上升或价值股风险的下降驱动的。

价值溢价成因解释的前后不一致性和价值溢价消失之谜的出现，对资产定价理论体系产生了剧烈的冲击。现代金融学理论认为，多因子定价模型中的定价因子是决定资产收益率差异的潜在风险源，不同的定价因子捕捉了资产收益率特定的潜在风险，因而多因子定价模型被称为风险定价模型，而价值因子长期以来被认为是这些风险定价模型中居于核心位置之一的风险因子。然而，如果风险理论既不能一致地解释价值溢价因何会产生，也不能有效地解释价值因子为何会有效，更无法解释价值溢价何以会消失，那么将资产定价模型称为风险定价模型的合意性将从何谈起？风险-收益补偿理论与实证证据的自洽性将体现在何处？

到目前为止，就以三因子定价模型为代表的多因子定价模型在我国A股市场的合意性，已有不少实证检验的研究成果，已在主流文献中公开发表的研究成果总体上支撑风险定价模型的适用性。然而，针对我国A股市场就单一因子有效性根源探究的文献则十分有限，对资产定价理论的基础性研究仍主要以美股市场为研究对象和研究蓝本，使用“国际语言”讲述“中国故事”，仍然以西方理论在我国市场中的实证检验为主要特征。因此，关于A股市场是否可在风险理论框架下为资产定价的文献则少之又少。

本书从风险和行为金融学两个视角出发，聚焦对价值溢价成因的讨论，并对价值溢价消失之谜的特征事实和未来可值得继续拓展之处提出展望。从本书的基本结论来看，作者并未发现风险理论可为价值溢价的产生和消失提供支撑性实证证据。因此，从价值溢价这一单因子视角来看，本书对风险定价理论体系在A股市场上的适用性提出了谨慎的质疑。然而，A股市场底层的定价逻辑是什么，则是一个尚未解决的开放性问题，需通过广大学者同仁在未来的研究过程中共同努力加以解决。

在本书各章节的研究和撰写过程中，中国人民大学的汪昌云教授付出了大量精力和心血，对笔者给予了研究过程中方向性的指导与近乎“手把手”式的谆谆教诲，引导笔者逐步走上学术研究的道路。厦门大学王亚南经济研究院的韩乾教授亦对核心章节中所涉及的根本性问题给出了富有启发性的建议并对笔者进行了循循善诱的指导。师恩难忘，在此对两位老师的培育表示最诚挚的谢意，对两位老师的品行和学识表示最高的敬仰。本书能够早日付梓出版，有赖于青海大学财经学院应用经济学学位点以及李双元教授、赵玲教授的鼎力支持，亦得到了中国人民大学出版社韩兆丹和冯亚娇编辑的热忱帮助，在此一并表示诚挚感谢。

由于对价值溢价的研究目前仍然是一个较为前沿的话题，尽管作者在研究过程中付出了很大的努力，但受能力所限仍有大量问题尚未得到系统解决，需要与学术界同仁在今后的共同努力下深入研究。书中或存在其他诸多不足之处，恳请各位老师、同学和读者朋友批评指正，期待大家提出宝贵意见与建议。

目 录

第1章　绪　论

第1章作为全书的开篇部分，将从研究背景、研究思路、研究方法三个方面展开，为构建全书的研究框架和明确研究内容奠定基础。

1.1　研究背景

本节主要讨论两个方面的问题：一是为何要研究价值异象；二是为何要基于风险和预期差双重视角。

1.1.1　为何要研究价值异象？

有效市场假说（efficient market hypothesis）和资产定价模型是现代资产定价理论研究的两大支柱（Fama，2014），而价值异象则是同时对有效市场假说提出质疑和推动资产定价模型研究向前发展最具影响力的资产定价异象之一（Asness et al.，2013）。鉴于价值异象在全球发达和新兴股票市场的普遍性（Fama & French，1998；Asness et al.，2013），以及资本资产定价模型（capital asset pricing model，简称CAPM）在解释资产横截面收益率方面的无能为力，以价值异象为基础所构建的价值因子已成为以Fama & French（1993）三因子定价模型为代表的多因子定价模型的核心定价因子之一，为学术界和业界共同接受和广泛应用。

从理论上来讲，在资产定价研究中无论是CAPM单因子定价模型，还是以Fama & French（1993）提出的三因子定价模型为代表的多因子定价模型，资产定价模型均应着重回答两个问题：一是资产收益率背后的驱动因素有哪些，即模型中应该包含哪些驱动因子；二是每个驱动因子背后的经济机理是什么，即对因子本身成因的解释。只有全面系统地回答这两个问题，才能帮助人们加深对资产定价模型和股票市场运行机理的认识（石川等，2020）。从这个角度来讲，Sharpe（1964）、Lintner（1965）和 Mossin（1966）提出的 CAPM，与 Fama & French（1993）提出的三因子定价模型可称为资产定价模型的研究典范。

CAPM 的核心要义有三点：第一，证券的预期收益与其系统性风险贝塔（*Beta*）呈线性关系，且其他任何变量对预期收益率均无解释力；第二，系统性风险溢价（*Beta* 的截面回归系数，即单位风险的价格）为正，即资产风险越高（低），收益率越高（低）；第三，无系统性风险的资产获得的收益率等于无风险利率。然而，自 CAPM 被提出后，越来越多的实证证据开始与 CAPM 的以上三点要义相悖，大量研究结果甚至不再支持 Black（1972）提出的零贝塔 CAPM，引致了学术界对“贝塔通缉令”之争（参见 2.1.2 节）。

Fama & French（1992）在系统性风险 *Beta* 的基础上加入市值因子和价值因子，发现这三个因子在风险-收益理论框架下可以解释资产预期收益率的差异，以此为基础提出了三因子定价模型（Fama & French，1993）。由于 Fama & French（1993）的三因子定价模型是一个实证模型，并非基于理论假设推导出的一般均衡式解析解，因此自被提出以来一直被认为缺少扎实的理论基础。因此，Fama & French（1995，1996b）基于财务困境风险理论对市值因子和价值因子提供了看似合意的实证解释。由于三因子定价模型中各因子均建立在风险-收益框架之上，因此自此以后，多因子定价模型也常被称为风险定价模型。

然而，自 Fama & French（1993）三因子定价模型之后，学术界所提出的其他多因子定价模型与多因子定价模型研究的本职工作渐行渐远，新的多因子定价模型的提出，似乎并不再以回答前述两个问题为己任，而或多或少地是为了比拼哪一种模型能够解释更多的资产定价异象，将资产定价研究由“因子动物园”引向“多因子模型大战”的漩涡（参见2.1.3 节）。

因此，有必要深入探究和聚焦讨论单一资产定价异象和定价因子产生的根源。对这一问题的深入研究，要以定价异象存在的普遍性、稳定性和对资产定价模型产生的根本性影响为基础，确保学者所研究的定价异象是一个“真问题”。目前，在学术领域具有深远影响力的资产定价异象应主要包括20世纪70年代以来逐步显现的贝塔异象（Black et al.，1972；Fama & French，1992），20世纪90年代以来逐步确认的动量异象（Jegadeesh & Titman；1993；Carhart，1997）、价值异象（Basu，1977；Fama & French，1992），21世纪初发现的流动性异象（Amihud，2002；Pástor & Stambaugh，2003）、特质波动率异象（Ang et al.，2006）、盈利异象（Novy-Marx，2013）、投资异象（Titman et al.，2004），等等。

在以上所列的7种定价异象中，对价值异象成因的讨论在学术界格外引人注目。以Fama & French（1993，1995）为代表的风险学派从财务困境风险（Fama & French，1995；Campbell et al.，2008）、股权隐含违约风险（Vassalou & Xing，2004）、系统性风险敏感性（Petkova & Zhang，2005；Jagannathan & Wang，1996）、市场现金流风险（Campbell & Vuolteenaho，2004）、个股现金流风险（Da & Warachka，2009）、营运杠杆风险（Carlson et al.，2004；Zhang，2005；García-Feijóo & Jorgensen，2010，Novy-Marx，2011）、股权久期风险（Lettau & Wachter，2007；Gonçalves，2021）等诸多角度，对价值溢价存在的合理性进行论证，试图在风险-收益框架下提出与CAPM中系统性风险*Beta*相当的风险-收益补偿理论。与此相对，以Lakonishok等（1994）为代表的行为金融学派在承认价值溢价存在的基础上，从投资者行为偏差角度对价值溢价产生的原因进行论证。

然而，越来越多的实证证据表明，价值溢价的风险理论虽然丰富，但其实证结果并不理想。最新的实证结果显示，风险理论在美股市场中无法从根本上解释价值溢价产生的根源（Golubov & Konstantinidi，2019）。同时，从2008年金融危机以后至今长达十多年的时间内，价值股的总体表现不及成长股，导致价值溢价异象在美国市场上似乎在逐步消退，产生了对价值溢价消失之谜的讨论。目前，虽然学者对价值溢价消失之谜的原因提供了一定的文献基础（Arnott et al.，2020；Fama &

French，2021），但严重的问题是对价值溢价消失原因的这些解释，似乎完全脱离了对价值溢价成因讨论的解释。这说明学术界似乎尚未找到价值溢价的真正成因，因此也无法解释和预知价值溢价为何会消失。

本书将基于有效市场假说和资产定价模型研究的基本框架，从A股市场上投资者预期差和价值溢价的关系、套利风险对投资者预期差长期存在的影响机制、风险理论对价值溢价解释的实证矛盾这三个角度，对价值异象的形成和消失的根本原因提出一致性和内部自洽的分析。本书的研究对于研究其他资产定价异象可以提供一定的借鉴和启发。

1.1.2 为何要基于风险和预期差双重视角？

针对价值溢价在全球股票市场上的普遍性，自20世纪90年代以来，有大量文献开始对该异象的具体成因进行讨论。根据学术流派的不同，这些研究大体可以归纳为两类：第一，以Fama & French（1993，1995）为代表的风险学派认为，价值股相比成长股具有更高的财务困境风险，价值溢价是对投资者风险承担的合理补偿；第二，以Lakonishok等（1994）为代表的行为金融学派认为，价值溢价是由投资者基于股票历史盈利状况，线性外推公司未来盈利和股价表现产生的预期差所造成，其本质是股票误定价在未来向其基本面价值修复产生的收益率反转。

1.1.2.1 价值溢价风险理论的发展和不足

价值溢价风险理论最早由Fama & French（1993）探索性提出。Fama & French（1995）通过比较投资组合构建前后11年间的盈利-净资产之比发现，成长型公司投资组合构建前后的盈利能力均高于价值型公司，并据此认为价值型公司是盈利能力较差和面临较大财务困境风险的公司。由于财务困境风险不能被CAPM所捕捉，因此在CAPM基础上增加用于度量财务困境风险的市值因子和价值因子将更好地解释资产的预期收益率差异。

然而，价值溢价的财务困境风险理论在后续更为严格的实证过程和对财务困境风险具体的量化方法下，并没有取得进一步的实证支持。Dichev（1998）认为财务困境风险的本质是企业破产风险，他按照

Ohlson（1980）和 Altman（1968）的方法，用企业破产风险度量公司的财务困境风险，发现财务困境风险较大的公司的股票未来收益率更低，更大的财务困境风险并未被更高的未来收益率所补偿。

为弥补后期实证结果与财务困境风险理论的背离和冲突，学者进一步提出了对价值溢价成因可以提供解释的其他多样化风险理论，这些理论主要包括股权隐含违约风险理论（Vassalou & Xing，2004）、系统性风险敏感性理论（Petkova & Zhang，2005）、市场现金流风险理论（Campbell & Vuolteenaho，2004）、个股现金流风险理论（Da & Warachka，2009）、营运杠杆风险理论（Carlson et al.，2004；Zhang，2005；Novy-Marx，2011）、股权久期风险理论（Lettau & Wachter，2007；Gonçalves，2021）等等。

即使如此，新提出的这些风险理论对价值溢价成因解释的合意性，也一再被实证研究拒绝。例如，Golubov & Konstantinidi（2019）将市净率（M/B）进一步分解为市值-价值比（M/V）与价值-账面比（V/B）后发现，市值-价值比作为估值偏差的度量完全解释了价值溢价，而价值-账面比与价值溢价无关。同时，他们通过实证检验发现，Carlson 等（2004）、Zhang（2005）和 Novy-Marx（2011）的营运杠杆风险理论、Campbell & Vuolteenaho（2004）和 Da & Warachka（2009）的现金流风险理论、Dechow 等（2004）和 Lettau & Wachter（2007）的股权久期风险理论、Parker & Julliard（2005）的长期消费风险理论等等，对价值溢价的解释力完全来源于价值-账面比，而与市值-价值比无关，因此以上风险理论无法解释价值溢价。

风险理论的繁杂性事实上已过多地分散了学者们的注意力，在面对如此之多风险理论的同时，风险学派学者难以回答哪一种风险才是价值溢价真正的成因。出于发表的压力，学者们在研究过程中可能出现对实证结果显著性有意或无意的"精心选择"，倾向于汇报取得显著性结果的研究。这说明，风险理论在不同的样本期和不同的数据处理方法下所取得的结果各有不同，其研究结论具有前后不一致性，这可能是价值溢价的风险理论不断推陈出新和至今未能达成一致意见的重要原因。

价值溢价消失之谜的出现对价值溢价的风险理论提出了进一步的挑

战。自2008年全球金融危机以来，以账面-市值比为价值指标所构建的价值因子陷入了长达15年的低迷期，最大回撤达55%，且到目前仍不见转机，造成价值因子长期惨淡的历史表现，这种现象被学术界称为价值溢价消失之谜（Arnott et al.，2020）。如果以上风险理论可以解释价值溢价产生的原因，则这些风险理论理应可以解释价值溢价何以会消失。但从现有文献来看，尚无任何证据表明价值溢价的消失是由成长股风险的上升或价值股风险的下降造成的。

价值溢价风险理论的前后不一致性和价值溢价消失之谜的出现，对资产定价中的风险理论造成了严重的冲击和挑战。长期以来，学者称多因子定价模型为风险定价模型，认为不同的定价因子捕捉了资产收益率特定的潜在风险，价值因子是这些风险定价模型中居于核心位置的因子。但如果风险理论既不能一致地解释价值溢价因何会产生，也不能有效地解释价值因子为何会有效，更无法解释价值溢价何以会消失，那么将资产定价模型称为风险定价模型的合意性将从何谈起？风险-收益补偿理论与实证证据的自洽性将体现在何处？

1.1.2.2 价值溢价行为金融学理论的发展和不足

行为金融学误定价理论认为，账面-市值比等相对价值指标反映了投资者对价值股/成长股价格的系统性低估和高估，价值溢价则是未来股票估值向其基本面价值反向修复的具体体现。价值溢价成因的预期差理论最早由Lakonishok等（1994）提出，后期La Porta（1996）、La Porta等（1997）、Piotroski & So（2012）、Golubov & Konstantinidi（2019）等文献对该理论做了进一步完善和拓展。

Lakonishok等（1994）认为，由于成长型公司的历史盈利能力和盈利增长率强于价值型公司，幼稚投资者（naive investor）会利用过去的盈利信息简单线性外推公司未来的盈利表现，而基于这种预期的交易行为进一步推高（压低）了成长型（价值型）公司股价。然而，他们的实证证据发现，成长股较强的历史盈利能力在投资组合构建后并未得以延续，而价值股较弱的盈利能力在未来却出现明显反转，因而成长股的未来收益表现不及价值股。该理论得到了La Porta（1996）、La Porta等（1997）、Piotroski & So（2012）等研究的支持。

自行为金融学中的预期差理论被 Lakonishok 等（1994）提出以后，学者们基本上都在围绕预期差理论对价值溢价成因的解释做进一步的完善和拓展，前后研究结果具有连贯性和一致性，已在行为金融学派内部形成了较为一致的共识。但到目前为止，预期差理论仍然存在一系列不足，主要体现在以下四个方面：

第一，尚未提出个股层面投资者预期差的测度方法。以 La Porta（1996）、La Porta 等（1997）和 Piotroski & So（2012）为代表的研究，主要通过比对价值股和成长股在投资组合构建前后盈利水平和收益率的变动做描述性分析，并未提出在任一时点度量个股误定价程度的具体方法。理论上，若投资者预期差是价值溢价的成因，则前者将是一个更加干净和纯粹的信息集：在横截面检验中，投资者预期差应全面吸收价值指标对于预期收益率的解释力；在时间序列检验中，基于投资者预期差所构建的预期差因子应吸收价值因子对投资组合收益率的解释力。完成以上两个资产定价检验，依赖于如何在个股层面测度出投资者预期差。

第二，在有效市场假说的框架下，Lakonishok 等（1994）及后续的研究目前尚未回答的一个重要问题是：为什么幼稚投资者在资本市场上长期重复预期偏差这一错误的同时，聪明的逆向投资者却未能通过构建有效的套利交易策略消除这一定价误差？在充分竞争的股票市场中，如果投资者按照文献记载已经意识到成长股（价值股）的预期盈利增长率和股票收益率表现不及（优于）历史表现，那么投资者长期以来会持续和重复犯同样一种错误的现象将显得匪夷所思，难以想象在定价效率相对有效的资本市场中，这种“明知故犯”的行为偏差竟然会最终导致价值因子长期的优异表现。对这一问题的回答，将是破解价值溢价和预期差溢价有效性来源的关键所在。

第三，尚无研究表明预期差理论是否可以为价值溢价消失之谜提供最终答案。如果预期差理论可以解释价值溢价的产生，则该理论同样应该能解释价值溢价何以会消失。以 Arnott 等（2020）和 Israel 等（2020）为代表的研究对价值溢价消失之谜提供的解释，很显然已完全脱离风险理论或预期差理论的框架。从理论自洽性角度来讲，我们依然需要从价值溢价成因变化的角度破解价值溢价消失之谜的成因。

第四，由于价值溢价在全球范围内存在普遍性，预期差理论为价值溢价成因提供的解释，同样要具有全球普遍性和理论一般性。根据Wind数据库统计，截至2022年1月，我国沪深两市总市值已达92万亿元，位居全球第二，在全球资本市场中发挥着举足轻重和日益重要的作用。随着经济实力和综合国力的不断增强，我国资本市场对外开放的程度不断深化，金融制度和基础设施不断完善。然而，目前的资产定价理论仍然主要以美股为研究对象，而研究我国A股的文献则相对缺乏，使用“国际语言”讲述“中国故事”（洪永淼，2017）仍然以西方理论在我国市场中的实证研究为主要特征。

基于风险理论和预期差理论各自的不足，本书将在同一样本期和可比的数据处理方法之下，综合考察风险理论和行为金融学理论二者谁才能解释价值溢价的真正成因。

1.2 研究思路

本节从全书框架结构和各章研究主题两个角度阐述全书的研究思路。

1.2.1 全书框架结构

本书作为综合研究价值溢价成因的文献，分6章展开研究。图1-1展示了全书的主要研究内容和研究框架，以及本书在学术研究中的位置。

第1章是全书的绪论部分，主要阐述本书的研究背景、研究思路和研究方法。第2章是文献综述部分，将基于有效市场假说和资产定价模型的研究框架，通过文献梳理阐述已有研究的贡献和不足，在此基础上引出本书的研究重点。第3章将从行为金融学的预期差理论视角出发，证实价值溢价的本质正是投资者预期差。第4章将从套利风险角度回答Lakonishok等（1994）尚未解决的问题，即为什么幼稚投资者在资本市场上长期重复预期偏差这一错误的同时，聪明的逆向投资者却未能通过构建有效的套利交易策略消除这一定价误差。第5章对账面-市值比进行分解，通过逐一检验风险理论对价值溢价的解释，揭示了风险理论虽然丰富却无法解释价值溢价。第 6 章将对全书进行总结和提出研究展望，包括指出本书的学术贡献和政策含义，检验预期差理论在美股市场 1965 年 1 月至 2019 年 12 月之间的实证表现，以及对预期差理论是否有望解释价值溢价消失之谜提出研究展望。

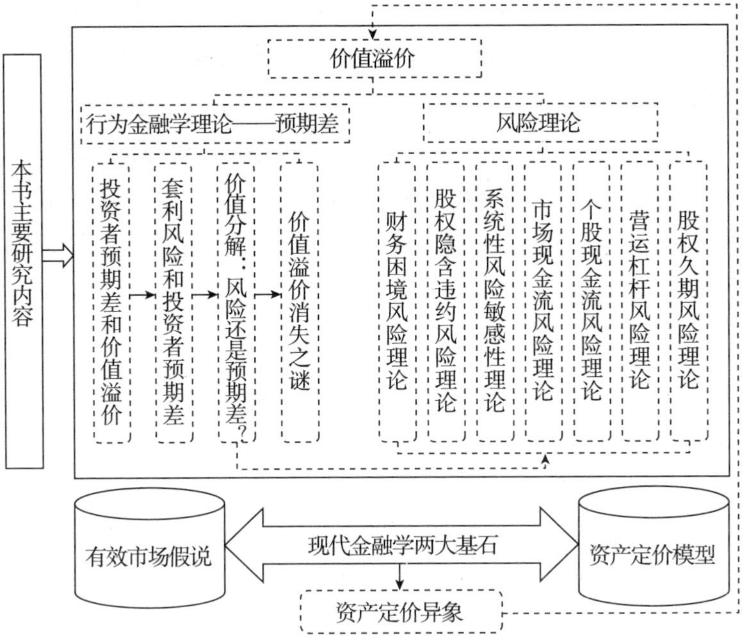

图 1-1 本书主要研究内容和研究框架

1.2.2 各章研究主题

第 1 章是全书的绪论部分，主要介绍本书的研究背景、研究思路和研究方法，为全书其他章节的研究奠定基础。

第 2 章是文献综述部分，基于作者对现代资产定价理论的认识和理解，从价值溢价研究的理论和实证背景、价值溢价的测度指标和全球表现、价值溢价的成因、当前价值溢价研究的新变化和前沿理论四个方面对文献进行梳理，在此基础上对价值溢价研究现状及其不足进行评述，以作为本书研究的文献基础。

第 3 章以“投资者预期差和价值溢价”命名，着重弥补了行为金融学理论对价值溢价研究的第一个不足（参见 1.1.2.2 节），有以下三点发现：首先，价值溢价是由投资者对股票非一致性预期的误定价所引发，致使被高估的成长型公司呈现负向预期差、被低估的价值型公司呈现正向预期差，价值溢价是在股票价格向其基本面价值收敛过程中产生的；其次，个股预期差在截面上完美吸收了传统的价值型/成长型公司代理变量账面-市值比、盈价比、股息率、现价比、销价比等对预期收益率的解释力，并且在控制这些代理变量和其他公司特征后，个股预期差对截面收益率仍然保持显著的解释力；最后，遵照 Fama & French (1993) 提出的因子构建方法所构建的预期差因子解释了传统的价值因子，而传统的价值因子不能有效解释预期差因子。第 3 章的研究结果表明，价值溢价来源于投资者预期差，后者是区分价值型/成长型公司误定价程度的更精确测度，且传统的价值因子本质上是被“污染”的预期差因子。

第 4 章以“套利风险和投资者预期差”命名，着重回答了行为金融学理论对价值溢价研究的第二个不足（参见 1.1.2.2 节），有以下三点发现：第一，套利风险更大的股票更有可能产生价格高于基本面价值的负向预期差，从而更倾向于产生预期差溢价。第二，预期差因子的有效性全部来源于套利风险导致的空方负收益，因子的多方收益与零无显著差异。第三，以上证 50ETF 期权上市为准自然实验构建双重差分模型，发现期权上市所带来的卖空交易活动有效降低了证券的套利风险，削弱了证券价格高于基本面价值所引致的负向预期差。第 4 章的研究认为，由投资者预期差所引发的预期差溢价，本质上是由证券不能被对冲的套利风险导致。

第 5 章以“价值分解：风险还是预期差?”命名，着重回答了风险理论是否可以解释 A 股价值溢价的成因，有以下三点发现：第一，通过将账面-市值比（B/M）分解为账面-价值比（B/V）和价值-市值比（V/M），发现账面-市值比对收益率的预测能力全部来源于价值-市值比，而与账面-价值比无关。第二，文献中已有记载的 7 种风险不能成为价值溢价的成因。具体来看：(1) 财务困境风险理论、系统性风险敏感性理论、个股现金流风险理论这 3 种理论甚至不能解释公司之间账面-市值比的差异。在这 3 类风险理论框架下，价值股相比成长股具有更低的风险和更高的收益率，不符合风险理论的风险-收益补偿原则，这表明就价值溢价的成因而言，我国A股市场的实证证据与美股市场有所不同。（2）股权隐含违约风险理论、市场现金流风险理论、营运杠杆风险理论和股权久期风险理论这四类风险理论虽然可以解释公司之间账面-市值比的差异，但这4类风险主要来源于公司之间账面-价值比的差异而与价值-市值比无关。第三，从经济学意义来看，账面-市值比的分解成分价值-市值比本质上度量了公司内在价值和股票市场估值之间的偏差，该偏差与第3章所构建的个股预期差本质同源。第5章的研究表明，已检验的7种风险理论不能解释价值溢价的成因，而预期差是价值溢价真正的成因。第5章的研究呼应了第3章的基本结论。

第6章总结全书，指出本书的主要研究结论和研究含义。此外，本章使用美股CRSP和Compustat的数据，实证检验了个股预期差在美股市场上的表现。研究发现，个股预期差在美股市场上同样完美吸收了传统的价值型/成长型公司代理变量账面-市值比、盈价比、股息率、现价比、销价比等对预期收益率的解释力，并且在控制这些代理变量和其他公司特征后，个股预期差对截面收益率仍然保持显著的解释力。新构建的美股预期差因子与价值因子具有相似的累计收益率特征和变动趋势，在一定程度上说明这两个因子是同源因子，即价值溢价的本质是预期差溢价。这两个结果与第3章基于A股市场的基本结论一致。同时，通过分解价值因子和预期差因子的多空两侧收益率特征发现，两个因子的有效性完全来源于空方显著的负收益，这一结果与第4章基于A股市场的研究结论一致，即由投资者预期差所引发的预期差溢价，本质上是由证券不能被对冲的套利风险所导致。

第6章在研究展望部分的结果还表明，2008年以后价值溢价和预期差溢价的消失，来源于价值因子和预期差因子空方负收益的显著收缩。这说明在2008年以后，成长股和负向预期差股票未来收益率反转的特征出现明显改变，股票的定价效率明显得以提升。何以会出现如此改变，将是未来进一步研究的重点。本书认为，从套利风险下降和预期差修正角度揭示美股市场2008年以后价值溢价消失之谜，可作为未来进一步研究的重点内容。

1.2.3 全书研究贡献

本书的研究贡献主要体现在以下四个方面：

第一，结合投资者估值和公司财务基本面两个维度，区分了投资者一致性预期和非一致性预期，在此基础上提出了一个从公司层面度量投资者预期差的方法。基于个股预期差测度，实证证明了账面-市值比、盈价比、销价比、现价比、股息率等对股票截面收益波动的解释力本质上来源于个股预期差。同时，基于 Fama & French（1993）的方法提出了可以替代价值因子的预期差因子。

第二，从证券基本面风险、噪声交易者风险和策略实施风险三个维度，在个股层面构建了综合反映个股套利难易程度的套利风险指数。基于对个股套利风险的测度，在 Lakonishok 等（1994）对价值溢价成因论断（即“幼稚投资者线性外推、逆向投资者反向交易”，以及第 3 章“价值溢价的根源是投资者预期差”）研究的基础之上，从套利风险视角进一步分析和解释了为何价值溢价没有因为逆向投资者的套利交易而被消除，反而在股票市场上能够长期存在的机理。同时，利用上证 50ETF 期权上市为准自然实验，从降低个股套利风险和消除个股预期差的视角，论证了期权双向买卖交易机制对提升股票定价效率的经济功能。

第三，基于 A 股市场数据从风险和预期差两个视角综合检验了价值溢价的成因，发现现有的对价值溢价成因进行解释的风险理论并不适用于 A 股市场。因此，本书对主流定价模型被称为风险定价模型的合意性和内在逻辑自洽性提出质疑，对驱动资产收益率之间差异的潜在因素是否能够用风险来解释提出疑问。从更深层次角度来讲，本书对 A 股市场资产是否可由现有风险理论定价存疑。

第四，基于对投资者预期差的测度，初步检验了个股预期差在美股市场上的表现，发现个股预期差在美股市场上同样完美吸收了传统的价值型/成长型公司的代理变量账面-市值比、盈价比、销价比、现价比、股息率等对预期收益率的解释力。新构建的美股预期差因子与价值因子具有相似的累计收益率特征，进一步说明价值溢价的本质是预期差溢价。因此，本书的研究对预期差理论和预期差测度对价值溢价成因解释的一般性给予更为有力的支撑。同时，通过分解价值因子和预期差因子多空两侧的收益率发现，两个因子的有效性全部来源于空方显著的负收益，这一结果与基于A股市场的研究结论一致。

综上所述，本书对风险理论和行为金融学理论哪一方才能解释价值溢价的成因做了较为全面的检验，为从预期差视角进一步深入研究价值溢价的成因和破解价值溢价消失之谜的原因，提供了可供量化的指标体系和相对自洽的逻辑突破口。

1.3 研究方法

本书所使用的研究方法均属于资产定价研究的标准方法，已为大量文献普遍采用。这些方法主要包括文献综述法、FM截面回归法、组合价差法、因子分析法。本节对这四种方法进行简要描述。

1.3.1 文献综述法

第2章在有效市场假说和资产定价模型的框架下，对研究价值溢价的文献进行了较为系统的综述。

首先，针对联合检验假设难题提出的理论和实证背景，对资产定价研究从资本资产定价模型检验发展到“贝塔通缉令”“因子动物园”“多因子模型大战”的文献脉络进行梳理和评述，以此概括出过去几十年学者对资产定价研究的三个主要方向，在此基础上引出对以价值异象为代表的资产定价异象进行聚焦研究的必要性和重要性。其次，系统梳理了学者使用账面-市值比、盈价比、股息率、现价比、销价比作为价值测度指标的文献，对比价值溢价在全球主要发达市场和新兴市场上的表现。再次，从风险理论和行为金融学理论两个方面，对价值溢价成因讨论的文献加以综述，并指出风险理论和行为金融学理论针对对方理论的批判和存在的实证分歧。又次，针对价值溢价消失之谜的出现，从该现象是否消失和消失的原因两个方面进行了综述。最后，针对风险理论和行为金融学理论的研究现状，指出两大理论现有的不足，作为本书深入研究的重点。

为进一步明确各章节的研究重点和研究问题，本书在第 3 章至第 5 章亦基于已有文献的贡献和不足有针对性地加以综述，逐一推导各章节的研究假设。文献综述法既可以帮助读者理解文献的发展脉络，也可以突出各章节主要的研究内容和研究贡献。

1.3.2 FM 截面回归法

在模型设定时，处在同一时间横截面的不同公司之间的误差项有可能存在相关性。此时，采用传统的最小二乘估计法，将忽略误差项的相关性而低估估计量的标准误，最终高估估计量的显著性。

为了克服这一计量问题，Fama & MacBeth（1973）创造性地提出了“两步法”：第一步，在每一个横截面上将预期收益率回归到公司特征之上，以估计股票收益率的特征溢价；第二步，计算利用横截面回归估计得到的特征溢价时间序列均值和标准差，在控制了标准差的 3 阶自相关性后，计算估计量的 t 统计量。

Fama & MacBeth（1973）的方法已被大量资产定价研究的文献所采用，成为股票收益率横截面检验的标准方法，该方法也常被称为 FM 截面回归法。Shanken（1992）证明了 Fama & MacBeth（1973）的计量性质。Petersen（2009）通过对比最小二乘法、聚类回归法、FM 截面回归法等进一步证明，当随机误差项存在横截面相关性时，采用 Fama & MacBeth（1973）所得到的标准误和置信区间具有无偏性。因此，本书在对预期收益率和公司特征做实证检验时，主要采用 FM 截面回归法。

1.3.3 组合价差法

由于线性回归模型中因变量或代理变量有可能存在测量误差，因此采用最小二乘法将预期收益率回归到公司特征上有可能出现变量误差（error-in-variables，简称 EIV）问题，对估计结果的准确性造成影响。

为了应对这一难题，以 Black 等（1972）、Fama & MacBeth（1973）和 Fama & French（1992）为代表的文献，创造性地根据公司特征将股票分为特定数量的组合，以此为分类特征计算组合的预期收益率，进一步检验极端组合之间的预期收益率是否存在差异，以确定公司特征是否可以预测股票收益率。该方法被称为组合价差法，已成为检验资产定价异象存在性常用的重要方法之一。

本书在第 3 章至第 5 章的实证检验环节中，在提供 FM 截面回归结果的同时，进一步提供了组合价差的检验结果。这两种结果的相互印证，既可以有效应对 EIV 问题，也有助于增强实证结果的稳健性。同时，第 5 章对风险理论的检验部分，按照组合价差法的基本思想，也提供了组合风险的组合差异检验结果。

1.3.4 因子分析法

因子分析法也称因子扩展检验（factor span test），主要用于对比因子模型解释资产收益率之间的能力强弱，该方法在“多因子模型大战”的各类文献中常常被采用（Fama & French，2015，2017；Liu et al.，2019；等等），其计量性质已被 Gibbons 等（1989）证明。

假设有 A、B 两个同源因子，若 A 因子相比 B 因子位于更高的有效市场边界之上，可以更好地解释资产收益率之间的差异，则将 A 因子回归到 B 因子上所得到的 $Alpha$ 估计量和显著性，应大于将 B 回归到 A 上所得到的 $Alpha$ 估计量和显著性。在第 3 章中，为了验证本书所提出的预期差因子优于价值因子，本书将采用因子分析法汇报检验结果。

第 2 章　文献综述

本章从五个方面对价值溢价研究的文献进行梳理和评述，以作为全书研究的基础。具体包括：第一，价值溢价研究的理论和实证背景；第二，价值溢价的测度指标和全球表现；第三，价值溢价的成因；第四，当前价值溢价研究的新变化和前沿理论；第五，对价值溢价研究现状和不足的评述。

2.1　价值溢价研究的理论和实证背景

有效市场假说和资产定价模型是现代资产定价理论研究的两大支柱（Fama，2014），而价值异象则是同时对有效市场假说提出质疑和推动资产定价模型研究向前发展最具影响力的资产定价异象之一（Asness et al.，2013）。围绕对有效市场假说、风险定价理论、资产定价异象的集中讨论，形成了现代资产定价研究的理论和实证框架。

2.1.1　联合检验假设难题

资产价格能否有效反映证券所有可获得的市场信息是现代金融学的核心问题，对这一问题的探讨被 Fama（1965）概括为有效市场假说。有效市场假说认为，金融市场能够全面、及时、准确地反映股票的历史、当前和未来信息。根据市场对信息反映强弱程度的不同，可以将市场划分为弱式有效市场、半强式有效市场和强式有效市场。在弱式有效市场中，证券价格反映了所有可获得的历史信息；在半强式有效市场中，证券价格反映了所有可获得的历史和当前的公开信息；在强式有效市场中，证券价格不仅反映了所有可获得的公开信息，而且能够反映证券的私有信息（Malkiel & Fama，1970）。

在有效市场中，证券的价格走势通常通过“随机游走”（random walk）或“鞅”（martingale）过程加以刻画，其内在逻辑在于：如果证券价格能够反映公司当前的所有基本面信息，那么证券价格的变动仅反映了与当前价格水平无关的未来新信息的变化；由于未来信息流的变化无法被预测，因此证券价格的变化也无法被预测。由于证券历史和当前的所有信息都被包含在价格中，因此试图预测股票价格走势的努力是徒劳的：基于证券历史价格信息预测未来价格走势的技术分析，以及基于公司历史盈利状况分析和挑选存在估值偏差证券的基本面分析将完全失效。

然而，通过实证数据检验该假说的难点在于“除非明确有效市场运行的基准模型，否则我们无法检验市场是否真的有效”（Malkiel & Fama，1970；Fama，2014）。也就是说，在理性人假设前提下，我们必须对市场达到均衡时决定资产期望收益率的状态变量和检验模型的具体形式进行明确设定，通过对比根据模型推断出的资产收益率与市场上资产的真实收益率是否存在差异来判定市场的有效性。因此，市场有效性通常需要与均衡市场模型共同参与联合检验。Sharpe（1964）、Lintner（1965）和 Mossin（1966）的资本资产定价模型，Merton（1973）的跨期资本资产定价模型（intertemporal capital asset pricing model，简称 ICAPM），Lucas（1978）和 Breeden（1979）的消费资本资产定价模型（consumption capital asset pricing model，简称 CCAPM），Fama & French（1993）的三因子定价模型，Carhart（1997）的四因子定价模型，Pástor & Stambaugh（2003）的四因子定价模型，Fama & French（2015）的五因子定价模型，Stambaugh & Yuan（2017）的误定价模型，等等，即为均衡状态下有效市场运行的模型基准。

然而，由于模型是对真实世界的一种近似和简化，它只能捕捉数据的部分信息，因而模型证据（model evidence）和数据证据（data evidence）存在差别（Breiman，2001）。当模型证据被数据证据拒绝时，我们依然不能确定是市场本身非有效，还是刻画均衡市场状态的模型出现模型设定错误，因此对于有效市场假说的检验本身是一个联合假设检验（Malkiel & Fama，1970）。举例来说，在采用线性回归模型检验有效市场假说时，当模型不能用所使用的状态变量预测将来的回报率时，我们并不能马上认为有效市场假说是正确的。这是因为当所采用的线性回归模型没有预测能力时，并不能够立即推断出证券的未来回报率不能用历史信息预测，因为模型中可能遗漏了影响预期收益率的其他状态变量；而当设定模型对预期收益率具有一定的预测能力时，我们则可以谨慎地认为有效市场假说是不成立的。这个例子说明，模型设定所提供的证据与数据本身隐藏的证据两者之间可能存在差异，这也是任何模型都可能存在的缺陷。从这个意义上说，在有效市场假说这一模型证据被加以实证检验时，数据证据只能对模型证据"证伪"、不能"证实"，只能"证错"、不能"证对"（洪永淼和汪寿阳，2020）。

2.1.2 资产定价模型的发展和"贝塔通缉令"

对有效市场假说的检验伴随着资产定价模型的完善而逐步走向深入。早期对有效市场假说的检验建立在一个重要的前提假设之上，即在均衡状态下资产的期望收益是一个常数，这显然是一个与现实不相符的前提假设（Fama，2014）。在 Markowitz（1952）对资产收益和风险的均值-方差分析框架所构建的投资组合理论基础上，Sharpe（1964）、Lintner（1965）和 Mossin（1966）建立了资产的期望收益与其系统性风险简单关系的单期资本资产定价模型，此时资产的期望收益与其系统性风险 *Beta* 呈现线性正相关关系。

2.1.2.1 资本资产定价模型的完善

投资组合理论与资本资产定价模型的出现，不仅奠定了现代金融学理论研究的分析框架，而且对金融实践产生了巨大的影响。CAPM 认为，资产的预期收益率的唯一决定因素是资产的系统性风险 *Beta*，投资者获取更高收益的唯一途径是承担更高的系统性风险。有了这些理论依据，任何投资组合都可被视为一个消极组合（市场组合）和一个积极组合（单个资产）的混合体，从而简化了投资基金的管理工作。华尔街的组合优化和风险管理手段多数以改良型投资组合和资产定价理论为基础（汪昌云，2020）。

由于 CAPM 是一个单期投资组合优化模型，与现实世界中投资者的跨期组合优化具有明显差异，后期学者对此模型进行了较大的拓展和改进。Merton（1973）考虑了投资者面临不断变化的投资机会集合，构建了跨期动态的 ICAPM，在这一框架下，资产价格不仅取决于传统 CAPM 下的均值-方差，也取决于投资者对冲潜在不利冲击时的需求，此时资产的价格不仅依赖于系统性风险，也依赖于影响投资者最优投资集的各种状态变量，从而将 CAPM 扩展为 ICAPM 的一种特殊形式。Merton（1973）的不足在于当投资者财富较小因而边际效用较高时，那些收益更高的股票价格反而会更低，这与 CAPM 的结论是完全相反的。对此，Breeden（1979）进一步完善了 Merton（1973）的研究，认为投资者所关心的是总消费水平而非总财富水平。尽管边际效用较高时一单位风险资产收益更有价值，因而资产的价格应该更高，但当投资机会集合存在不确定时，这一关系对边际财富不再适用。Breeden（1979）用投资者的消费水平取代 Merton（1973）的财富水平，并推导出相应的资产定价方程，得到如下结论：在基于消费的跨期 CAPM 中，只需要用一个 *Beta* 度量资产的风险，此时 Merton（1973）所遇到的问题也迎刃而解（陈雨露和汪昌云，2006）。

2.1.2.2　早期对资本资产定价模型的实证检验

基于横截面回归或时间序列回归对 CAPM 进行实证检验的核心要义有三点：第一，资产的期望收益与其系统性风险 *Beta* 呈现线性关系，且其他任何变量对期望收益率均无解释力；第二，系统性风险溢价（*Beta* 的截面回归系数）为正，即资产风险越高（低），收益率越高（低）；第三，无系统性风险的资产获得的收益率等于无风险利率，且系统性风险溢价等于市场平均收益率与无风险收益率之差（Fama & MacBeth，1973；Fama & French，2004）。

早期[①]对 CAPM 做横截面检验的实证文献主要有 Douglas（1968）、

① 主要是指 20 世纪 70 年代末之前。

Black等（1972）、Miller & Scholes（1972）、Blume & Friend（1973）、Fama & MacBeth（1973），这些研究对CAPM理论与实证证据的一致性提供了有力的支持，即资产的系统性风险*Beta*与其预期收益率存在显著为正的关系。但略显不足之处在于，理论所预测的CAPM形状相比实证检验得到的过于平坦，也就是说，实证检验所得到的截距项大于平均的无风险收益率，而实证检验所得到的高风险资产预期收益率低于理论上所得到的收益率，在理论上Black（1972）在无风险资产借贷约束条件下推导出的零贝塔CAPM理论与实证检验结果更为一致。CAPM过于平坦的实证结果从时间序列检验中也得到了进一步的证实，主要的文献包括Friend & Blume（1970）、Black等（1972）和Stambaugh（1982）等等。总之，早期的实证证据基本上支持CAPM理论与实证结果的一致性，至少支持Black（1972）所提出的零贝塔CAPM理论与实证结果的一致性。

2.1.2.3　“贝塔通缉令”

20世纪70年代后期，越来越多的实证证据开始与CAPM理论相悖，大量研究结果甚至不再支持Black（1972）的零贝塔CAPM理论，主要表现在两个方面：

第一，基于有效市场假说和CAPM的一系列市场定价异象不断涌现，包括盈价比异象（Basu，1977）、规模异象（Banz，1981）、杠杆率异象（Bhandari，1988）、价值异象（Stattman，1980；Rosenberg et al.，1985）、应计异象（Sloan，1996）、动量异象（Jegadeesh & Titman，1993；Carhart，1997）、流动性异象（Amihud & Mendelson，1989；Brennan & Subrahmanyam，1996；Pástor & Stambaugh，2003）、投资异象（Titman et al.，2004；Fama & French，2015）、盈利异象（Novy-Marx，2013；Fama & French，2015）、特质波动率异象（Ang et al.，2006）等等。Harvey等（2016）考察了313篇文献中所记载的316种市场定价异象后发现，即使将t检验统计量由2.0提高到3.0，也仍然存在近乎一半的资产定价异象。Hou等（2020b）通过系统梳理学术界已有记载的452种定价异象发现，即使通过设定更为严格的检验统计量阈值、考虑小市值公司效应对定价异象的影响，也仍然有158种资产定价异象显著存在。

第二，越来越多的实证结果发现 CAPM 中资产的系统性风险 *Beta* 与期望收益率不相关。Fama & French（1992）在系统性风险 *Beta* 的基础上加入了公司规模、账面-市值比、财务杠杆率、盈价比 4 种因子，利用横截面回归检验了以上 5 种因子对预期收益率的解释力，发现在控制公司规模因子后，股票的系统性风险 *Beta* 与其预期收益率不相关，该研究引发了对 CAPM 理论与现实世界相宜性的激烈争论。在这些争论性研究中，Kothari 等（1995）和 Fama & French（1996a）针锋相对的讨论格外引人注目和发人深省。Kothari 等（1995）的发现主要有两点：（1）当使用个股年度收益率而非月度收益率估计 *Beta* 时，资产的系统性风险存在显著的风险溢价；（2）Fama & French（1992）所发现的账面-市值比效应主要由 Compustat 数据库中小市值公司的幸存者偏差导致，当使用标普工业数据库进行检验时，则仅能发现微弱的账面-市值比效应。Kothari 等（1995）的研究为 CAPM 理论的合意性进一步提供了实证支持。

然而，Fama & French（1996a）对于 Kothari 等（1995）的结论，则提出了截然对立的研究结论。针对系统性风险溢价是否为正，Fama & French（1996a）继续使用月度收益率估计了资产的 *Beta*，采用贝塔-市值双重独立分组方法控制了公司市值对 *Beta* 和预期收益率关系的影响，仍然没有发现支持系统性风险溢价为正的结论。针对账面-市值比效应是否由 Compustat 数据库中小市值公司的幸存者偏差所造成，Fama & French（1996a）重点援引了 Chan 等（1995）、Lakonishok 等（1994）的研究予以反驳，证明账面-市值比效应的存在与小市值公司的幸存者偏差无关。据此，Fama & French（1996a）饶有趣味地为文章取名《无论生死，CAPM 正在被通缉》[①]，这也是本小节标题的由来。

CAPM 实证检验所遇到的问题，既有可能源于理论假设脱离现实世界导致的理论本身失效，也有可能源于所构建的检验环境无法满足理论

---

① Fama, E. F., French, K. R. The CAPM is wanted, dead or alive. *Journal of Finance*, 1996, 51 (5): 1947 - 1958.

本身的要求。例如，Roll（1977）认为，检验CAPM的核心是应该找到处于有效前沿（efficient frontier）的市场组合，该市场组合不仅包括证券类金融资产，而且应包括商品、不动产、收藏品、人力资本等，因此从严格意义上来讲CAPM从来没有得到真正的检验，该论点被称为著名的罗尔批判（Roll's critique）。罗尔批判的提出也进一步说明，严格检验CAPM的真伪几乎是不可能完成的学术难题：CAPM既不能被证实，也难以被证伪。但无论如何，Fama（2014）认为，如果系统性风险*Beta*无法有效和唯一地解释资产收益率之间的差异，那么CAPM的命运注定应就此终结。

2.1.3 “因子动物园”和“多因子模型大战”

有效市场假说和资本资产定价模型面临挑战的最直接证据，是一系列资产定价异象的不断涌现。从这个意义上来讲，有效市场假说和资本资产定价模型面临的危机，与资产定价异象的出现是一枚硬币的正反两面。自2000年以来，资产定价研究主要是围绕资产定价异象和定价因子的研究不断向前发展的。

2.1.3.1 “因子动物园”

资产定价异象是伴随着对有效市场假说和CAPM的实证检验而逐步被发现的。最早记载和公开发表的对有效市场假说和CAPM合意性检验的论文至少可以追溯到Basu（1977），该研究发现在CAPM中控制了*Beta*后，高盈价比股票的预期收益率高于低盈价比股票。在有效市场假说和CAPM框架下，盈价比拥有这种预测能力是不正常的，这是因为CAPM认为可以预测股票预期收益率的唯一状态变量是资产的系统性风险*Beta*，且*Beta*的风险溢价显著为正。因此，盈价比拥有这种能力一方面构成了对市场是否能够全面反映股票所有公开信息的有效市场假说的质疑，也构成了对CAPM中*Beta*是否能够全面反映资产收益率差异根源的质疑，这种现象与现代金融学两大支柱大相径庭，资产定价异象（asset pricing anomalies）由此得名。

在Basu（1977）发现盈价比异象的随后四十多年中，一系列真真假假的资产定价异象如雨后春笋般出现。Banz（1981）发现了规模异象，即小市值公司股票的预期收益率高于大市值公司。Bhandari（1988）发现了杠杆率异象，即公司杠杆率越高的股票的预期收益率越高。Stattman（1980）、Rosenberg 等（1985）发现了账面-市值比异象，即账面-市值比越高的公司股票的预期收益率越高。Litzenberger & Ramaswamy（1982）发现了股息率异象，即股息率越高的公司股票的预期收益率越高。De Bondt & Thaler（1985）基于过度反应假说发现了长期反转异象，即过去三年表现最差的股票组合相比表现最好的组合有更高的收益。Amihud & Mendelson（1989）发现了流动性异象，即股票的买卖价差与预期收益率正相关，流动性越差的股票的未来收益率越高。Jegadeesh & Titman（1993）发现了动量异象，即过去 3～6 个月收益率更高的股票组合在未来有更高的收益率。Loughran & Ritter（1995）和 Spiess & Affleck-Graves（1995）发现了 IPO & SEO 异象，即首发新股或增发股票的公司未来较长一个时期内股票的预期收益率更低。Sloan（1996）发现了应计异象，即财务报告中应计额更高的公司的预期收益率更低。Loughran & Vijh（1997）发现了并购异象，即采用股权并购的公司未来 5 年收益率显著为负，采用现金要约收购的公司未来 5 年收益率显著为正。Lee & Swaminathan（2000）发现了换手率异象，即过去换手率更高（低）的公司表现出与魅力股（价值股）更为相似的特征，未来具有更低的收益率。Piotroski（2000）发现了基本面异象，即基本面优良的公司未来具有更高的收益率。Ang 等（2006）发现了特质波动率异象，即特质波动率越高的股票的未来收益率越低。Cooper 等（2008）发现了资产增长率异象，即过去总资产增长率更高的公司在未来具有更低的预期收益率。Edmans（2011）发现了无形资产异象，即无形资产占比更高的公司的预期收益率更高。Novy-Marx（2013）发现了盈利异象，即盈利能力越好的公司的预期收益率越高。Piotroski（2000）和 Asness 等（2019）发现了品质异象，即公司基本面质量越好的股票的预期收益率越高。

以上仅列举了在金融学前沿期刊上公开发表的一小部分影响力较大的文献中涉及的资产定价异象，如果加上尚未发表的文献中涉及的资产定价异象，实际存在的资产定价异象可能更多。Cochrane（2011）颇具戏谑意味地将这些不断涌现出的资产定价异象集合称为“因子动物园”(factor zoo)。

2.1.3.2 从“因子动物园”到“多因子模型大战”

大量资产定价异象的不断涌现对有效市场假说和资本资产定价模型的合意性提出了严重的质疑和挑战。在联合检验假设难题的基本框架下，学者仍然难以区分：到底是市场对信息的反应不充分导致有效市场假说失效，还是因为作为资产定价基础理论的 CAPM 本身不完善、不能有效捕捉影响预期收益率的潜变量，使得资产定价异象大量涌现？联合检验假设难题的存在和“因子动物园”的出现，使现代资产定价研究遭遇了严重的理论危机。

理论危机呼唤学者探索新的研究方向。目前学术界对资产定价异象和资产定价模型的研究可概括为以下三个方向：

第一个研究方向是通过新的方法或数据集，对文献中已存在的资产定价异象去伪存真。在过去的四十多年内，为了竞逐在顶级期刊上发表文章，学者们有意或无意地进行数据窥探（data-snooping）、使用不严谨的统计检验手段、错误解读 p 值所传达的意义等，过度追求资产定价异象超低的 p 值；为了提升期刊的声望，期刊编辑也更倾向于接收低 p 值的资产定价异象研究，这进一步引导学者把科研时间和精力花费到可以利用各种手段找到低 p 值的资产定价异象之上，出现了发表偏差（publication bias）。

为此，需要对已有的资产定价异象进行梳理，使用更为严格的方法对已有记载的资产定价异象进行再筛选、再认识。Hou 等（2020b）通过系统梳理学术界已发现的 452 种资产定价异象后发现，在同一数据集下通过设定更为严格的检验统计量阈值、考虑小市值公司效应对资产定价异象的影响，仅有 158 种资产定价异象显著存在，即有约三分之二的资产定价异象在现实世界中是不存在的。Harvey 等（2016）考虑了多重假设检验（multiple hypothesis testing）对单个资产定价异象检验显著性被高估的可能性，以控制伪发现比例（false discovery proportion, FDP）为目标来应对第一类错误发生的概率，发现只有在单一假设中原始 t 值超过 3.0 的资产定价异象才有可能真实存在。在此基础上，

Harvey 等（2016）考察了 313 篇文献中所记载的 316 种资产定价异象后发现，将 t 检验统计量阈值由 2.0 提高到 3.0 后，一半以上的资产定价异象消失了。Chordia 等（2020）通过修正因子时间序列回归 t 值，以及 Fama & MacBeth（1973）回归系数的 t 值，认为 Harvey 等（2016）所研究的资产定价异象仅仅是已经发表出来的资产定价异象研究集合的一个子集，基于这些资产定价异象分析多重假设检验对统计性的影响时，仍然低估了运气的成分，因此设置 3.0 的阈值仍然有些保守。Chordia 等（2020）使用模拟法，推断出已公开发表的资产定价异象集合的统计特征，提出了如何消除多重假设检验影响的方法，最后指出对于时间序列回归和 FM 截面回归这两种常见的检验手段，设定的 t 值应该至少分别为 3.8 和 3.4 才可能是真正有效的。

第二个研究方向是通过寻找资产收益率的潜在驱动因素，为资本资产定价模型增加新的定价因子，使用新的多因子定价模型对资产定价异象的真伪加以检验。一个合意的多因子定价模型应着重回答两个问题：一是资产收益率背后的驱动因素有哪些，即模型中应该包含哪些驱动因子；二是每个驱动因子背后的经济机理是什么，即对驱动因子本身的解释。只有全面系统地回答这两个问题，才能帮助人们加深对多因子定价模型和股票市场运行机理的认识（石川等，2020）。在这个方向上，具有奠基性的研究是 Fama & French（1993）基于 Fama & French（1992）所提出的三因子定价模型，以及 Fama & French（1995）基于财务困境风险对市值因子和价值因子所提供的探索性解释。

然而，由于 Fama & French（1993）的三因子定价模型是一个实证模型，并非基于理论假设推导出的解析解，自被提出以来一直被认为缺少扎实的理论基础。自 Fama & French（1993）提出三因子定价模型以来，学术界过多地关注 Fama & French（1993）的研究形式，而忽视了多因子定价模型的研究重心。后续提出的其他多因子定价模型似乎与多因子定价模型的本职工作渐行渐远，新的多因子定价模型的提出，似乎不再以回答上述两个问题为己任，而或多或少地是为了比拼哪一种模型能够解释更多的资产定价异象，将资产定价的“因子动物园”引向“多因子模型大战”的漩涡。回顾本章开头由 Malkiel & Fama（1970）和

Fama（2014）提出的联合检验假设难题，多因子定价模型和资产定价研究的核心问题不仅是尽可能多地解释资产定价异象，而且更重要的应该是在新的多因子定价模型基准下，讨论市场定价的有效性问题。从这个意义上讲，基于风险理论提出的 Fama & French（1993）的三因子定价模型、Pástor & Stambaugh（2003）和 Acharya & Pedersen（2005）的流动性四因子定价模型、Fama & French（2015）的五因子定价模型，以及 Hou 等（2020a）的 q^5 模型等等，似乎更具有理论的自洽性和实证的一致性，正是在回答资产定价研究的两个基本问题；基于行为金融学理论提出的 Stambaugh & Yuan（2017）的四因子定价模型、Daniel 等（2020）的三因子定价模型隐含着从根本上否认有效市场假说的讨论；而以 Carhart（1997）为代表的四因子定价模型则既有从风险理论解释的讨论（Griffin et al.，2003；Sadka，2006；Liu & Zhang，2008），也不乏从行为金融学解释的讨论（Hong & Stein，1999；Hong et al.，2000；Grinblatt & Han，2005）。因此，“多因子模型大战”将对有效市场假说和资本资产定价模型的研究引进了未知的漩涡。

第三个研究方向是深入探究和聚焦讨论单一资产定价异象产生的根源。对这一方向的深入研究，要以资产定价异象存在的普遍性、稳定性和对资产定价模型产生根本性影响为基础，确保学者所研究的资产定价异象是一个“真问题”。本书认为在资产定价研究由“因子动物园”向“多因子模型大战”转变的过程中，这种聚焦探究和解释单一资产定价异象根源的研究，对资产定价异象做“减法”而非“加法”，才是破解资产定价异象成因、完善资产定价模型和深化人们对资本市场认识的研究重心和根本任务。

目前，在学术领域具有深远影响力的资产定价异象应主要包括 20 世纪 70 年代以来逐步显现的贝塔异象（Black et al.，1972；Fama & French，1992）、价值异象（Basu，1977；Fama & French，1992），20 世纪 90 年代以来逐步确认的动量异象（Jegadeesh & Titman；1993；Carhart，1997），21 世纪初发现的流动性异象（Amihud，2002；Pástor & Stambaugh，2003）、特质波动率异象（Ang et al.，2006）、盈利异象（Novy-Marx，2013）、投资异象（Titman et al.，2004）。而无论是从风

险理论角度，还是从行为金融学角度，对以上述 7 类异象为代表的资产定价异象做深入探究，都将是未来资产定价研究的主要方向。

在以上所列的 7 种资产定价异象中，对价值异象成因的讨论在学术界格外引人注目，这既是由于其存在的广度和深度一再被以 Fama & French（1998）和 Asness 等（2013）为代表的实证研究加以证实，也是由于价值异象是资产定价模型中价值因子有效性的前提条件，是学者公认的驱动资产收益率产生差异的潜在变量之一。以 Fama & French（1993，1995）为代表的风险学派从财务困境风险（Fama & French，1995；Campbell et al.，2008）、股权隐含违约风险（Vassalou & Xing，2004）、系统性风险敏感性（Petkova & Zhang，2005；Jagannathan & Wang，1996）、市场现金流风险（Campbell & Vuolteenaho，2004）、个股现金流风险（Da & Warachka，2009）、营运杠杆风险（Carlson et al.，2004；Zhang，2005；García-Feijóo & Jorgensen，2010，Novy-Marx，2011）、股权久期风险（Lettau & Wachter，2007；Gonçalves，2021）等诸多角度，对价值溢价存在的合理性进行论证，试图在风险-收益框架下提出与系统性风险 *Beta* 相当的风险-收益补偿理论。同时，以 Lakonishok 等（1994）为代表的研究在承认价值溢价存在的基础上，从投资者行为偏差角度对价值溢价产生的原因进行论证。

然而，越来越多的实证证据表明，价值溢价的风险理论虽然丰富，但实证结果并不理想。根据最新的实证结果，风险理论无法从根本上解释价值溢价产生的根源（Golubov & Konstantinidi，2019）。同时，从 2008 年金融危机以后至今长达十多年的时间内，价值股的总体表现不及成长股，导致价值溢价异象在美国市场上似乎在逐步消退，引起了学者的重点关注。目前，虽然学者对价值溢价消失的原因提供了一定的文献基础（Arnott et al.，2020；Fama & French，2021），但严重的问题是这些对价值溢价消失原因的解释，似乎完全脱离了对价值溢价成因讨论的解释。这说明学术界似乎尚未找到价值溢价的真正成因，因此也无法解释和预知价值溢价为何会消失。

本书将沿着第三个研究方向，基于 A 股市场上投资者预期差和价值溢价的关系、套利风险对投资者预期差长期存在的影响、风险理论对解释价值溢价的矛盾这三个角度，从有效市场假说和资产定价模型研究框架出发，对价值溢价形成和消失的根本原因提出一致性和内部自洽的分析。本书的研究可能为解决当前学术界深入讨论的价值溢价消失之谜提供一个可选的思考视角，也有助于为后续资产定价异象的其他研究提供适当的参考和启示。

2.2 价值溢价的测度指标和全球表现

价值溢价是指价值股（value stocks）相比成长股（growth stocks，也称魅力股，glamour stocks）在未来具有更高的绝对收益或风险调整后收益。

学者常用相对估值指标来区分价值股与成长股，这些估值指标可以被理解为投入-产出比，即产出与投入的相对比值。在这里，常用净资产、净利润、股息、现金流、销售额等财务指标度量产出，用总市值、企业价值等市场或财务指标度量投入。投入-产出比越高（低），一单位投入所获得的产出越高（低），相应的相对估值指标值越大（小），这样的公司价值越大（小），因此越倾向于被认为是价值型（成长型）公司，所对应的股票被称为价值型（成长型）股票。

基于以上投入-产出比的思想，学界和业界度量价值股/成长股的代理指标主要有 5 项，具体包括：账面-市值比（book-to-market ratio，B/M，市净率的倒数）、盈价比（earning-to-price ratio，E/P，市盈率的倒数）、股息率（dividend yield ratio，D/P）、现价比（cash flow-to-price ratio，CF/P，市现率的倒数）、销价比（sale-to-price ratio，S/P，市销率的倒数）。通常称以上 5 种指标较低的公司为成长型公司，以上 5 种指标较高的公司为价值型公司。本节将对以上 5 种测度价值溢价指标的相关文献，以及价值溢价在主要国家或地区的表现分类加以综述。

2.2.1 账面-市值比

公司总市值和账面净资产分别是从市场估值和会计公允价值两个角度对公司价值进行度量：公司总市值反映了市场对公司未来盈利能力和

现金流状况的估值预期，而账面净资产则从会计角度度量公司真实价值。由于账面净资产通常被认为是支撑公司股票价格运行的下限，因此具有较高账面-市值比的公司通常被认为具有更大的“安全边际”(margin of safety)。

Stattman（1980）在美股市场中最早基于账面-市值比发现和检验了价值异象。Fama & French（1992）发现，在美股市场，账面-市值比对预期收益率具有最佳的解释力，且账面-市值比与公司总市值的对数值 log(*ME*）完全吸收了盈价比和系统性风险对预期收益率的解释力。Chan 等（1991）基于日本股票市场数据，对比检验了基于账面-市值比、盈价比、现价比和公司总市值所构建的组合价差收益，发现使用账面-市值比度量的成长股和价值股具有更高的区分度。Capaul 等（1993）使用账面-市值比指标，分析了法国、德国、瑞典、英国、日本和美国这 6 个国家在 1981 年 1 月至 1992 年 6 月间的价值溢价，发现这 6 个国家的价值股相比成长股均具有更高的预期收益率，因此价值溢价并非美国市场所独有，而是在全球市场普遍存在的一种资产定价异象。

Pätäri & Leivo（2017）综述和统计了 17 篇研究美股和 19 篇研究他国股票市场的文献，发现基于账面-市值比区分的价值股和成长股具有更大的组合收益率价差。同时，在对比研究账面-市值比和盈价比的 35 篇文献中：有 21 篇文献表明，基于账面-市值比所构建的价值-成长多空组合比盈价比具有更高的组合收益价差；有 20 篇文献表明，基于账面-市值比构建的价值股组合相较盈价比未来收益率更高。

账面-市值比异象与公司总市值高度相关。大量文献通过研究美股市场数据发现，基于账面-市值比所构建的价值溢价在小市值公司中更高，在大市值公司中更低（Fama & French，1993，2012；Israel & Moskowitz，2013；Hou et al.，2015)，但这一关系存在国别差异。正因如此，在对价值异象做横截面检验时，需要将公司总市值的对数值 log(*ME*）作为控制变量；在构建价值因子时，需要基于账面-市值比和公司总市值做双重独立分组。这一做法可以避免价值溢价的存在受到市值因子的干扰。Bauman 等（1998）的研究发现，在国际股票市场上价值溢价在大市值公司中更为显著。而 Daniel 等（2001）则发现，在日本股票市场中，价值溢价在中市值公司中更为显著，且在小市值公司中价值溢价不显著，这一结论在 Fama & French（2012）的研究中得到进一步支持。

2.2.2 盈价比

尽管价值投资的基本理念最早可以追溯至 Graham & Dodd（1934），但最早指出高/低市盈率股票未来价格反转现象并有文献记载的研究源于 Nicholson（1960）。Nicholson（1960）研究了 100 只工业类普通股和 29 只化学类普通股市盈率最高和最低的组合在未来 3 年、6 年和 10 年间价格上涨幅度的差异，发现市盈率最高的股票组合在未来数年间的股价表现，明显比市盈率最低的股票组合更差，由此引出高/低市盈率股价反转异象。McWilliams（1966）、Breen（1968）和 Nicholson（1968）对此研究提供了进一步的实证支持。

学术界普遍认可的最早系统研究盈价比异象的文献由 Basu（1975，1977）完成。在对收益率经过风险调整后，Basu（1975，1977）发现了盈价比和预期收益率的单调递增关系，即股票组合的盈价比越高，股票组合的预期收益率越高。然而，Banz（1981）和 Reinganum（1981）则认为，Basu（1975，1977）的盈价比异象是由市值异象导致的，盈价比较高的公司的总市值较低，而小市值公司相比大市值公司未来预期收益率明显较高，因此盈价比异象源于市值异象。但 Basu（1983）则进一步指出，即使控制了市值因素的影响，盈价比异象依然存在；同时，在控制了公司盈价比和其他风险因素的差异后，市值异象则消失了。Cook & Rozeff（1984）则发现，盈价比异象和市值异象相互独立且均显著存在。

以上看似相互冲突的研究结果，在不同样本区间、不同国别和不同数据处理方法下均有一定的文献支撑，这既反映了盈价比异象依据不同的数据处理方法，在不同样本期结果有所不同，也在一定程度上反映出盈价比异象具有不稳定性。Jaffe 等（1989）在纠正和弥补了前述研究不足的基础上，基于月度数据发现盈价比异象和市值异象同时存在，这一结果与 Cook & Rozeff（1984）相一致。Jaffe 等（1989）进一步发现，盈价比异象在各个月份显著存在，而市值异象则仅显著存在于一月份，因此市值异象的有效性似乎来源于“一月效应”。van der Hart 等（2003）研究了 32 个新兴经济体 1985—1999 年间基于盈价比、账面-市值比、股息率、盈价比价值策略的表现，发现基于盈价比所构造的等权重价值溢价和价值组合具有最高的收益率表现。然而，van der Hart 等（2005）在选取略微不同的样本期（1988—2004 年）后则又发现，账面-市值比的表现优于盈价比。而 Hou 等（2011）在研究了 1981—2003 年间 49 个国家共 27 000 只股票后发现，盈价比在构建价值因子时具有最优的表现。

调和盈价比异象和账面-市值比异象，并进一步确认账面-市值比异象的“集大成”研究当属 Fama & French（1992）。他们将盈价比和公司总市值、账面-市值比置于同一回归方程中，通过 Fama & MacBeth（1973）横截面检验发现，盈价比对于预期收益率的解释力完全被公司总市值和账面-市值比所吸收，因此将盈价比从三因子定价模型中排除出去，并基于该研究在 Fama & French（1993）的研究中正式提出包含系统性风险 *Beta*、市值因子（公司总市值）和价值因子（账面-市值比）的三因子定价模型。Roll（1995）在月度频率下更新盈价比和账面-市值比后则认为，盈价比相比账面-市值比和公司总市值的表现更为优异。然而，Fama & French（1998）在研究了美国、日本、英国、法国、德国、意大利、荷兰、比利时、瑞士、瑞典、澳大利亚、中国香港、新加坡等 13 个经济体的股票市场数据后发现，基于盈价比构建的价值溢价仅在美国、日本、法国 3 个国家具有显著性，且基于盈价比所构建的价值组合与基于其他 4 个价值指标（账面-市值比、股息率、现价比、销价比）所构造的价值组合相比，在 13 个经济体中均未取得最高的组合收益。

总而言之，基于盈价比构建价值因子的有效性因国别差异、样本区间和数据处理方法的不同而存在很大争议。

2.2.3 股息率

股息率可以用于预测股票收益率的理论基础，根植于 Gordon & Shapiro（1956）的股利增长模型（dividend growth model）。该模型认为，股票收益率由初始股利和股利增长率决定。在均衡市场中，如果风险相同的资产提供的收益率相同，则股利增长率较低的股票需要提供较高的初始股利。在有效市场假说的框架下，不同股利增长率的股票应被充分定价，因此股息率和股利增长率的高低本身无法作为预测股票未来收益率的潜变量。然而，如果投资者无法对股利增长率正确加以预测，则很有可能产生历史股利增长率高的股票的预期股利增长率过高、历史股利增长率低的股票的预期股利增长率过低的现象。这种对于预期股利增长率“线性外推”的投资者行为可能解释了为何高股息率股票的预期回报率较高（Lofthouse，2001）。

股息率是否可以用于预测股票收益率的实证证据不尽一致。Levis（1989）通过研究伦敦证券交易所 1961 年 4 月至 1985 年 3 月的股票交易和财务数据发现，基于股息率的组合投资策略可以获得和市盈率、市值因子、股价策略相当的收益，在控制了市值因子和股票价格后，股息率和市盈率策略依然有效，且可以覆盖市值因子和股价策略对预期收益率的解释力，因此，股息率可以作为决定股票收益率的潜变量。Chan & Chui（1996）基于月度横截面检验发现了与 Levis（1989）类似的结论，但在年度数据检验中，股息率对预期收益率的解释力不再显著。Fama & French（1998）通过研究 1975—1995 年美国等 13 个经济体的股票市场数据，对比了股息率、账面-市值比、盈价比、现价比、销价比所构建的价值-成长多空组合收益率，发现使用股息率所构建的价值溢价仅在日本和法国股票市场上存在显著性，且利用股息率所构建的价值-成长多空组合未在任何一个股票市场上取得最高的价值溢价。

一般认为，股息率与股票预期收益率之间存在正相关关系。Blume（1980）和 Keim（1985）研究发现，股息率和风险调整后收益率存在 U 形关系，即零股息率股票收益率大于低股息率股票收益率，且高股息率股票收益率大于低股息率股票收益率。Naranjo 等（1998）对 Blume（1980）和 Keim（1985）的研究结果进行了修正，发现在对股票收益率经过 Fama & French（1993）三因子定价模型调整后，零股息率股票的收益率最低，为股息率与收益率的正相关关系提供了支撑。因此，鉴于负股息率与股票收益率关系的特殊性，在后续研究股息率与预期收益率相互关系的文献中，学者常常对负股息率数据通过哑变量赋值单独处理。此外，Christie（1990）认为，Blume（1980）和 Keim（1985）所发现的零股息率股票收益率高于低股息率股票收益率“异象”，主要是由 1929—1933 年经济危机中低于 2 美元的低价股所导致的；通过比较市值相同的零股息率股票和非零股息率股票的风险调整后收益，Christie（1990）发现了股息率和股票收益率之间关系显著为正的实证证据，这一结果与 Elton 等（1983）的研究结论一致。

在对比研究股息率异象的过程中，我们应同时注意不同的文献对于股息率计算方法上的差异可能会对研究结果造成显著影响。例如，Naranjo 等（1998）使用上市公司最近一个季度公布的每股股息额乘以 4，再与最近一个月的收盘价作比计算股息率。Keim（1985）、Christie（1990）、Fama & French（1992）和 Hou 等（2015）使用最近 12 个月的每股派息总额与期初每股价格作比计算股息率。同时，在同一数据库中不同国别股息额的计算方法也有所不同。例如，Hou 等（2011）曾指出，Worldscope 数据库对于美股公司的年度股息是按日历年计算的，而对于非美股公司则是按照财务年计算的。

尽管股息率与预期收益率之间是否存在显著关系的实证证据较为单薄，但 Dimson 等（2003）认为该指标仍然为投资者提供了度量公司价值区间的有效补充，并且有文献指出高股息率的股票的投资风险较小（Naranjo et al.，1998；Leivo & Pätäri，2011）。

2.2.4　现价比

学者和金融从业人员对于财务报表中披露的净利润数据的使用较为谨慎，主要是基于三点考虑：第一，由于上市公司对折旧、摊销等应计额的计算方法各有不同（Chan et al.，2006），公司的净利润数据很容易受到人为操控，导致净利润数据失真；第二，根据会计准则的变动，应计科目的计量标准在各个年份之间也存在明显差异（Cheng et al.，1996），致使公司内部和公司之间的净利润数据缺乏可比性；第三，受金融危机和市场波动等因素影响，公司净利润为负在很大程度上是暂时的而非永久的，这些信息会对盈价比的策略有效性造成干扰，而这种暂时性波动并不会反映到现价比中（Hayn，1995）。出于以上考虑，一些文献使用当期现金流替代净利润以计算公司的现价比指标。

Chan 等（1991）基于日本股票市场数据，首次将现价比作为价值投资的度量指标，对比研究了现价比、盈价比、账面-市值比和公司总市值策略的投资表现，发现在四种策略中，基于账面-市值比和现价比的策略对于预期收益率具有最佳的预测能力。Lakonishok 等（1994）基于美股数据的研究结论与 Chan 等（1991）类似，略微不同之处在于在美股市场上现价比策略的投资表现较账面-市值比更佳。Fama & French（1998）对比研究了现价比、账面-市值比、股息率、盈价比、销价比共 5 种价值指标所度量的价值溢价在 13 个经济体的表现，发现：基于现价比所构建的价值溢价在德国、意大利、比利时、澳大利亚、中国香港 5 个经济体取得最好的投资表现；基于现价比的价值组合在英国、德国、意大利、比利时、澳大利亚、中国香港 6 个经济体的平均收益率最高；而基于盈价比的策略未在任何一个经济体取得最佳的表现。

部分文献甚至认为，使用现价比构建的价值溢价远远优于使用账面-市值比的表现。Desai 等（2004）对公司现金流的计算方法进行修正后发现，Sloan（1996）提出的应计异象的本质来源于价值异象的有效性，并发现使用现价比构建的价值溢价可获得年化 15.3%的收益，远高于使用账面-市值比、盈价比、股息率、销价比这 4 种价值指标构建的价值溢价。Hou 等（2011）使用 49 个国家 27 000 只个股检验了现价比、账面-市值比、盈价比、股息率等价值指标的表现，在确认了全球市场价值溢价存在的同时进一步指出，相比现价比对预期收益率的解释力，账面-市值比的解释力微弱得可以忽略不计。

当然，由于文献中对会计期间现金流的计算方法各有差异，因而现价比的实证表现在不同文献之间在一定程度上缺乏可比性。Desai 等（2004）使用收益、折旧、应计营运资本三者之和计算现金流；Dissanaike & Lim（2010）使用收益、折旧和摊销、准备金三者之和计算现金流；Lakonishok 等（1994）和 Fama & French（1998）使用收益与折旧之和计算现金流；Hou 等（2011）使用净利润、折旧和摊销、递延税费之和计算现金流；Dhatt 等（2004）在 Hou 等（2011）的基础上剔除优先股股利；Israel & Moskowitz（2013）和 Hou 等（2015）则使用未付特殊项目前收益、折旧、递延税费之和计算现金流。目前，尚未发现有文献研究现金流计算方法的不同是否会对现价比的策略表现造成显著影响。

2.2.5　销价比

进入 21 世纪以来，互联网经济的兴起促使以信息、通信和技术型公司为代表的中小企业争相诞生。这类技术密集型企业以轻资产为主要特征，在财务报表中的主要表现是：创立之初财务报表中的盈利数据或账面净资产数值较小，甚至出现两类数据普遍为负的情形。学者和分析师发现，使用传统的以净利润、账面净资产计算盈价比和账面-市值比等价值指标，并以此估计企业价值的方法在这类企业中有失偏颇，无法准确估计企业真实的内在价值。

受 Fisher（1984）的启发，一些文献和研究逐步开始使用销价比为上述类型的企业估值。采用销价比为这类企业估值具有以下优势：第一，即使初创型企业或面临严重财务困境的企业也具有一定数量的销售数据；第二，相比盈利和账面净资产数据，企业销售数据很难受到财务操控或盈余管理的影响（Damodaran，2012），相比其他四类价值指标，销价比可以较为稳定地为公司定价（Bodie，2009）。当然，采用销价比估值也存在一定的不足：第一，当企业销售量大幅增长伴随着现金流状况的持续恶化时，销价比有可能错误高估企业价值；第二，通过销售量本身无法区分企业是通过大幅举债提升杠杆率而获得的经营业绩，还是通过正常经营获得的销售量，因此即使两家企业具有相同的销价比，也不能保证具有可比的杠杆风险。

Senchack & Martin（1987）基于纽约证券交易所（New York Stock Exchange，简称 NYSE）和美国证券交易所（American Stock Exchange，简称 AMEX）数据，首次检验和证实了销价比估值策略的投资表现，发现高销价比组合相比低销价比组合和市场组合，可获得更高的绝对收益和风险调整后收益，但销价比的表现不及盈价比的表现。Barbee 等（1996）则发现，销价比在美股的策略表现优于账面-市值比和公司总市值。Dhatt 等（1999）发现，在美股小市值公司中，销价比相比账面-市值比和盈价比可以更好地反映公司价值。Dhatt 等（2004）则进一步发现，即使在大市值公司中，销价比的表现也优于账面-市值比和盈价比。Barbee 等（2008）发现，在美股市场中，销价比对于预测未来一年的收益率具有最佳的表现，这是因为投资者更加关注盈价比和账面-市值比，公司的基本面信息可以更全面地反映到这两种指标中，导致销价比的定价效果被严重低估，因此销价比的投资表现更好。

本节对测度价值溢价的 5 种指标的相关文献进行了逐一梳理，并简要阐释了每一种相对指标被提出和使用的文献背景。可以看到，在不同样本期、不同国别和地区、不同数据处理方法下和不同类型公司之间，每一种指标的表现不尽相同，且均有文献表明各类指标对于测度价值溢价和公司估值具有相对较好或最优的表现。因此，仅观测基于相对价值指标的投资表现不足以厘清这些指标有效性的根源。

在面对大量的研究价值指标有效性的文献时，本书无意于质疑和评论单纯对比 5 种指标投资表现差异的学术贡献，因为这些文献在研究单一指标或复合指标有效性的同时，用翔实的数据和严谨的方法不断证实了价值溢价在全球股票市场上的存在性和普遍性。然而，仅仅停留于价值指标投资表现本身无法帮助读者加深对价值投资有效性根源的理解，这不应成为学术研究的重心，而应该进一步着重分析和挖掘价值指标对于预测股票未来收益率为何有效。事实上，由于这一问题的复杂性，20 世纪 90 年代之前的不少文献似乎有意或无意地在回避这一话题。

本书在这些研究的基础上，结合 20 世纪 90 年代以来对价值溢价成因讨论的文献，从风险和预期差两个角度对比加以研究，试图回答价值溢价的真正成因，以弥补这一缺憾和不足。

2.3 价值溢价的成因

针对价值溢价在全球股票市场上的普遍性，自 20 世纪 90 年代以来，有大量文献开始对该异象的具体成因进行讨论。根据学术流派的不同，这些研究大体可以归纳为两类文献：第一，以 Fama & French

（1993，1995）为代表的风险学派认为，价值股相比成长股具有更高的风险，价值溢价是对投资者风险承担的补偿；第二，以 Lakonishok 等（1994）为代表的行为金融学派认为，价值溢价是由投资者基于股票历史盈利状况线性外推公司未来盈利和股价表现产生的预期差所造成，其本质是股票误定价在未来向其基本面价值修复产生的收益反转。本节将着重围绕这两类文献对价值溢价成因的讨论，分别从风险理论和行为金融学理论两个视角对文献进行综述，进一步指出这两大理论体系的实证表现、分歧和不足。

2.3.1　价值溢价的风险理论

价值溢价的风险理论最早由 Fama & French（1993）提出。Fama & French（1995）进一步使用财务困境风险理论，对小公司和价值股相比大公司和成长股的高风险和高收益率特征加以系统研究。为弥补后期实证结果对该风险理论的背离或冲突，学者们进一步提出了对价值溢价成因做出解释的其他风险理论，这些理论主要包括股权隐含违约风险理论、系统性风险敏感性理论、市场现金流风险理论、个股现金流风险理论、营运杠杆风险理论、股权久期风险理论等等。

2.3.1.1　财务困境风险理论

财务困境风险理论是由 Chan & Chen（1991）研究市值异象时首次提出。Fama & French（1993）借鉴 Chan & Chen（1991）对市值异象的研究思路，在理性风险框架下证明价值溢价的根源是价值股相比成长股具有更高的风险。Fama & French（1995）通过比较股票组合构建前后 11 年间的盈利-净资产之比发现，成长型公司组合构建前后的盈利能力均高于价值型公司，并据此认为价值型公司是盈利能力较差和面临较大财务困境风险的公司。由于财务困境风险不能被 CAPM 所捕捉，因此在 CAPM 基础上增加用于度量财务困境风险的市值因子和价值因子将更好地解释资产的预期收益率差异。这里，Fama & French（1993，1995）定性地将盈利能力较弱的公司定义为存在财务困境风险的公司，并没有对如何度量公司财务困境风险提出具体的量化方法。

然而，价值溢价的财务困境风险理论在后续更为严格的实证过程和对财务困境风险具体的量化方法下，并没有取得进一步的实证支持。Dichev（1998）认为财务困境风险的本质是企业破产风险，该研究按照Ohlson（1980）和Altman（1968）的方法用企业破产风险度量公司的财务困境风险，发现财务困境风险较大的公司股票未来收益率更低，更大的财务困境风险并未被更高的未来收益率所补偿。

Griffin & Lemmon（2002）进一步使用Ohlson（1980）的方法估计企业破产风险，研究了账面-市值比、财务困境风险与股票预期收益率三者之间的关系，发现尽管财务困境风险最高的股票组合内包含一部分账面-市值比较高和历史收益率较低的价值股，但包含着更多的账面-市值比较低和历史收益率较高的成长股；在 *O-Score* 较高的股票组合中，账面-市值比较高的价值股表现出 Fama & French（1995）所述的盈利能力弱、杠杆率高、销售增长率低等特征，但这些价值型公司的未来收益率相比其他 *O-Score* 组合中价值股略微高一点，在控制了 Fama & French（1993）三因子后，高 *O-Score* 组合的股票不再具有显著的 *Alpha*，这说明 *O-Score* 似乎并未包含账面-市值比以外更多的财务困境风险。

基于Chava & Jarrow（2004）对企业破产风险的估计方法，Campbell等（2008）使用logit模型估计了公司长期和短期的财务困境风险，该方法被认为优于Ohlson（1980）和Altman（1968）的方法。Campbell等（2008）同样发现，对于具有更高破产风险的投资组合，其系统性风险和在Fama & French（1993）三因子定价模型中市值因子和价值因子上的因子载荷更高，未来收益率更低。

总之，Fama & French（1993，1995）关于价值溢价成因的财务困境风险理论在后期很难找到进一步的实证支撑。

2.3.1.2 股权隐含违约风险理论

出于为公司债及相应衍生工具定价的目的，有大量文献从公司评级变动、信用利差角度估计公司违约风险，但很少有文献从股权收益率角度估计违约风险。

传统对违约风险的估计方法存在明显不足。第一，信用利差中的绝大多数信息与违约风险无关。Elton等（2001）研究发现，信用利差中

85%的信息可以用公司承担的系统性风险解释，这些信息与违约风险无关。同时，公司税对信用利差的影响远远大于公司期望损失对其的影响。Hahn & Lee（2006）则发现，信用利差的变动可以解释小市值异象和价值溢价，小市值公司和价值型公司在信用利差变动时间序列上具有更高的因子载荷。第二，违约风险是否为系统性风险的研究结果并不一致。Denis & Denis（1995）认为，违约风险与宏观风险因子紧密相关，前者随着经济周期的变化而变化。然而，Opler & Titman（1994）和 Asquith 等（1994）则发现，公司破产和违约风险与特质波动风险相关，因此违约风险并非系统性风险。第三，传统对违约风险的估计方法依赖于会计信息，缺乏前瞻性。财务报表信息记载了公司的历史业绩表现，而非未来的预期表现，基于历史信息估计的违约概率在更大程度上反映的是企业的历史状况，使用这些信息预测公司未来的违约风险需要较强的假设条件，即公司未来的经营状况将按照历史状况持续下去，这或许是 Griffin & Lemmon（2002）、Dichev（1998）的研究结果与 Fama & French（1993，1995）的研究结果相冲突的原因之一。

然而，使用股权收益率信息估计公司违约风险面临的难点在于，与债权相比，股权持有人是公司未来现金流的剩余索取人，在公司出现实际违约之前并无强制性条款对股权收益率做出约定。为了克服这一难点，Vassalou & Xing（2004）将公司净资产看作以总资产为标的、以总负债为执行价格的看涨期权，使用 Black-Scholes-Merton 公式（简称 B-S-M 公式）（Black & Scholes，1973；Merton，1974）估计了公司月度违约概率。由于 B-S-M 公式中总资产波动率是对公司未来经营状况具有前瞻性的隐含波动率，所估计的违约概率亦具有良好的预测性质。Vassalou & Xing（2004）发现，使用该方法估计的隐含违约风险可以解释 Fama & French（1993，1995，1996b）的市值因子和价值因子，隐含违约概率与账面-市值比正相关，价值型公司相比成长型公司隐含违约概率更高。

尽管如此，Vassalou & Xing（2004）研究的不足之处在于，违约风险仅在账面-市值比最高的组合内部可以预测未来收益率，在该组合中高违约风险的股票未来收益率更高；但在其他账面-市值比水平的组合中，违约风险无法预测收益率。这在一定程度上说明违约风险仅在极端情形下对收益率具有预测能力，因此股权隐含违约风险理论对于价值溢价的预测和解释能力缺乏一般性。

2.3.1.3 系统性风险敏感性理论

一些文献认为，资本资产定价模型之所以失效，是由于该模型是一个静态模型，未考虑投资机会集的跨期时变性，而 Fama & French（1993）的三因子定价模型则考虑了投资机会集的跨期时变性。

Lettau & Ludvigson（2001）发现，价值股组合相比成长股组合，在经济状况恶化时价值溢价与消费增长率正相关；价值溢价与期望的市场风险溢价正相关。Petkova & Zhang（2005）认为，以往文献无法从风险理论角度检验价值溢价，主要是这些文献使用已实现市场超额收益（realized market excess return）测度经济的总体状况，但事实上，已实现市场超额收益是经济的噪声测度（Stock & Watson，1999），而更优良的测度指标应是股息率、信用利差、期限利差、短期无风险利率等。他们使用上述 4 个变量估计了预期市场风险溢价，进一步估计了股票的系统性风险 *Beta* 和系统性风险敏感性。由于市场风险溢价具有逆周期特征（Campbell & Cochrane，1999；Constantinides & Duffie，1996），当市场风险溢价较高（低）时，投资者的消费水平恶化（改善），使得价值股表现出“锦上添花”（“雪上加霜”）的顺周期波动特征；与此相反，成长股则表现出“平滑消费”（“雪中送炭”）的逆周期调节特征。因此，从 *Beta* 与市场风险溢价的敏感性和平滑消费的逆周期调节功能而言，价值股的风险高于成长股。

2.3.1.4 市场现金流风险理论

Campbell & Shiller（1988）和 Campbell（1991）认为，股票市场未预期到的收益率来源于两部分，即对未来分红的理性预期变动，以及对未来收益率的理性预期变动，并由此给出了对市场收益率变动的分解形式，被学术界称为 Campbell-Shiller 分解。

Campbell & Vuolteenaho（2004）基于以上分解认为，股票市场未预期收益率的两部分分解成分，实质上反映了市场收益率的两种变化：第一，现金流信息变化导致的收益率变化。当现金流信息恶化时，投资者当期的财富水平随之恶化，而未来的投资机会则不变。第二，折现率或资本成本的变化。当折现率增加时，投资者当期财富水平恶化，而未来的投资机会却得到改善。因此，对于一个具有风险规避偏好的代表性长期投资者而言，相比持有对折现率敏感度更高的资产而言，持有对现金流敏感度更高的资产需要提供更高的额外风险溢价，这是因为当折现率升高时，当期财富水平恶化的部分在一定程度上可以由未来投资机会的改善加以弥补，而现金流信息恶化则仅会带来当期财富水平和生命周期中总财富水平的净减少。

基于对市场组合收益率的进一步分解，在 CAPM 框架下利用市场组合估计的系统性风险 *Beta* 实际上也包含两部分：度量资产收益率相对于市场组合的现金流风险敏感程度的“现金流 *Beta*”，即“坏 *Beta*”，以及度量资产收益率相对于市场组合的折现率风险敏感程度的“折现率 *Beta*”，即“好 *Beta*”。当然，折现率 *Beta* 的“好”“坏”程度，依赖于折现率上升导致当期财富水平下降幅度与未来投资机会改善的相对程度。Campbell & Vuolteenaho（2004）形象地将这两种 *Beta* 对资产收益率总体风险的影响比喻为“胆固醇效应”。在此基础上 Campbell & Vuolteenaho（2004）研究发现，成长股的系统性风险 *Beta* 中折现率 *Beta* 这一“好 *Beta*”占主导，风险溢价更低；而价值股的系统性风险 *Beta* 中则是现金流 *Beta* 这一“坏 *Beta*”占主导，风险溢价更高。因此，Campbell & Vuolteenaho（2004）在风险-收益框架下解释了价值溢价的来源。

2.3.1.5　个股现金流风险理论

在实证过程方面，Campbell & Vuolteenaho（2004）通过设定 VAR 模型中的状态变量估计折现率时间序列，并通过 VAR 模型残差项和折现率冲击倒推计算现金流冲击时间序列。然而，Chen & Zhao（2009）研究发现，这种方法对于状态变量的选取极为敏感，易产生潜在的模型误设问题，因此依赖 Campbell & Vuolteenaho（2004）的状态变量选择对于价值溢价现金流风险理论的可靠性可能造成影响。

为了弥补这一不足，Da & Warachka（2009）建议使用分析师对上市公司未来两年的一致性盈利预期计算公司和市场的预期净资产收益率，将预期净资产收益率的变动定义为个股现金流冲击，在此基础上可将公司个股现金流冲击回归到市场现金流冲击上估算个股现金流风险，并由此发现，价值股比成长股具有更高的个股现金流风险。

2.3.1.6 营运杠杆风险理论

Carlson 等（2004）、Zhang（2005）和 Novy-Marx（2011）研究发现，价值型公司相比成长型公司具有更高的营运杠杆风险，这一风险是价值溢价产生的重要原因。

Gomes 等（2003）和 Zhang（2005）认为价值型公司拥有更高的经营性资产占比，而成长型公司拥有更高的潜在增长期权（growth options），相比前者而言后者具有更高的经营灵活性和资产可逆性：在经济下行时，由于价值型（成长型）公司的资产可转换性弱（强），其过剩生产能力更高（低），面临的营运杠杆风险更高（低），因此营运杠杆风险是价值溢价形成的重要原因。Petkova & Zhang（2005）和 García-Feijóo & Jorgensen（2010）对此理论提供了实证证据，后者认为营运杠杆风险是价值溢价的成因，而 Fama & French（1996b）的财务困境风险不是价值溢价的成因。

2.3.1.7 股权久期风险理论

久期是债券市场常用的一个指标，用于度量在债券存续期收回投资成本的平均时长，资产的远期现金流所占的比重越高，投资回收期和债券久期越长，相反则久期越短。由于债券发行之初约定了票面利率、债券期限、付息周期等基本信息，因此可以从交易价格中方便地计算得到债券久期。然而，由于公司的存续期间不确定，一般假设公司为永续存在，且每一期公司派息幅度受公司主营业务增长、公司派息政策等因素的影响，因此如何确定股权久期是一个难点。

Dechow 等（2004）设计了度量股权久期的具体方法，通过使用分析师预测数据估计了公司的预期净资产收益率，进而计算了股权久期，发现成长型公司现金流主要集中在未来，相比价值型公司，其股权久期更长。Gonçalves（2021）认为，短久期股权虽然面临较小的资金回收风险，但由于提前收回投资本金面临更大的再投资风险，因此短久期价值股再投资风险更高。Lettau & Wachter（2007）和 Gonçalves（2021）的研究从再投资风险角度对价值溢价的成因提供了潜在解释。

2.3.2　价值溢价的行为金融学理论

行为金融学误定价理论认为，账面-市值比等相对价值指标反映了投资者对价值股和成长股价格的系统性低估和高估，价值溢价则是未来股票估值向其基本面价值反向修复的具体体现。价值溢价成因的预期差理论最早由 Lakonishok 等（1994）提出，后期 La Porta（1996）、La Porta 等（1997）、Piotroski & So（2012）、Golubov & Konstantinidi（2019）等文献对该理论做了进一步完善和拓展。本节将从预期差理论、套利风险理论、有限套利和定价异象三个角度，对价值溢价成因的行为金融学理论进行综述。

2.3.2.1　预期差理论

Lakonishok 等（1994）认为，由于成长型公司的历史盈利能力和盈利增长率强于价值型公司，幼稚投资者会利用过去的这些盈利信息简单线性外推公司未来的盈利表现，而基于这种预期的交易行为进一步推高（压低）了成长型（价值型）公司的股价。然而，他们的实证证据发现，成长股较强的历史盈利能力在组合构建后并未得以延续，而价值股较弱的盈利能力在未来却出现明显反转，造成成长股的未来收益率表现不及价值股。Lakonishok 等（1994）的研究表明，价值溢价反映的是投资者在决策前后的预期差效应。

La Porta（1996）研究发现，在组合构建后的一年内，分析师对公司的盈利预期最低的组合收益率高于盈利预期最高的组合达 20%，且在组合构建后分析师分别反向修正了对两类公司预期的盈利水平和盈利增长率；通过事件研究法发现，投资者对历史盈利能力较弱的公司未来的盈利预期过度悲观，而对历史盈利能力较强的公司未来的盈利预期过度乐观。La Porta（1996）的研究对 Lakonishok 等（1994）提出的幼稚投资者线性外推假说和预期差假说给予了有力支持，说明投资者的确存在利用公司历史盈利信息线性外推未来盈利能力和股价表现的倾向。

Piotroski & So（2012）基于 Lakonishok 等（1994）的预期差假说和收益反转观点认为，如果成长型（价值型）公司的市场估值水平反映了投资者的过度乐观（过度悲观）预期，则定价误差应主要集中存在于具有预期偏差性质的公司中。从定价误差角度看，账面-市值比、盈价比、销价比、现价比、股息率等以市场预期为单一维度的定价指标，仅对投资者估值预期进行了考量，而并未对公司基本面信息给予足够关注。基于此，Piotroski & So（2012）使用账面-市值比和公司基本面质量指标（*FSCORE*）二维分组的方法区分了非一致性预期公司和一致性预期公司。此处的非一致性预期公司是指估值高而基本面质量差与估值低而基本面质量好的两类公司，这两类公司正是投资决策过程中存在预期差的公司；而一致性预期公司是指估值高且基本面质量好与估值低且基本面质量差的两类公司，是投资决策中不存在预期差的公司。具体地，定义账面-市值比低且公司基本面质量指标低，以及账面-市值比高且公司基本面质量指标高的公司为非一致性预期公司；定义账面-市值比低且公司基本面质量指标高，以及账面-市值比高且公司基本面质量指标低的公司为一致性预期公司。通过实证检验发现，价值溢价仅存在于非一致性预期的价值股与成长股之中，而不存在于一致性预期的价值股与成长股之中。

Piotroski & So（2012）的研究表明，在投资决策中市场估值和财务基本面具有同等重要的地位，二者不可偏废其一。但不足之处在于，Piotroski & So（2012）对预测差的测度是定性刻画，并未提出个股层面预期差的度量方法，因此进一步揭示投资者预期差和价值溢价的关系，指出价值因子的本质，以及使用预期差理论指导投资实践尚存在技术和操作难题。

2.3.2.2 套利风险理论

Lakonishok 等（1994）对价值溢价成因所提供的预期差理论与后期的实证结果虽然具有一致性，但在有效市场和无风险套利的理论框架下，这种现象依旧匪夷所思：为什么幼稚投资者在证券市场上长期重复预期偏差这一错误的同时，聪明的逆向投资者却未能通过构建有效的套利交易策略消除这一定价误差？对这一问题，至今尚无文献给出直接的回答。

传统金融理论认为，在有效市场中当证券价格偏离其内在价值时，套利交易者可以通过构建有效的零成本投资策略获取无风险收益，套利交易的大量存在可以迫使证券价格收敛于其内在价值。然而，Shleifer & Vishny（1997）则认为，套利活动并非无边界、无成本和无风险的；相反，在真实世界中当证券误定价发生时，套利活动面临极高的风险和实施成本，真实的套利活动是存在边界的有限套利。他们认为，套利资源和套利机会为一小部分专业投资者所掌握，其所构建的套利组合也并非如现代投资组合理论所强调的风险充分分散化的投资组合，而是通过寻找和详细分析市场上存在误定价的证券后，仅持有少量证券以获取价差收益，因此对于证券的特质波动率、噪声交易者比例所带来的套利风险极其敏感。Barberis & Thaler（2003）认为，现实世界中的套利风险主要集中在以下三个方面：

第一，证券基本面风险。这不仅包括投资者对证券内在价值判断错误所带来的估值风险（Zhang，2006），也包括证券无法完全替代和在短期内价格不向其内在价值收敛所产生的基差风险。以孪生证券异象为例，Froot & Dabora（1999）分析了同一家公司在两个不同国家的交易所发行的证券的价格走势，发现两种证券的价格走势与所在国指数走势密切相关，且两种证券价格在长期内存在背离。若这种背离反映的并非证券基本面价值的差异，而是投资者异质性和两国交易制度的差异，则很难确定地预期孪生证券价格在未来会收敛。

第二，噪声交易者风险。即使证券不存在明显的基本面风险，当证券价格与其内在价值出现系统性背离时，对冲基金经理也面临一个重要的问题：证券价格与其内在价值的背离是否会在短期内收敛？De Long 等（1990）和 Shleifer & Vishny（1997）研究了噪声交易者引发的代理问题，他们认为对冲基金经理一般代投资者理财，而资金的实际所有人则更为关注组合价值的短期表现。当基金经理发现资产价格高于其内在价值并构建套利策略后，市场上噪声交易者“追涨杀跌”“处置效应”等非理性交易行为有可能迫使证券价格向与其内在价值相反的方向变动。基金经理迫于短期内业绩考核、市场排名、投资者赎回资金的压力不得已清偿短期内会带来亏损的已持有头寸，噪声交易者和机构投资者的同向交易可能加剧证券价格的螺旋式下跌（Ippolito，1992；

Warther，1995)，导致证券价格偏离其基本面价值的幅度进一步扩大。

第三，策略实施风险。除以上两种风险，套利交易者仍需考虑的问题是实施套利策略的可行性。研究发现，交易佣金（Collins & Fabozzi，1991)、买卖价差（Amihud & Mendelson，1986)、交易流动性（Amihud，2002；Pástor & Stambaugh，2003)、卖空限制（Jones & Lamont，2002；D'Avolio，2002）等对资产价格均有显著影响。CAPM均衡定价模型假定证券买卖无交易成本，且可以任意单位无限制卖空。但在真实世界中，证券卖空行为受到严格管制。例如：全球绝大多数证券监管机构明令禁止大型养老基金和公募基金的卖空行为；美国证券交易委员会对证券市场实施报升规则（uptick rule，也称上涨抛空)，要求卖空价格必须高于最新的成交价格。D'Avolio（2002）发现，绝大多数融券成本在10个基点至15个基点不等，且这个成本还可以更大。更为重要的是在众多情形下，即使套利交易者愿意付出适当的融券成本，也经常面临无券可融的困境，造成股票误定价很难在短期内向内在价值收敛。

研究表明，证券的套利风险对于封闭式基金误定价（Pontiff，1996)、动能效应（Grundy & Martin，2001)、证券被纳入指数前后套利实施难易程度（Wurgler & Zhuravskaya，2002)、价值异象（Ali et al.，2003)、盈余公告后收益率漂移（Mendenhall，2004)、应计异象（Mashruwala et al.，2006)、换手率异象（Chou et al.，2013）等误定价均具有显著影响。

2.3.2.3 有限套利和定价异象

在过去的几十年中，大量文献研究表明，公司的一系列特征可以用于预测股票的未来收益率，由于该现象不能在有效市场假说框架下为CAPM所解释，学术界称其为资产定价异象。以Shleifer & Vishny（1997）为代表的行为金融学文献认为，这些定价异象是由证券市场上有限套利致使投资者对公司信息流反应程度的延迟或过度反应引起的。然而，检验有限套利与定价异象因果关系的难点在于，难以建立可以直接检验有限套利与定价异象因果关系的较为干净的实验环境，在这一实验环境中，可以同时排除风险因素或其他误定价因素对资产价格的直接影响。

在CAPM框架下，卖空限制是导致资产定价异象产生的最重要机制之一，学者常用其代理有限套利难易程度（Jones & Lamont，2002；Lamont & Thaler，2003；Nagel，2005；Gromb & Vayanos，2010）。有限套利难易程度常用的量化指标包括证券的所有权深度（Chen et al.，2002）、机构投资者持股比例（Asquith et al.，2005；Nagel，2005；Hirshleifer et al.，2011）、公司总市值（Israel & Moskowitz，2013）、融券比例（Asquith et al.，2005）、融券成本（Geczy et al.，2002；Jones & Lamont，2002）等等。但这些指标本身同样有可能与风险因子相关，因此并不是对有限套利难易程度较为可靠的度量指标（Chu et al.，2020）。

Chu等（2020）利用美国证券交易委员会于2004年7月取消对罗素3000（Russell 3000）指数成分股中的986只股票报升规则的实验，检验了卖空限制放松对Stambaugh等（2012）所研究的动能异象、盈利异象、应计异象、增发异象等11种资产定价异象的影响，发现卖空限制放松的外部政策干预使这11种资产定价异象的月综合收益率下降72个基点，且该下降来源于资产定价异象中空方负收益的显著收缩。特别地，当报升规则的实验结束后，实验组与控制组之间资产定价异象的差异随之消失，也就是说在恢复卖空限制后，这11种资产定价异象得以恢复。Chu等（2020）所构建的准自然实验，在文献中首次验证了有限套利与资产定价异象的因果关系。

2.3.3 风险理论和行为金融学理论的实证分歧

一些文献同时从风险理论和预期差理论两个角度，对价值溢价的成因进行了实证研究。这些文献既包括风险理论对预期差理论批判的研究，也包括预期差理论对风险理论否定的研究。

2.3.3.1 风险理论对预期差理论的批判

Doukas等（2002）使用美股1976—1997年的数据检验了Lakonishok等（1994）的预期差理论，发现投资者在组合构建前，并未对成长股（价值股）的未来盈利预期过于乐观（悲观）。与Lakonishok等（1994）的预期差理论相反，Doukas等（2002）的实证结果表明，分析师对于价值型公司的盈余预测相比成长型公司表现出更大的预测偏差，因此价值股相比成长股未来更好的收益率表现，并非由投资者对价值股更加悲观的盈利预期所导致。

Chui 等（2012）基于全球 40 个国家或地区 1981—2010 年的股票数据，研究了风险理论和误定价理论对价值溢价的解释能力，发现在风险规避程度较高的国家或地区价值溢价更为显著；同时，价值溢价与有限套利等误定价因素无关。因此，价值溢价是对投资者承担高风险的溢价补偿。

2.3.3.2 预期差理论对风险理论的否定

Phalippou（2007）检验了 Fama & French（1993）的三因子定价模型对组合收益率的横截面检验能力，以及 Campbell & Vuolteenaho（2004）的“双贝塔”风险模型、Lettau & Ludvingson（2001）的消费风险模型等对价值溢价的解释力，发现风险理论对价值溢价的解释力不能得到实证证据的支持。

Golubov & Konstantinidi（2019）借鉴 Rhodes-Kropf 等（2005）的方法，将市净率进一步分解为市值-价值比与价值-账面比，综合研究了价值溢价的来源，发现市值-价值比作为估值偏差的度量完全解释了价值溢价，而价值-账面比与价值溢价无关。他们进一步系统研究了营运杠杆风险、现金流风险、久期风险、长期消费风险、投资技术冲击风险、分析师评级风险对价值溢价的解释，发现以上从风险角度对价值溢价的解释力完全来源于价值-账面比，而与市值-价值比无关，这说明以上所列的风险理论本质上与价值溢价无关，从而对风险理论所提供解释的合意性提出严重质疑。

2.4 当前价值溢价研究的新变化和前沿理论

自 2008 年全球金融危机以来，以账面-市值比为价值指标构建的价值因子经历了长达 15 年的低迷期，最大回撤已达 55%，且仍不见转机，造成价值因子长期惨淡的表现，这种现象被学术界称为价值溢价消失之谜（Arnott et al.，2020）。学者对价值溢价是否消失以及价值溢价消失的原因进行了初步研究。

2.4.1 价值溢价消失了吗?

价值溢价在不同时期的存在性均已有相应的实证证据。Fama & French (1992, 1993) 基于美股 1963 年 7 月至 1991 年 6 月的数据验证了价值溢价的存在性;Davis 等 (2000) 基于 1926 年 7 月至 1963 年 6 月的数据验证了价值溢价的存在性;Fama & French (2017) 验证了 1990 年 7 月至 2015 年 12 月欧洲、亚洲等地区价值溢价的存在性。

Fama & French (2021) 基于 1963 年 6 月至 2019 年 5 月的数据,使用价值股组合高于市场组合的收益率之差作为价值溢价的代理,研究了价值溢价在 Fama & French (1992, 1993) 之后是否显著下降甚至消失。他们发现,大公司和小公司价值股组合相对市场组合收益率出现下降的同时,组合收益率的波动率显著上升,因此并不能认为价值溢价在 1991—2019 年出现了明显的降低。因此,Fama & French (2021) 否定了价值溢价消失。

Arnott 等 (2020) 利用 1963—2006 年的数据,通过自助法 (bootstrap),模拟一百万次得到了价值因子最大回撤的分布,发现 50% 的最大回撤处于该分布的 5.2%分位数。所以,虽然 50%的最大回撤很大,但它依然不是不可能。该文也倡导了不应仅使用最大回撤的点估计来评判策略(或因子)。

Israel 等 (2020) 认为,2007 年以后价值溢价长期低迷,价值溢价事实上已然消失。

2.4.2 价值溢价消失之谜的原因

针对价值因子表现不佳的潜在成因,一些研究认为公司净资产无法有效区分价值股和成长股差异,亦没有考虑无形资产对公司价值的影响,这一不足在大市值公司中更为明显,因此建议使用其他信息含量更为综合的指标度量公司价值和价值溢价 (Asness et al., 2000; Lev, 2018)。一些研究认为,后次贷危机时代的低利率环境、大面积股票回购导致资产价格泡沫化,使得传统的估值模型和会计报表信息对于区分价值型和成长型公司不再有效 (Edmans, 2017)。

亦有文献对组合收益的内部结构进行了分解，例如 Arnott 等（2020）将组合收益率分解为短期估值泡沫、盈利变化和估值迁移，认为价值溢价的结构性变化主要是由以 FANMAG[①] 为代表的高科技成长型公司股票估值泡沫的变化引起的，高科技成长型公司的股票估值泡沫使成长股变得更贵、价值股变得更便宜，二者之间价差的收缩最终导致了价值溢价的低迷。

2.5 对价值溢价研究现状和不足的评述

本章在有效市场假说和资产定价模型的研究框架下综述了现代金融学的研究脉络，在学者对“贝塔通缉令”“因子动物园”“多因子模型大战”的理论和实证研究背景基础上，概括了过去数十年资产定价研究的三个主要研究方向，并在对单一定价异象存在性验证和成因讨论的基础上，提出了研究价值溢价成因的重要性。在对测度价值溢价的 5 种指标相关文献进行综述的基础上，进一步梳理了风险理论和行为金融学理论对价值溢价成因所提供的主要解释，梳理了对两大理论和实证检验相互争论的文献及其争论的焦点，并对价值溢价研究的前沿理论进行了综述。

可以看出，对价值溢价成因讨论的两类文献皆具有扎实的理论和实证基础，但风险理论和行为金融学理论各自仍然存在一系列不足。

2.5.1 风险理论对价值溢价成因研究的不足

价值溢价的风险理论从一开始提出便遭到质疑。在 Fama & French（1993，1995，1996b）之后，极少有实证研究对财务困境风险理论提出进一步的实证支持；另一些理论解释的合意性一再被实证研究所拒绝。Golubov & Konstantinidi（2019）将市净率进一步分解为市值-价值比与价值-账面比后发现，市值-价值比作为估值偏差的度量完全解释了价值溢价，而价值-账面比与价值溢价无关。同时，他们通过实证检验发现，

① Facebook、Amazon、Netflix、Microsoft、Apple、Google 的简称。

Carlson 等（2004）及其他学者的营运杠杆风险理论、Campbell & Vuolteenaho（2004）和 Da & Warachka（2009）的现金流风险理论、Dechow 等（2004）和 Lettau & Wachter（2007）的久期风险理论、Parker & Julliard（2005）的长期消费风险理论等等，对价值溢价的解释力完全来源于价值-账面比，而与市值-价值比无关，因此以上风险理论无法解释价值溢价。

通过本章的文献综述可以看到，学术界对股票风险的度量是丰富多样的，但从风险角度对价值溢价成因的解释不应同时聚焦于如此众多的理论。风险理论的繁杂性事实上已过于分散了学者们的注意力，同时，在面对如此之多风险的同时，学者们难以回答哪一种风险才是价值溢价真正的成因。出于发表的压力，学者们对于实证结果显著性的“精心选择”客观上也似乎在说明，风险理论对价值溢价的解释在不同的样本期和不同的数据处理方法下，其实证结果本身亦具有“风险”，前后的研究结论具有不一致性，这可能是价值溢价的风险理论不断推陈出新和至今未能达成一致意见的重要原因。

更为重要的是，价值溢价消失之谜的出现对风险理论提出了进一步的挑战：如果以上风险理论可以解释价值溢价产生的原因，则这些风险理论理应可以解释价值溢价何以会消失。但从现有研究来看，尚无任何证据表明价值溢价的消失是由成长股风险的上升或价值股风险的下降导致的。

价值溢价风险理论的前后不一致性和价值溢价消失之谜的出现，对资产定价中的风险理论造成了严重的冲击和挑战。长期以来，学者称多因子定价模型为风险定价模型，认为不同的定价因子捕捉了资产收益率特定的潜在风险，价值因子是这些风险模型中居于核心位置的因子。但如果风险理论既不能一致地解释价值溢价因何会产生，也不能有效地解释价值因子为何会有效，更无法解释价值溢价何以会消失，那么将多因子定价模型称为风险定价模型的合理性在什么地方？风险-收益补偿理论与实证证据的自洽性体现在何处呢？

2.5.2 行为金融学理论对价值溢价成因研究的不足

行为金融学中的预期差理论对价值溢价成因所提供的解释不仅从直觉上更易于接受，而且更重要的是自 Lakonishok 等（1994）提出该理论以后，经过一系列理论和实证研究的完善和拓展，围绕预期差理论的研究结果前后具有相对的连贯性和一致性，已在行为金融学派内部形成了较为一致的共识。但到目前为止，预期差理论仍然存在一系列不足，主要体现在以下四个方面：

第一，尚未提出个股层面投资者预期差的测度方法。以 La Porta（1996）、La Porta 等（1997）和 Piotroski & So（2012）为代表的研究，主要通过对比价值股和成长股在组合构建前后盈利水平和收益率的变动进行描述性刻画，并未提出在任一时点度量个股误定价程度的具体方法。理论上，若投资者预期差是价值溢价的成因，则应进一步提出构建预期差因子的具体方法，对比价值因子和预期差因子的时间序列特征，并实证检验是否可以使用预期差因子替代价值因子，这对于推进价值溢价的学术研究、指导投资实践和评价基金绩效具有重要意义。

第二，在有效市场假说的框架下，Lakonishok 等（1994）尚未回答的一个重要问题是：为什么幼稚投资者在资本市场上长期重复预期偏差这一错误的同时，聪明的逆向投资者却未能通过构建有效的套利交易策略消除这一定价误差？在充分竞争的股票市场中，如果投资者按照文献记载已经意识到成长股（价值股）的预期盈利增长率和股票收益率表现不及（优于）历史表现，那么我们无法想象投资者长期以来会重复犯同样一种错误，且这种“明知故犯”的行为偏差竟然最终导致价值因子长期的优异表现。

第三，尚无研究表明预期差理论是否可以为价值溢价消失之谜提供最终答案。价值溢价长期以来的广泛存在，以及 2008 年金融危机以后价值因子大幅回撤引致的价值溢价消失，为检验风险理论和预期差理论提供了优良的准自然实验环境：如果预期差理论可以解释价值溢价的产生，则该理论同样应该能够解释价值溢价何以会消失。以 Arnott 等（2020）和 Israel 等（2020）为代表的研究对价值溢价消失之谜提供的解释，很显然已完全脱离风险理论和预期差理论的框架。当然对这一问题的进一步讨论要以在个股层面构建投资者预期差为基础。

第四，由于价值溢价的全球普遍性，针对预期差理论为价值溢价提供的解释，同样要具有全球普遍性。根据 Wind 数据库的统计，截至 2022 年 1 月，我国沪深两市总市值已达 92 万亿元，位居全球第二，在全球资本市场中发挥着举足轻重和日益重要的作用。随着经济实力和综合国力的不断增强，我国资本市场对外开放不断深化，金融制度和基础设施不断完善。然而，目前的资产定价理论仍然主要以美股为研究对象，而研究我国 A 股的文献仍然缺乏，使用“国际语言”讲述“中国故事”（洪永淼，2017），仍然以西方理论在我国市场中的实证研究为主要特征。本书将尝试反其道而行之，在主要章节以我国 A 股市场为研究蓝本，在研究展望部分基于主要章节提供的结果，初步检验预期差理论对美股市场价值溢价成因和价值溢价消失之谜的解释力。

本书将针对预期差理论的以上四个潜在不足做进一步的深入研究和讨论。本书的研究对后续关于价值溢价的学术研究以及对其他资产定价异象的深入研究将具有一定的借鉴意义。

第 3 章　投资者预期差和价值溢价

第 3 章在 Lakonishok 等（1994）和 Piotroski & So（2012）关于价值溢价的行为金融学研究基础之上，同时考虑市场估值和财务基本面两个维度，提出了一个公司层面的投资者预期差测度方法，并以 A 股上市公司数据证明了投资者预期差正是价值溢价的真实来源。实证结果主要包括：首先，价值溢价是由投资者对股票非一致性预期的误定价所引发，致使被高估的成长型公司呈现负向预期差、被低估的价值型公司呈现正向预期差，价值溢价在股票价格向其基本面价值收敛过程中产生；其次，个股预期差在截面上完美吸收了传统的价值型/成长型公司代理变量账面-市值比、盈价比、销价比、现价比、股息率等对预期收益率的解释力，并且在控制这些代理变量和其他公司特征后，个股预期差对截面收益率仍然保持显著的解释力；最后，遵照 Fama & French（1993）的研究方法构建的预期差因子解释了传统的价值因子，而传统的价值因子不能有效解释预期差因子。第 3 章的研究结果表明，价值溢价来源于投资者预期差，后者是区分价值型/成长型公司误定价程度的更精确测度，且传统的价值因子本质上是被一致性预期所“污染”的预期差因子。厘清价值溢价的真实来源对于资产定价的理论研究和投资实践均具有重要意义。

3.1　引言

高账面-市值比股票一般被称为价值型股票，低账面-市值比股票被称为成长型股票。Fama & French（1992；1998；2012）和 Capaul 等

(1993）等大量研究均发现，价值型股票的预期收益率显著高于成长型股票，且这一现象在全球股票市场中普遍存在（Fama & French，1998；Asness et al.，2013)。由于该现象不能被 CAPM 所解释，学术界称其为价值异象（value anomaly)，并称价值型股票与成长型股票之间的未来平均收益率之差为价值溢价（value premium)。现有文献中常用的价值型/成长型股票代理变量还包括盈价比（Basu，1975，1977，1983；Banz，1981；Reinganum，1981)、销价比（Senchack & Martin，1987)、现价比（Chan et al.，1991)、股息率（Elton et al.，1983；Christie，1990）等等。鉴于价值溢价在全球股票市场中的普遍性和显著性，Fama & French（1992）在 CAPM 的基础上加入新的潜变量公司总市值和账面-市值比，用于解释驱动资产收益率变化的原因，在此基础上构建了解释组合收益率差异的市值因子（*SMB*）和价值因子（*HML*)，提出了著名的三因子定价模型（Fama & French，1993)。

然而，学术界对于价值溢价的具体成因至今仍存在较大的争议(Cochrane，2011；Piotroski & So，2012；Golubov & Konstantinidi，2019；Arnott et al.，2020)。以 Fama & French（1992，1993）为代表的风险学派认为价值溢价源于价值型公司相比成长型公司具有更高的风险，而以 Lakonishok 等（1994）为代表的行为金融学派则认为价值溢价源于股票误定价。

Fama & French（1992）在其开创性研究中发现，账面-市值比相比盈价比、资产市值比、资产账面比等，对预期收益率具有更为显著的预测能力。Fama & French（1993，1995，1996b）认为，账面-市值比的这种预测能力反映了价值型/成长型公司之间的财务困境风险差异。这是因为账面-市值比与公司盈利能力紧密相关：价值型公司相比成长型公司盈利能力较弱，面临持续的财务困境风险，当遭遇实际的财务困境时价值型公司股价会下跌，如果财务困境没有导致公司破产，其股价最终会向上修复产生超额收益。因此，价值溢价的实质是财务困境风险溢价(financial distress premium)，以此为基础构建的价值因子本质上捕捉了各公司共同的风险因子。Chen & Zhang（1998）认为，价值溢价源于价值股通常具有高杠杆，未来盈利具有极大的不确定性，更容易陷入财务困境。Petkova & Zhang（2005）在条件 CAPM 框架下研究价值股和成长股的风险差异，发现价值股的系统性风险 *Beta* 与市场风险正相关，成长股的系统性风险 *Beta* 与市场风险负相关，从符号上看价值溢价似乎可用风险理论来解释；但是进一步分析表明，这种 *Beta* 差异带来的溢价太小，以至于对价值溢价的解释力十分有限。Gulen 等（2011）发现，价值型公司具有更高的经营杠杆、财务杠杆、固定资产比率、待削减投资比率，在经济下行期面临更高的投资不可逆风险，而成长型公司则可以更为自由地对公司运行做出调整。

从风险视角分析价值溢价成因的理论还有营运杠杆风险理论（Carlson et al.，2004；Zhang，2005；Novy-Marx，2011）、市场现金流风险理论（Campbell & Vuolteenaho，2004）、个股现金流风险理论（Da & Warachka，2009）、股权久期风险理论（Lettau & Wachter，2007）、股权隐含违约风险理论（Vassalou & Xing，2004）等等。总而言之，以上研究认为价值股和成长股之间的平均收益率差异来源于两类公司对风险因子的暴露程度不同，其核心观点在于价值型公司相比成长型公司的价值溢价来源于其面临更高的风险。

尽管如此，这些理论和实证解释最大的不足在于它们对价值溢价本身的解释力十分有限和值得怀疑。Golubov & Konstantinidi（2019）借鉴 Rhodes-Kropf 等（2005）的方法，将市净率进一步分解为市值-价值比与价值-账面比综合研究了价值溢价的来源，发现市值-价值比作为估值偏差的度量完全解释了价值溢价，而价值-账面比与价值溢价无关。他们进一步系统研究了营运杠杆风险、现金流风险、久期风险、长期消费风险、投资技术冲击风险、分析师评级风险对价值溢价的解释，发现以上从风险角度对价值溢价的解释力完全来源于价值-账面比，而与市值-价值比无关，这说明以上所列的风险理论本质上与价值溢价无关，从而对风险理论所提供解释的合意性提出质疑。

行为金融学理论则认为，账面-市值比等相对指标反映了投资者对价值股（成长股）价格的系统性低估（高估），价值溢价则是股票估值未来向其基本面价值反向修复的具体体现。Lakonishok 等（1994）认为，由于成长型公司的历史盈利能力和盈利增长率强于价值型公司，幼稚投资者会利用过去的这些盈利信息简单线性外推公司未来的盈利表现，而基于这种预期的交易行为进一步推高（压低）了成长型（价值型）公司股价。他们的实证证据发现，成长股较强的历史盈利能力在组合构建后并未得以延续，而价值股较弱的盈利能力在未来却出现明显反转，因而成长股的未来收益表现不及价值股。Lakonishok 等（1994）的研究表明，价值溢价反映的是投资者在决策前后的预期差效应。La Porta（1996）研究发现，在组合构建后的一年内，分析师对公司盈利预期最低的组合收益率高于盈利预期最高的组合达 20%，且在组合构建后，分析师分别反向修正了对两类公司盈利水平和盈利增长率的预期；通过事件研究法发现，投资者对历史盈利能力较弱的公司未来盈利预期过度悲观，而对历史盈利能力较强的公司未来盈利预期过度乐观。La Porta（1996）的研究对 Lakonishok 等（1994）提出的投资者线性外推假说和预期差理论给予了有力支持，说明投资者的确存在利用公司历史盈利信息线性外推未来盈利能力的倾向，而这种投资决策前的线性外推和投资决策后股票的实际表现不一致，存在投资决策前后的预期差效应。其他支持价值溢价源于投资者预期差的文献还有 La Porta 等（1997）、Piotroski & So（2012）、Golubov & Konstantinidi（2019）、Bordalo 等（2019）等等。

行为金融学派对价值溢价的解释不仅从直觉上更易于接受，而且更重要的是该理论聚焦于投资者预期偏差，所提供的实证和理论证据具有一致性。尽管如此，从预期差角度提供的解释仍然存在三点不足：第一，未对公司的基本面质量或内在价值给予充分考量。行为金融学理论通常使用账面-市值比、盈价比、股息率、现价比或销价比作为区分价值型公司和成长型公司的代理变量，这 5 种指标从本质上反映了投资者对股票的估值水平和估值预期，却未对公司的基本面质量给予足够的重视，这种仅考虑估值水平而忽视公司基本面质量所度量的误定价是不准确的。第二，未能对个股层面预期差进行测度。现有研究仅能从组合层面对盈利水平和收益率的变动进行描述性刻画，到目前为止尚没有文献提出测度个股预期差的具体方法，这使得从个股和横截面角度检验预期差与账面-市值比等传统价值型/成长型公司代理变量之间的关系成为一个学术难题。第三，无法厘清价值因子与预期差之间的关系。受限于个股预期差难以度量，虽然行为金融学研究指出价值溢价来源于预期差，但无法根据因子构建法进一步明确价值因子的成因。

本书基于 Lakonishok 等（1994）和 Piotroski & So（2012）的研究，提出了一个公司层面预期差的测度方法，并且实证证明了投资者预期差正是价值溢价的真实来源。具体而言，本书从账面-市值比和公司财务基本面两个维度构建投资者预期差测度，利用组合价差法、FM 截面回归法和因子分析法检验了投资者预期差在价值型公司和成长型公司之间的差异，以及个股预期差对股票截面收益的解释能力。主要结论包括：（1）成长股和价值股分别表现出负向预期差和正向预期差，价值溢价则是在未来股票价格向其基本面价值修复过程中产生的溢价。（2）在股票估值水平与公司基本面价值相匹配的一致性预期公司中，价值股和成长股之间无价值溢价；在二者不匹配的非一致性预期公司中存在显著的价值溢价，所构建的非一致性预期因子存在约年化 14%的 *Alpha*。（3）预期差完美吸收了文献中账面-市值比、盈价比、销价比、现价比、股息率等价值型/成长型公司代理变量对股票截面收益率的解释能力，表明投资者预期差是账面-市值比等价值指标对预期收益率解释力的真实来源。（4）按照 Fama & French（1993）方法构建的预期差因子可以解释传统的价值因子，而价值因子和其他定价因子无法解释预期差因子，表明 Fama & French（1993）的价值因子本质上是被一致性预期公司所“污染”的预期差因子。

本书的学术贡献主要体现在三个方面：第一，结合投资者估值和公司财务基本面两个维度，区分了投资者一致性预期和非一致性预期，在此基础上提出了一个从公司层面度量投资者预期差的方法；第二，实证证明了账面-市值比、盈价比、销价比、现价比、股息率等对股票截面收益波动的解释力本质上来源于个股预期差；第三，基于 Fama & French（1993）的方法提出了可以替代价值因子的预期差因子。

本书的研究结论对投资实践也具有一定的参考价值。近年来，学者发现美股市场自 2007 年后价值因子表现一路低迷，提出了价值溢价消失之谜。基于此发现，一些文献对价值投资策略的盈利可行性提出质疑。针对价值因子表现不佳的潜在成因，一些研究认为公司净资产无法有效区分价值股和成长股差异，亦没有考虑无形资产对公司价值的影响，这一不足在大市值公司中更为明显，因此建议使用信息含量更为综合的其他指标度量价值（Asness et al.，2000；Lev，2018）。一些研究认为，后次贷危机时代的低利率环境、大面积股票回购导致资产价格泡沫化，使得传统的估值模型和会计报表信息对于区分价值型公司和成长型公司不再有效（Edmans，2017）。亦有文献对组合收益的内部结构进行了分解，例如 Arnott 等（2020）将组合收益率分解为短期估值泡沫、盈利变化和估值迁移，认为价值溢价的结构性变化主要是由以 FANMAG 为代表的高科技成长型公司股票估值泡沫的变化引起的，高科技成长型公司的股票估值泡沫使成长股变得更贵、价值股变得更便宜，二者之间价差的收缩最终导致了价值溢价的低迷。

以上研究均从公司的基本面质量和会计信息角度，对价值溢价的影响因素提供了有益的思考和探索，但尚欠缺综合考虑投资者估值预期和公司基本面价值的相关研究。更严重的问题是，以上研究对价值溢价消失之谜的解释已然脱离了利用风险理论和行为金融学理论对价值溢价成因进行解释的研究脉络，提出的解释虽然具有一定的启发性，但如果不能从价值溢价成因角度探究价值溢价为何会消失，这些理论的可信性和一般性受到质疑似乎是必然的。

作为价值投资理念的开创者，Graham & Dodd（1934）的核心思想在于通过对公司基本面价值的分析寻找被低估的优质资产。本书的研究与这一思想一脉相承，尝试构建的预期差指标强调了在对价值溢价成因和价值因子有效性的研究中，投资者估值预期和公司基本面质量具有同等重要的地位，二者不可偏废其一。无论价值溢价消失之谜的真正成因是什么，我们相信只有寻找到价值溢价的真正成因，才能为价值溢价消失之谜给出最终的答案，对于进一步讨论在我国 A 股市场价值投资的有效性将提供重要的参考。

本章的其余部分安排如下：3.2 节是围绕价值溢价和预期差的关系提出本章的研究假设和公司层面的预期差度量方法；3.3 节综合采用组合价差法、FM 截面回归法、因子分析法，实证检验 3.2 节所提出的四个研究假设；3.4 节是稳健性检验，使用尹力博和廖辉毅（2019）的

QSCORE 指标体系替换 Piotroski（2000）的 *FSCORE* 指标体系，检验个股预期差对截面收益解释力的稳健性；3.5 节对本章做出总结。

3.2 研究假设与个股预期差测度

3.2.1 研究假设

从投资者预期来看，公司净资产表示按会计公允价值计量的公司价值，总市值反映了投资者对公司的估值水平，因而账面-市值比（=公司净资产/总市值）表示投资者对公司净资产价值的估值预期。La Porta（1996）、Penman（1996）、Piotroski & So（2012）以及 Golubov & Konstantinidi（2019）等文献均将账面-市值比作为投资者对股票估值预期的代理变量，发现账面-市值比与投资者对公司预期的盈利能力和盈利增长率负相关（Fama & French，1995；La Porta，1996；Penman，1996），即投资者预期成长型（价值型）公司未来的盈利能力更高（低）。因此，本书选取账面-市值比作为投资者对公司未来盈利状况和股价表现的估值预期。

亦有文献提出了系统度量公司财务基本面质量的方法，基于财务报表信息构建了相应的综合指标，包括 *FSCORE*（Piotroski，2000）、*GSCORE*（Mohanram，2005）、*QSCORE*（Asness et al.，2019）等等，发现公司的基本面信息是未来盈利能力和盈利增长率的先行指标（Piotroski，2000；Fama & French，2006）且呈现正相关关系，即：公司的基本面质量越好，其未来的盈利状况越好；基本面质量越差，未来摘牌退市的概率越高。

现有文献对价值溢价成因的研究仅考虑了以账面-市值比为代理指标度量的投资者估值预期，而未对公司的基本面质量给予充分考量，这种方法存在明显的缺陷。从预期差角度看，股票估值是否合理，不仅取决于估值预期，还依赖于该估值是否与公司基本面相匹配：对于估值较高（低）的成长型（价值型）公司，若其由良好（较差）的财务基本面支撑，该估值应是理性预期估值；类似地，若估值较高（低）的成长型（价值型）公司由较差（良好）的财务基本面支撑，该估值则是非理性预期估值。参照 Piotroski & So（2012）的研究设计，本书用账面-市值比和 *FSCORE* 分别度量股票估值预期与公司基本面质量，从两个维度测度个股预期差，并将公司估值与财务基本面一致的公司称为一致性预期公司，将公司估值与财务基本面不一致的公司称为非一致性预期公司，这种方法弥补了仅考虑估值预期而忽视公司基本面质量的缺陷。

Lakonishok 等（1994）认为，由于成长型公司的历史盈利能力和盈利增长率强于价值型公司，幼稚投资者会利用过去的这些盈利信息简单线性外推公司未来的盈利表现，导致这些投资者低估或忽视新到来的与自我判断相反的公司基本面信息，从而产生外推偏差。从行为金融学角度来看，这种外推偏差产生的成因主要包括投资者过度自信（Griffin & Tversky，1992；Daniel et al.，1998）、锚定效应（Tversky & Kahneman，1974）、代表性偏差（Kahneman & Tversky，1972）等。具体来讲，由于成长型（价值型）公司历史盈利能力较强（弱）（Fama & French，1995；La Porta，1996），投资者认为这种趋势在未来将持续下去，当与历史表现相悖的新的负面（正面）财务信息到来时，他们有可能由于过度自信或代表性偏差等心理因素的影响而选择忽视这些信息，从而高估（低估）了成长股（价值股）未来的业绩表现。由于公司历史基本面质量是未来盈利能力的先行指标（Piotroski，2000；Fama & French，2006），因此这种高估（低估）偏差在基本面质量较差（好）的成长型（价值型）公司中更为突出，即投资者对成长型（价值型）公司更容易产生负向（正向）预期差。

为更清晰地呈现以上分析，本书按照 Piotroski & So（2012）的研究设计，根据投资者估值水平（B/M）和公司基本面质量（*FSCORE*）双重排序将所有公司分为9类，如表3-1所示。$E[e|B/M]$表示投资者对价值股/成长股未来预期的盈利能力，$E[e|FSCORE]$表示投资者根据历史基本面信息预期的未来盈利能力。根据前文分析，$E[e|B/M]$和$E[e|FSCORE]$一般满足以下一阶条件：

$$\frac{\mathrm{d}E[e|B/M]}{\mathrm{d}B/M}<0 \text{(Lakonishok et al.,1994;La Porta,1996)}$$

$$\frac{\mathrm{d}E[e|FSCORE]}{\mathrm{d}FSCORE}>0 \text{(Piotroski,2000;Piotroski \& So,2012)}$$

对于表 3-1 左上角满足 $E[e|B/M]>E[e|FSCORE]$ 条件的股票而言，投资者对股票价格未来上涨的预期高，但公司较差的财务基本面并不支撑这一预期，出现对股价非理性高估造成的负向预期差。同理，对于右下角满足 $E[e|B/M]<E[e|FSCORE]$ 条件的股票而言，公司的财务基本面良好，但投资者对股票估值水平偏低，表现为股价非理性低估造成的正向预期差。同理，对于右上角和左下角满足 $E[e|B/M]\approx E[e|FSCORE]$ 条件的公司而言，股票的估值水平与公司的财务基本面相符，这两类公司股票估值无预期差或者预期差较小。基于以上分析，本书提出第一个研究假设：

表 3-1 投资者预期差分布示意图

	低 B/M-成长型（估值高）	正常 B/M	高 B/M-价值型（估值低）
低 $FSCORE$（弱基本面）	$E[e\|B/M]>E[e\|FSCORE]$ 估值过高	估值较高	$E[e\|B/M]\approx E[e\|FSCORE]$ 正确估值
正常 $FSCORE$	估值较高	$E[e\|B/M]\approx E[e\|FSCORE]$ 正确估值	估值较低
高 $FSCORE$（强基本面）	$E[e\|B/M]\approx E[e\|FSCORE]$ 正确估值	估值较低	$E[e\|B/M]<E[e\|FSCORE]$ 估值过低

假设 1：被高估的成长型公司在截面上呈现负向预期差，被低估的价值型公司在截面上呈现正向预期差。

La Porta（1996）和 Dechow & Sloan（1997）认为，基于账面-市值比的价值投资和逆向投资策略捕捉了投资者的非一致性预期，其策略有效性源于市场估值在未来向公司基本面的误差修复，这种事前的估值偏差和事后的误差修复将反映在表 3-1 所展示的两类非一致性预期的成长型公司（表 3-1 左上角）和价值型公司（表 3-1 右下角）中。随着股票价格向其基本面价值收敛，呈现负向预期差的非一致性预期公司的股票收益率下降，呈现正向预期差的非一致性预期公司的股票收益率上升，而不存在预期差的一致性预期公司的股票收益率将不会产生明显变化。基于此，本书提出第二个研究假设：

假设 2：非一致性预期多空组合呈现显著的价值溢价，一致性预期多空组合无显著的价值溢价。

研究发现，以账面-市值比、盈价比、销价比、现价比、股息率等作为价值指标所区分的价值型公司和成长型公司之间具有显著的价值溢价，在横截面上对预期收益率具有解释力（Basu，1975，1983；Stattman，1980；Fama & French，1992，1998；Senchack & Martin，1987；Chan et al.，1991；Christie，1990；等等）。Piotroski & So（2012）基于 Lakonishok 等（1994）预期差和收益反转的观点认为，如果成长型（价值型）公司的市场估值水平反映了投资者的过度乐观（过度悲观）预期，则定价误差应主要集中于存在预期偏差的公司中。因而，从定价误差角度看，账面-市值比、盈价比、销价比、现价比、股息率等以市场预期为单一维度的定价指标，仅对投资者估值预期进行了考量，而并未对公司基本面信息给予足够关注。相比而言，个股预期差指标既有效纳入了市场估值信息，又充分考虑了公司财务基本面对定价误差的影响，对预期收益率应具有更为显著的解释力。基于此，本书提出第三个研究假设：

假设 3：传统的价值型/成长型公司代理变量账面-市值比、盈价比、销价比、现价比、股息率等对预期收益率的截面解释力源于投资者预期差。

根据假设 2 和假设 3 可知，价值溢价的真实来源为投资者对非一致性预期公司预期差导致的定价误差。按照 Fama & French（1993）构建价值因子的通用方法，一致性预期公司和非一致性预期公司均可用于构建以账面-市值比为单一维度构建的价值因子。然而，从预期差角度来看，这种构建方法将不存在定价误差的一致性预期带入价值因子，掩盖了价值溢价的真实来源，对价值因子的有效性构成“污染”。而通过个股预期差重新构建的误定价因子，剥离了不存在预期差的一致性预期公司所带来的无效信息，客观上可以将传统价值因子从这一“污染源”中分离出来，这不仅可以提升价值因子的有效性，而且更重要的是为价值溢价的来源提供了直观的行为金融学基础。基于以上分析，本书提出第四个研究假设：

假设4：预期差因子可以完美解释价值因子，而价值因子无法完美解释预期差因子。

3.2.2 个股预期差测度

测度个股预期差面临的主要困难在于，如何度量投资者估值预期和公司基本面质量，以及如何将两方面的信息综合对比以度量出定价误差。本书选取账面-市值比作为投资者对公司未来盈利状况和股价表现的估值预期。

客观来讲，哪些财务指标可以更为有效地表征公司财务基本面质量和内在价值是一个值得研究的宏大课题，现有文献对此进行了广泛且深入的分析，目前常见的度量公司基本面质量的指标体系有 *FSCORE*（Piotroski，2000）、*GSCORE*（Mohanram，2005）、*QSCORE*（Asness et al.，2019），以及 Ohlson 模型（Ohlson，1980，1995，2001）。汪荣飞和张然（2018）、尹力博和廖辉毅（2019）也就A股市场如何度量公司基本面质量做了较为深入的分析。

本书参照 Piotroski（2000，2012）的方法，采用 *FSCORE* 指标体系对财务基本面质量进行刻画，一是考虑到 *FSCORE* 指标体系的构成与 *QSCORE* 指标体系（Asness et al.，2019；尹力博和廖辉毅，2019）的构成高度一致；二是采用 *FSCORE* 指标体系分析公司基本面质量与未来公司业绩表现之间的关系的文献所得到的结论也少有分歧（Piotroski，2000；Mohanram，2005）。作为稳健性检验，本书也汇报了基于尹力博和廖辉毅（2019）的 *QSCORE* 指标体系度量公司基本面质量后，所构建的个股预期差指标在横截面和时间序列的表现。[①] 本节首先介绍 *FSCORE* 指标体系的测度方法，其次构建个股预期差测度指标。

3.2.2.1 构建 *FSCORE* 指标体系

本书使用A股上市公司披露的财务季报、半年报和年报数据，将利

---

① 事实上，本书也基于 Altman（1968）、Ohlson（1980）、Mohanram（2005）、Piotroski（2000）的研究综合构建了反映A股基本面的 *ASCORE*，并以此构建了个股预期差。同时，本书也使用汪荣飞和张然（2018）的方法进一步验证了本书的预期差理论，所得结果与本书的主要结论均一致。出于篇幅限制的考虑，书中不再汇报检验结果。

润表和现金流量表中的累计数据剥离为当季数据，再将连续四个季度的流量滚动累加从而将季度数据转化为年度数据，以保证指标之间的可比性。由于 2002 年之前上市公司只披露了半年报和年报数据，通过对每家公司逐年线性插值，即可得到相应年份的第一季度和第三季度的财务数据。在此基础上可逐一计算 *FSCORE* 指标体系的 9 项构成指标。

首先，根据财务报表数据计算个股的资产收益率（*ROA*）、现金资产比（*CFO*）、资产收益率变动值（ΔROA）、应计比率（*ACCRUAL*）、长期负债率变动值（$\Delta LEVER$）、流动比率变动值（$\Delta LIQUID$）、股票增发比率（*ISSUANCE*）、毛利率变动值（$\Delta MARGIN$）、资产周转率变动值（$\Delta TURN$）共 9 项指标，指标的计算方法详见附录 1。

其次，对 9 项指标赋予适当的正负符号。上述 9 项指标中，*ROA*、*CFO*、ΔROA、$\Delta LIQUID$、$\Delta MARGIN$、$\Delta TURN$ 值越大，公司基本面质量越好，*ACCRUAL*、$\Delta LEVER$、*ISSUANCE* 值越大，公司基本面质量越差，因此对后 3 项指标需要加负号变换，使其值越大，反映的公司基本面质量越好。

再次，对 9 项指标分别计算横截面排序得分指标。在横截面上对样本内公司的 9 项指标（每一项用 x 表示）逐一排序得到排序变量 r_x，再对 r_x 标准化得到 $z(x)$，如（3－1）式和（3－2）式所示：

$$r_x = rank(x) \tag{3-1}$$

$$z(x) = z_x = \frac{r_x - \bar{r}_x}{\sigma(r_x)} \tag{3-2}$$

最后，构建指标 *FSCORE*。对于每只股票分别将 9 项指标所得的 $z(x)$ 加总后再做一次标准化，得到个股的基本面指标 *FSCORE*，如（3－3）式所示：

$$\begin{aligned} FSCORE = z(&z_{ROA} + z_{CFO} + z_{\Delta ROA} + z_{ACCRUAL} + z_{\Delta LEVER} \\ &+ z_{\Delta LIQUID} + z_{ISSUANCE} + z_{\Delta MARGIN} + z_{\Delta TURN}) \end{aligned} \tag{3-3}$$

与 Piotroski（2000）和 Piotroski & So（2012）利用哑变量赋值构建 *FSCORE* 的方法不同，本书通过排序法构建度量个股财务基本面质量的 *FSCORE*。采用排序法可以更精准地区分每一家公司在各构成指标中的优劣程度，所得的 *FSCORE* 具有更好的区分度和可比性。

3.2.2.2 数据匹配和个股预期差测度

为避免前视偏误，文献中一般使用 t 年末财报中的账面净资产（B）和 t 年 12 月末的总市值（M）来测度账面-市值比 B/M，再将 t 年 7 月至 $t+1$ 年 6 月的交易数据与 t 年的账面-市值比相匹配来构建组合（Fama & French，1992，1993）。然而，使用年报数据的不足之处在于可能带来严重的时滞问题，例如 $t+1$ 年 6 月交易数据仍然使用 $t-1$ 年 12 月的财务数据，二者相差达 18 个月之久，当估值信息与财务基本面信息之间相互时滞过大时容易造成财务信息缺失。股票误定价有可能在此期间已经消失或向相反方向变动，以至于无法准确度量投资者估值偏差造成的预期差。为此，本书在对账面-市值比和交易数据进行匹配时，按照每家上市公司财务数据披露的具体时间，对交易和财务数据逐一进行匹配，当 t 月财务数据披露后即可进入当月末相应指标的计算；在同一个月份若同时披露年报和第一季报数据，仅使用年报数据信息。同时，按照 Fama & French（1992）的方法剔除 B/M 值为负的数据，并对异常值做上下 5%的缩尾处理。

本书采用账面-市值比 B/M 倒数即市净率 M/B 进行排序，并按照（3-1）式和（3-2）式的做法在每个横截面计算公司的市净率排序得分 $z_{M/B}$，根据（3-4）式即可得出个股预期差（*ERROR*）的测度：

$$ERROR = FSCORE - z_{M/B} \tag{3-4}$$

采用账面-市值比倒数是指标构建的需要。账面-市值比越大（小）则市净率越小（大），反映了投资者对公司的估值水平越低（高）。根据（3-4）式可知，若公司的基本面质量指标 *FSCORE* 值较小（大），个股预期差水平 *ERROR* 越小，公司的误定价程度越低，这说明股票的价格和其内在价值相一致、不存在预期差（表 3-1 右上角和左下角）。当股票价格偏离其基本面价值时，*ERROR* 将偏离 0。具体而言，对于财务基本面较差的成长型公司（表 3-1 左上角），其高估值将向上偏离其基本面价值从而产生负向预期差；对于财务基本面较好的价值型公司（表 3-1 右下角），其低估值将向下偏离基本面价值从而产生正向预期差。

举例而言，假设某市场共有 N 家上市公司，对于任意一家公司 A，

假设其基本面指标 *FSCORE* 在 N 家公司中排序为 n，则投资者对 A 公司估值所得的市净率得分指标 $z_{M/B}$ 排序值 i 与预期差 *ERROR* 的关系如下：

（1）当 $i<n$ 形成正向预期差时，说明相对于基本面而言投资者对 A 公司估值不足，此时预期差 *ERROR* 大于 0。

（2）当 $i=n$ 无预期差时，说明投资者对 A 公司估值适度，此时 *ERROR* 等于 0。

（3）当 $i>n$ 形成负向预期差时，说明相对于基本面而言投资者对 A 公司估值过高，此时预期差 *ERROR* 小于 0。

3.3　实证研究结果及其分析

本章分析所用的数据包括 2000 年 1 月至 2019 年 12 月沪、深两市主板、中小板、创业板所有上市公司的财务和交易数据。主要数据均来源于国泰安（CSMAR）数据库；无风险利率选自锐思（RESSET）数据库，其中，2002 年 7 月之前使用三个月期银行定期存款利率，2002 年 8 月至 2006 年 10 月使用三个月期中央银行票据的票面利率，2006 年 10 月以后使用上海银行间三个月同业拆放利率。

为剔除异常值的影响，对所有变量做上下 5%的缩尾处理。表 3 - 2 提供了主要变量的描述性统计结果，其中面板 A 是样本量、最小值、均值、中位数、最大值和标准差统计结果；面板 B 提供了 *ERROR*、B/M、E/P、D/P、CF/P、S/P 相互之间的 Pearson 相关系数（右上）和横截面相关系数（左下）矩阵，括号内汇报了相关系数的 p 值，原假设为变量之间不相关。

可以看到，B/M 与 E/P、D/P、CF/P、S/P 的 Pearson（横截面）相关系数分别为 37%（32%）、30%（26%）、19%（19%）和 48%（44%），具有较强的相关性和统计显著性；个股预期差 *ERROR* 与 B/M、E/P、D/P、CF/P、S/P 的 Pearson（横截面）相关系数分别为 58%（66%）、44%（45%）、34%（33%）、39%（40%）和 36%（39%），具有显著的相关性。这说明个股预期差较好地捕捉了传统价值

型/成长型公司代理变量的定价信息，价值型公司倾向于产生正向预期差，成长型公司倾向于产生负向预期差。

表 3-2　主要变量的描述性统计结果

面板 A：变量描述性统计特征

变量名	样本量	最小值	均值	中位数	最大值	标准差
ERROR	255 814	−3.46	0.12	0.13	3.45	1.37
B/M	255 814	0.10	0.41	0.36	1.00	0.21
E/P	235 167	−0.02	0.03	0.02	0.09	0.02
D/P	245 630	0.00	0.01	0.00	0.03	0.01
CF/P	234 277	−0.13	0.02	0.02	0.18	0.05
S/P	238 622	0.04	0.45	0.32	1.99	0.40
Beta	207 831	−0.64	0.81	0.80	2.43	0.34
总市值（十亿）	255 814	0.23	8.64	4.07	2 550.00	35.00
FSCORE	255 814	−3.67	0.02	0.00	3.46	1.00
月均收益率	255 814	−20.40%	0.43%	−0.12%	24.40%	9.53%
调整月均收益率	255 814	−36.10%	0.34%	−0.16%	40.80%	8.12%

面板 B：变量之间的 Pearson（右上）相关系数和横截面（左下）相关系数矩阵

	ERROR	*B/M*	*E/P*	*D/P*	*CF/P*	*S/P*
ERROR		0.58 (0.00)	0.44 (0.00)	0.34 (0.00)	0.39 (0.00)	0.36 (0.00)
B/M	0.66 (0.00)		0.37 (0.00)	0.30 (0.00)	0.19 (0.00)	0.48 (0.00)
E/P	0.45 (0.00)	0.32 (0.00)		0.43 (0.00)	0.28 (0.00)	0.32 (0.00)
D/P	0.33 (0.00)	0.26 (0.00)	0.41 (0.00)		0.17 (0.00)	0.17 (0.00)
CF/P	0.40 (0.00)	0.19 (0.00)	0.29 (0.00)	0.17 (0.00)		0.24 (0.00)
S/P	0.39 (0.00)	0.44 (0.00)	0.29 (0.00)	0.16 (0.00)	0.24 (0.00)	

注：调整月均收益率是将个股收益率回归到市场因子（*MKT*）和市值因子（*SMB*）上，取残差项和截距项之和得到。

3.3.1　股票估值水平与投资者预期差

本小节通过组合构建法和 Fama & MacBeth（1973）截面回归法（简称 FM 截面回归法）检验假设 1，即被高估的成长型公司在截面上呈现负向预期差，被低估的价值型公司在截面上呈现正向预期差。具体地，每月末分别根据 *B/M* 和 *FSCORE* 将所有公司从低到高排序并分为 5 组，将这些组合进行交叉得到 25 个投资组合，计算组合中个股预期差等权重均值。每月重复上述步骤，最终得到 25 个投资组合的预期差时间序列，并计算各组合时间序列均值。表 3 - 3 汇报了分析结果。结果显示，非一致性预期的成长型公司（表 3 - 3 左上部分）和价值型公司（表 3 - 3 右下部分）分别表现出显著的负向预期差和正向预期差；而一致性预期公司（表 3 - 3 右上部分和左下部分）的预期差则比较小，显著性相对较低，这与研究假设 1 是一致的。

为了检验价值型/成长型公司的估值差异和预期差之间的关系，按照账面-市值比 *B/M* 进行单变量分组，根据个股预期差计算组合预期差，结果汇报在表 3 - 3 第 3 行。可以看到，成长型公司总体表现出负向预期差，价值型公司总体表现出正向预期差。随着组合账面-市值比均值上升，预期差由显著为负值变成正值。因此本书构建的个股预期差特征捕捉了传统以账面-市值比为代理变量区分成长型公司和价值型公司的误定价程度。

类似地，本书也按照 *FSCORE* 进行单变量分组，检验公司财务基本面质量和预期差之间的关系，结果汇报在表 3 - 3 第 2 列。结果显示，财务基本面较差的公司表现出显著的负向预期差，财务基本面较好的公司表现出显著的正向预期差，这说明投资者有高估财务质量较差的公司股价、低估财务质量较好的公司股价的倾向。这为 A 股市场上股票误定价的存在性提供了直观的经验证据。

本节进一步采用 FM 截面回归法揭示个股预期差（*ERROR*）、股票估值（*B/M*）和财务基本面质量（*FSCORE*）之间的关系。具体地，将个股预期差对 *B/M* 和 *FSCORE* 及其他控制变量进行 FM 截面回归。股票系统性风险 *Beta* 使用过去 5 年（最少 3 年）的个股超额收益率数据

表 3-3　按 *B/M* 和 *FSCORE* 双重独立分组的预期差描述性统计结果

按 *FSCORE* 分组		按 *B/M* 分组				
		成长型	2	3	4	价值型
	总体	−1.296 (−240.21)	−0.546 (−68.80)	0.149 (19.44)	0.804 (99.43)	1.435 (296.73)
低	−1.289 (−210.32)	−2.690 (−400.32)	−1.950 (−230.17)	−1.251 (−150.52)	−0.585 (−76.71)	0.039 (7.05)
2	−0.581 (−86.08)	−1.992 (−310.06)	−1.232 (−140.11)	−0.541 (−60.93)	0.117 (14.86)	0.745 (142.26)
3	0.119 (20.51)	−1.288 (−200.08)	−0.532 (−62.22)	0.161 (19.45)	0.816 (112.95)	1.438 (227.00)
4	0.811 (149.34)	−0.586 (−100.70)	0.159 (19.80)	0.847 (107.71)	1.494 (191.89)	2.137 (396.44)
高	1.486 (266.24)	0.081 (13.79)	0.829 (94.97)	1.528 (186.11)	2.176 (322.02)	2.814 (516.35)

回归到市场超额收益率上的滚动回归估计结果，个股超额收益率是通过个股月度收益率减去无风险利率得到，市场收益率是上证综指、深证成指、创业板指数按照市值加权计算得到。表 3-4 汇报了 FM 截面回归结果。可以看到，随着 *B/M* 的增大，股票越倾向于产生正向预期差，即成长型公司倾向于产生负向预期差，价值型公司倾向于产生正向预期差。*FSCORE* 的回归系数也表明，财务基本面越差的公司越倾向于产生负向预期差，而财务基本面越好的公司越容易产生正向预期差。从 *B/M* 和 *FSCORE* 的交互项符号也可以看到，公司的基本面质量越好，账面-市值比对个股预期差的影响越小。这说明负向预期差更容易在财务基本面差的成长型公司中产生，正向预期差则更倾向于在财务基本面好的价值型公司中产生。表 3-4 的结果进一步验证了假设 1。

表 3-4　个股预期差和 *FSCORE* 的截面回归结果

	(1)	(2)	(3)	(4)
log(*B/M*)	1.277*** (53.56)		1.377*** (62.97)	1.375*** (72.24)

续表

	(1)	(2)	(3)	(4)
FSCORE		0.911*** (70.51)	0.915*** (91.85)	0.922*** (100.95)
log(*B*/*M*)×*FSCORE*			−0.036*** (−5.43)	−0.035*** (−5.77)
Beta				0.234*** (3.43)
log(*ME*)				−0.024 (−1.22)
b	1.339*** (24.22)	0.016 (1.69)	1.397*** (21.07)	1.706*** (3.80)
Obs.	164 419	164 490	164 419	164 419
R^2	0.324	0.447	0.814	0.825

注：①***、**和*分别表示在 1%、5%和 10%的水平上统计显著。括号中 t 值的标准误采用 Newey & West（1987）滞后 3 阶项进行调整。

②为避免混淆，本书将根据 3.2 节构建出的度量个股误定价程度的指标称为个股预期差，将根据 Fama & French（1993）方法构建的定价因子称为预期差因子，二者均用 *ERROR* 指代。

3.3.2　非一致性预期与价值溢价

本小节通过组合价差法和因子分析法检验研究假设 2，即非一致性预期多空组合呈现显著的价值溢价，一致性预期多空组合无显著的价值溢价。具体方法是，每月末分别根据 *B*/*M* 和 *FSCORE* 将所有公司分为 5 组，由此得到 25 个投资组合，并计算下一个月①的等权重和市值加权的月均组合收益率。每月调整投资组合并重复上述方法，由此即可得到 25 个投资组合的月均收益率时间序列。

表 3-5 汇报了组合收益率时间序列均值和 t 统计量，面板 A 展示的是市值加权组合月均收益率，面板 B 展示的是等权重组合月均收益率。结果显示：(1) 给定 *FSCORE*，价值型公司预期收益率比成长型公司高，且均在 5%的水平上统计显著。(2) 给定 *B*/*M*，财务基本面好的

① 由于本书所使用的财务季报信息每 3 个月更新一次，因而组合的持有期选定为 3 个月。将组合持有期调整为 1 个月、6 个月和 12 个月，所得结果与此无显著差异。

公司的预期收益率高于财务基本面差的公司。这一结果与尹力博和廖辉毅（2019）的结论一致，即A股市场中存在品质溢价，基本面价值更好的股票未来收益率更高。(3）具有负向预期差的公司（财务基本面较差的成长型公司，表3－5左上角）在25个组合中收益率最低，而具有正向预期差的公司（财务基本面较好的价值型公司，表3－5右下角）收益率则最高。

按照表3－1的设计，对非一致性预期极端组合（表3－1和表3－5左上角和右下角）和一致性预期极端组合（表3－1和表3－5左下角和右上角）进行多空组合价差检验。具体地，非一致性预期多空组合指买入*B*/*M*和*FSCORE*最高的组合并卖空*B*/*M*和*FSCORE*最低的组合；一致性预期多空组合是指买入*B*/*M*最高、*FSCORE*最低的组合并卖空*B*/*M*最低、*FSCORE*最高的组合。表3－5的结果显示，存在预期差的非一致性预期多空市值加权组合和等权重组合的月均收益率分别为1.496%和1.411%，均在统计上显著。不存在预期差的一致性预期多空市值加权组合和等权重组合的平均收益率为0.287%和0.512%，且二者在5%的显著性水平上与零无差异。同时，一致性预期多空等权重组合收益率（0.512%）相比市值加权组合收益率（0.287%）更高，这可能反映了小规模公司效应。[①] 总体来看，价值溢价仅存在于非一致性预期的价值型公司和成长型公司中，而在一致性预期公司中不存在价值溢价。表3－5的结论为研究假设2提供了初步支持性证据。

表3－5　按照*B*/*M*和*FSCORE*双重独立分组的月均收益率（%）

按*FSCORE*分组		按*B*/*M*分组						
		成长型	2	3	4	价值型	价值型-成长型	*t*值
		面板A：市值加权组合月均收益率						
		−0.135	0.164	0.308	0.427	0.764	0.909	(3.90)

① Fama（1998）指出众多资产定价异象是由等权重计算组合收益率高估小市值公司的影响造成的。

续表

按 *FSCORE* 分组		按 *B/M* 分组						
		成长型	2	3	4	价值型	价值型-成长型	*t* 值
低	0.077	−0.418	−0.213	0.228	0.295	0.491	0.886	(2.83)
2	0.223	−0.126	−0.013	0.211	0.171	0.874	1.060	(3.68)
3	0.181	−0.289	0.059	0.252	0.193	0.690	0.946	(2.87)
4	0.394	−0.028	0.302	0.399	0.522	0.775	0.803	(2.68)
高	0.654	0.186	0.688	0.451	0.956	0.990	0.868	(2.45)
高-低	0.575	0.598	0.890	0.371	0.632	0.624		
t 值	(3.50)	(2.18)	(3.32)	(1.39)	(2.30)	(2.24)		
非一致性预期							**1.496**	**(4.33)**
一致性预期							**0.287**	**(0.81)**
面板 B：等权重组合月均收益率								
		0.006	0.417	0.624	0.764	1.020	1.022	(5.60)
低	0.370	−0.152	0.179	0.432	0.642	0.746	0.910	(3.98)
2	0.489	0.041	0.371	0.471	0.561	1.000	1.031	(5.01)
3	0.527	−0.019	0.341	0.677	0.651	0.986	0.994	(4.46)
4	0.605	−0.089	0.440	0.663	0.810	1.196	1.298	(5.71)
高	0.842	0.249	0.753	0.879	1.157	1.171	0.999	(3.70)
高-低	0.483	0.398	0.563	0.553	0.498	0.514		
t 值	(3.96)	(2.16)	(2.87)	(2.96)	(2.80)	(2.66)		
非一致性预期							**1.411**	**(6.04)**
一致性预期							**0.512**	**(1.81)**

表 3 - 5 运用组合价差法对非一致性预期和一致性预期多空组合的平均收益率进行了检验，但并未控制相应的风险因子。下文进一步对非一致性预期和一致性预期多空组合进行多因子时间序列检验。

根据已有的研究，公司市值（Banz，1981）、账面-市值比（Fama & French，1992）、动能（Jegadeesh & Titman，1993；Carhart，1997）、总资产收益率（Novy-Marx，2013；Fama & French，2015）、总资产增

长率（Titman et al.，2004；Fama & French，2015）是影响个股和组合收益率的风险定价因子，李志冰等（2017）也检验了 Fama-French 五因子模型在我国 A 股市场的适用性，因而本节考察在控制单因子（Sharpe，1964；Lintner，1965；Mossin，1966）、三因子（Fama & French，1993）、四因子（Carhart，1997）和五因子（Fama & French，2015；李志冰等，2017）后，表 3－5 中一致性预期和非一致性预期多空组合是否仍然具有超额收益率。

多因子模型中市场因子 $R_{Mt}-R_{ft}$ 选取上证综指、深证成指和创业板指数收益率，并按市值加权后减去无风险收益率，用 MKT 表示。参照 Fama & French（2015）构建市值因子（SMB）、价值因子（HML）、盈利因子（RMW）和投资因子（CMA），遵照 Carhart（1997）的方法构建动能因子（UMD）。本书的因子模型基本形式如下：

单因子模型为：

$$R_{it}-R_{ft}=\alpha_i+\beta_i(R_{Mt}-R_{ft})+\varepsilon_{it} \tag{3-5}$$

三因子模型为：

$$R_{it}-R_{ft}=\alpha_i+\beta_i(R_{Mt}-R_{ft})+s_iSMB_t+h_iHML_t+\varepsilon_{it} \tag{3-6}$$

四因子模型为：

$$\begin{aligned}R_{it}-R_{ft}=&\alpha_i+\beta_i(R_{Mt}-R_{ft})+s_iSMB_t+h_iHML_t\\&+m_iUMD_t+\varepsilon_{it}\end{aligned} \tag{3-7}$$

五因子模型为：

$$\begin{aligned}R_{it}-R_{ft}=&\alpha_i+\beta_i(R_{Mt}-R_{ft})+s_iSMB_t+h_iHML_t\\&+r_iRMW_t+c_iCMA_t+\varepsilon_{it}\end{aligned} \tag{3-8}$$

表 3－6 汇报了（3－5）式至（3－8）式的检验结果，其中模型（1）～（4）是对非一致性预期多空组合的检验结果，模型（5）～（8）是对一致性预期多空组合的检验结果。结果显示：（1）非一致性预期和一致性预期多空组合与传统的价值因子（HML）均有较强的相关性和较高的因子载荷系数，这说明 HML 捕捉了非一致性预期多空组合和一致性预期多空组合的部分定价信息；（2）非一致性预期多空组合在 4 个定价模型下均产生显著的正 $Alpha$，而相应的一致性预期多空组合的

Alpha 均不显著，这说明非一致性预期多空组合具有显著的价值溢价，一致性预期多空组合无价值溢价。

表 3-6　一致性预期和非一致性预期多空组合的超额收益率

	非一致性预期多空组合				一致性预期多空组合			
	(1)	(2)	(3)	(4)	(5)	(6)	(7)	(8)
Alpha	**0.008**** **(2.86)**	**0.007***** **(3.40)**	**0.007***** **(3.71)**	**0.007***** **(3.49)**	**0.004** **(1.39)**	**−0.003** **(−1.01)**	**−0.004** **(−1.56)**	**−0.003** **(−1.22)**
MKT	−0.015 (−0.39)	−0.035 (−1.61)	−0.033 (−1.49)	−0.022 (−0.90)	0.103* (2.22)	0.069 (1.69)	0.082** (2.78)	0.062 (1.67)
SMB		−0.338*** (−6.67)	−0.314*** (−6.07)	−0.306*** (−4.75)		0.245*** (3.34)	0.137* (2.09)	0.262** (3.31)
HML		0.682*** (7.44)	0.687*** (6.85)	0.658*** (6.38)		0.894*** (6.40)	0.771*** (5.80)	1.011*** (7.81)
UMD			0.196* (2.27)				−0.635*** (−5.90)	
RMW				0.170 (1.61)				−0.479*** (−3.52)
CMA				−0.063 (−0.34)				−0.288 (−0.98)
Obs.	226	226	211	220	226	226	211	220
R^2	0.001	0.505	0.519	0.484	0.031	0.322	0.448	0.436

注：***、**和*分别表示在 1%、5%和 10%的水平上统计显著。括号中 t 值的标准误采用 Newey & West（1987）滞后 3 阶项进行调整。

表 3-5 和表 3-6 的结果均支持研究假设 2。

3.3.3　价值溢价的真实来源

本节通过组合价差法和 FM 截面回归法检验假设 3，即传统的价值型/成长型公司代理变量账面-市值比、盈价比、销价比、现价比、股息率等对预期收益率的截面解释力源于投资者预期差。首先，运用组合价差法检验控制个股预期差后，不同账面-市值比股票组合的平均收益率情况。具体方法是，在 t 月末，根据股票的账面-市值比和预期差特征进行双重独立分组，将所有股票分为 5×5 共 25 个组合；计算组合内股

票在 $t+1$ 月的市值加权组合和等权重组合的月均收益率；重复前两步，即可得到 25 个组合的收益率时间序列；最后，计算组合收益率的时间序列均值，同时检验极端多空组合平均收益率的显著性。

表 3-7 汇报了账面-市值比和个股预期差的组合价差检验结果。面板 A 和面板 B 分别汇报了市值加权组合和等权重组合月均收益率的结果。主要实证发现包括：(1) 控制个股预期差后，账面-市值比不再具有明显的收益率单调特征，价值股和成长股的收益率差均不显著，价值溢价消失；(2) 控制账面-市值比后，高低预期差组合（高-低）的月均收益率之差均显著为正，表明正向预期差公司的预期收益比负向预期差公司的高。上述结果对于市值加权组合和等权重组合平均收益率计算方法均成立。成长型公司中市值加权和等权重的预期差多空组合月均收益率分别为 1.48% 和 1.15%（相当于年化收益率分别为 17.8% 和 13.8%），在价值型公司中市值加权和等权重的预期差多空组合月均收益率分别为 1.96% 和 2.46%（相当于年化收益率分别高达 23.6% 和 29.5%）。对照表 3-5 和表 3-7 的检验结果可知，价值型/成长型公司的价值溢价本质上来源于个股预期差所导致的股票误定价，且个股预期差吸纳了账面-市值比对于股票截面收益率的解释力。

表 3-7　个股预期差与账面-市值比双重独立分组的组合价差检验

按个股预期差 *ERROR* 分组	按账面-市值比 B/M 分组						
	成长型	2	3	4	价值型	价值型-成长型	t 值
面板 A：市值加权组合月均收益率（%）							
低	−1.726	−1.571	−1.651	−2.320	−2.022	**−0.393**	**(−0.45)**
2	−1.616	−1.386	−0.769	−1.209	−1.342	**0.285**	**(0.67)**
3	−1.551	−1.052	−0.560	−0.940	−1.025	**0.738**	**(1.59)**
4	−0.993	−0.819	−0.209	−0.254	−0.254	**0.741**	**(1.35)**
高	−0.191	−0.123	−0.205	−0.523	−0.030	**0.201**	**(0.33)**
高-低	**1.479**	**1.526**	**1.734**	**1.762**	**1.963**		
t 值	**(2.47)**	**(3.57)**	**(4.35)**	**(3.81)**	**(2.04)**		

续表

按个股预期差 *ERROR* 分组	按账面-市值比 *B/M* 分组						
	成长型	2	3	4	价值型	价值型-成长型	*t* 值
面板 B：等权重组合月均收益率（%）							
低	−1.229	−0.837	−0.842	−1.737	−1.759	**−0.751**	**(−0.96)**
2	−0.889	−0.781	−0.499	−0.681	−0.714	**0.194**	**(0.57)**
3	−0.694	−0.361	−0.280	−0.390	−0.460	**0.337**	**(1.11)**
4	−0.402	−0.321	0.118	0.102	0.018	**0.431**	**(1.07)**
高	0.065	0.123	0.360	0.228	0.357	**0.626**	**(1.29)**
高-低	**1.146**	**1.130**	**1.480**	**1.943**	**2.460**		
t 值	**(2.35)**	**(3.35)**	**(5.28)**	**(5.63)**	**(3.00)**		

其次，采用 FM 截面回归法，检验传统的区分价值型/成长型公司的代理变量 *B/M*、*E/P*、*D/P*、*CF/P*、*S/P* 对于股票收益波动的解释力，并检验在控制上述传统的成长型/价值型公司代理变量后，个股预期差对于股票收益率的解释力。具体的回归模型如下：

$$r_{i,t+1}=a+b_1\times ERROR_{i,t}+b_2\times \log(B/M_{i,t}) + \sum_j c_j\times V_{i,t}^j+d\times Z_{i,t}+\varepsilon_{i,t+1} \quad (3-9)$$

其中，$V_{i,t}$表示公司 i 在 t 期的 *E/P*、*D/P*、*CF/P*、*S/P*；$Z_{i,t}$是控制变量，本书选择了文献中常用的公司总市值对数 $\log(ME_t)$ 和资产的 *Beta* 值。

表 3－8 汇报了（3－9）式的 FM 截面回归结果。从模型（1）～（6）的结果可知，在单变量回归中个股预期差 *ERROR* 和价值型/成长型公司的 5 个代理变量 *B/M*、*E/P*、*D/P*、*CF/P*、*S/P* 均与下一期股票收益率正相关；但从显著性水平和拟合优度来看，个股预期差 *ERROR* 和账面-市值比 *B/M* 的对数值对收益率的预测能力更强，这说明在传统的价值型/成长型公司的 5 个测度指标中，账面-市值比是最佳的测度。由模型（7）～（11）的结果可以看出，控制个股预期差后，价值型/成长型公司的 5 个测度指标与预期收益率不再相关。模型（12）是控制了

表 3-8 预期差、价值溢价与预期收益

	(1)	(2)	(3)	(4)	(5)	(6)	(7)	(8)	(9)	(10)	(11)	(12)
ERROR	**0.006*** (4.40)**						**0.006** (3.04)**	**0.006*** (4.64)**	**0.006*** (4.50)**	**0.006*** (4.46)**	**0.006*** (4.28)**	**0.006*** (4.39)**
log(*B*/*M*)		0.009*** (4.49)					0.001 (0.51)					−0.001 (−0.47)
E/*P*			0.088* (2.43)					0.025 (0.67)				−0.001 (−0.10)
D/*P*				0.145* (2.44)					0.045 (0.82)			0.013 (0.52)
CF/*P*					0.022** (2.82)					−0.002 (−0.25)		−0.010 (−1.87)
S/*P*						0.004*** (3.49)					0.002 (1.71)	0.002 (1.50)
log(*ME*)												−0.007*** (−4.78)
Beta												0.002 (0.54)
b	−0.004 (−0.47)	0.006 (0.73)	−0.005 (−0.68)	−0.006 (−0.84)	−0.005 (−0.60)	−0.012 (−1.30)	−0.003 (−0.33)	−0.003 (−0.35)	−0.003 (−0.44)	−0.004 (−0.48)	−0.005 (−0.60)	0.148*** (4.18)
Obs.	232 337	232 261	232 337	231 675	232 337	232 337	232 261	232 337	231 675	232 337	232 337	231 599
R^2	0.033	0.033	0.030	0.028	0.022	0.025	0.040	0.042	0.038	0.035	0.036	0.095

注：***、**和*分别表示在1%、5%和10%的水平上统计显著。括号中 t 值的标准误采用 Newey & West（1987）滞后 3 阶项进行调整。

B/M、E/P、D/P、CF/P、S/P 及其他控制变量后的多变量检验结果，可以看到，传统的价值型/成长型公司的 5 个测度指标系数均不显著，而仅有个股预期差的系数显著为正。

对比模型（1）～（6）和（12）可知，在横截面上 B/M、E/P、D/P、CF/P、S/P 对截面预期收益率具有显著解释力，这与 Fama & French（1992）、Liu 等（2019）等的基本结论是一致的；但从多变量检验结果可以看到，B/M、E/P、D/P、CF/P、S/P 的解释力被个股预期差 *ERROR* 完美吸收。因此，表 3 - 8 的检验结果表明，账面-市值比对于股票预期收益的解释力本质上来源于投资者预期差。

3.3.4　预期差因子与价值因子

前文通过组合价差法、FM 截面回归法、因子分析法验证了价值溢价主要存在于具有预期差的非一致性预期公司中，公司的预期差特征在横截面上完美吸收了 B/M、S/P、E/P、D/P、CF/P 对股票预期收益率的解释能力，非一致性预期多空组合相比价值因子具有更丰富的定价信息。

然而，非一致性预期多空组合相比价值因子的不足在于仅使用了财务基本面较差的成长型公司和财务基本面较好的价值型公司两类样本，这种采用损失样本和极端组合检验的方法虽然有助于从直觉上阐释价值溢价的成因，但对于构建新的定价因子缺乏一般性。为了弥补这一不足，本书根据 Fama & French（1993）方法，构建预期差因子，并使用全样本作因子扩展检验（Fama & French，2015），以检验价值因子和预期差因子之间的关系，从而验证研究假设 4，即预期差因子可以完美解释价值因子，而价值因子无法完美解释预期差因子。

具体地，每月末，根据公司总市值从小到大排序将股票分为小市值组合（S）和大市值组合（B）两组，根据预期差大小将股票排序分为低预期差（L，预期差在 30%分位数以下的股票）、中预期差（M，预期差位于中间 40%的股票）和高预期差（H，预期差在 70%分位数以上的股票）三组，两者交叉可得 6 个组合。计算组合内股票下个月市值加权月均收益率。每月调整组合并重复以上步骤得到样本期内组合收益率的时间序列。按（3－10）式和（3－11）式的方法即可得到新的月度市值因子（*SMB*）和预期差因子（*ERROR*）：

$$SMB=\frac{SL+SM+SH}{3}-\frac{BL+BM+BH}{3} \tag{3-10}$$

$$ERROR=\frac{SH+BH}{2}-\frac{SL+BL}{2} \tag{3-11}$$

通过将预期差因子回归到价值因子以及（3－5）式～(3－8）式所列的单因子、三因子、四因子和五因子模型上，同时将价值因子回归到（3－5）式～(3－8）式中用预期差因子替换价值因子的新的多因子模型上进行因子扩展检验（Fama & French，2017）。

表 3－9 汇报了检验结果，其中模型（1)～(4）的被解释变量是预期差因子 *ERROR*，模型（5)～(8）的被解释变量是价值因子 *HML*，本书所关心的主要结果是回归模型中的 *HML* 或 *ERROR* 回归系数的显著性以及模型 *Alpha* 的显著性。结果显示：(1）*HML* 和 *ERROR* 具有较强的相关性和较高的因子载荷系数，这说明 *HML* 和 *ERROR* 中具有共同的定价信息；(2）*ERROR* 在 4 个定价模型下均产生显著的正 *Alpha*，而 *HML* 在对应模型下 *Alpha* 均不显著，这说明 *ERROR* 相比 *HML* 具有更为丰富的定价信息。表 3－9 的结果表明预期差因子相比价值因子而言是信息含量更为全面的定价因子。

表 3－9　预期差因子的多因子时间序列检验

	ERROR				*HML*			
	(1)	(2)	(3)	(4)	(5)	(6)	(7)	(8)
Alpha	**0.006** (3.08)**	**0.008*** (4.07)**	**0.007*** (3.96)**	**0.007*** (4.14)**	**−0.001 (−0.59)**	**−0.001 (−0.44)**	**−0.002 (−0.92)**	**−0.001 (−0.78)**
ERROR					0.639*** (7.71)	0.642*** (7.13)	0.670*** (8.91)	0.628*** (7.65)
HML	0.623*** (8.48)	0.528*** (8.43)	0.547*** (7.59)	0.557*** (8.56)				
MKT		0.060* (2.53)	0.055* (2.30)	0.061** (2.62)		−0.017 (−0.64)	−0.012 (−0.47)	−0.026 (−1.11)

续表

	ERROR				HML			
	(1)	(2)	(3)	(4)	(5)	(6)	(7)	(8)
SMB		−0.163*** (−3.72)	−0.162*** (−3.66)	−0.143** (−3.04)		−0.010 (−0.17)	−0.009 (−0.17)	−0.141** (−2.67)
UMD			−0.054 (−0.81)				−0.151 (−1.84)	
RMW				−0.072 (−0.99)				−0.087 (−1.28)
CMA				−0.086 (−0.73)				0.436** (3.23)
Obs.	227	227	227	227	227	227	227	227
R^2	0.398	0.494	0.552	0.575	0.398	0.401	0.475	0.539

注：***、**和*分别表示在 1%、5%和 10%的水平上统计显著。括号中 t 值的标准误采用 Newey & West（1987）滞后 3 阶项进行调整。

本书进一步比较了样本期内 A 股市场预期差因子和价值因子之间的差异，结果如表 3－10 所示。预期差因子的月均收益率为 1.235%（年化收益率为 14.82%），波动率为 2.66%，年化夏普比率为 1.61；而价值因子月均收益率为 0.487%（年化收益率为 5.84%），波动率为 3.02%，年化夏普比率为 0.56；预期差因子与价值因子月均收益率之差为 0.748%（年化收益率为 8.98%）。因此，预期差因子的表现显著优于价值因子，前者的月均收益率更高、波动率更低、夏普比率更高。

表 3－10　预期差因子和价值因子特征

因子	样本量	月均收益率（%）	波动率（%）	年化夏普比率
ERROR	224	1.235（6.95）	2.66	1.61
HML	224	0.487（2.42）	3.02	0.56
ERROR－*HML*	224	0.748（5.53）	2.02	—

注：月均收益率列括号中为 t 值。

为直观展示预期差因子和价值因子的表现，本书计算了二者在样本期内的累计收益率，如图 3－1 所示，实线和虚线分别展示了预期差因子和价值因子的累计收益率走势。可以看到，价值因子自 2005 年以来累计收益率上升较为缓慢，波动率更大；而预期差因子的累计收益率回撤小，累计收益率稳定增加，且波动率较小，这进一步说明预期差因子相比价值因子更好地捕捉了股票市场的误定价信息。

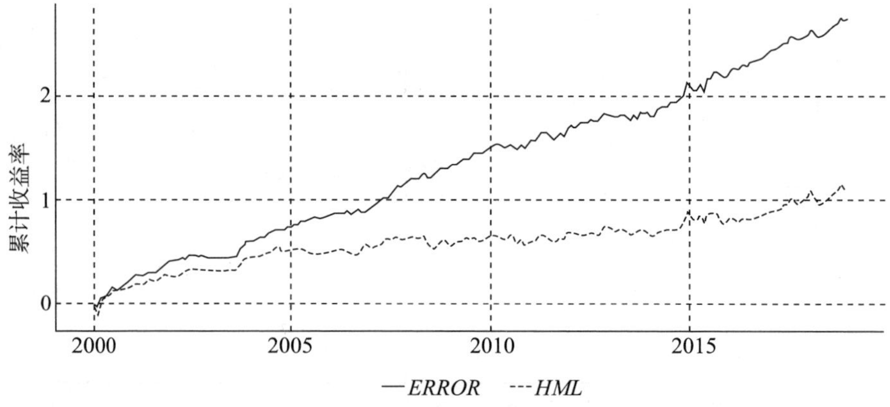

图 3-1　价值因子和预期差因子累计收益率

表 3-10 和图 3-1 的结果进一步支持了研究假设 4 的成立。

3.4　稳健性检验

来自欧美市场的实证证据表明，*FSCORE* 较为准确地度量了公司价值和公司财务基本面质量（Piotroski，2000；Piotroski & So，2012；Walkshäusl，2016），然而其有效性如何在我国 A 股市场缺少相应的证据。作为稳健性检验，本节基于尹力博和廖辉毅（2019）就 A 股构建了品质得分指标 *QSCORE*，采用与前文相同的方法构建了个股预期差 *ERROR*，检验个股预期差和价值型/成长型公司代理变量 *B/M*、*E/P*、*S/P*、*CF/P*、*D/P* 对下一期组合收益率价差和截面收益率的解释能力。

QSCORE 使用了盈利性、成长性、分红能力、安全性四大类共 14 个分项指标，构建方法和本书的 *FSCORE* 构建方法类似，具体的指标构建方法可参见尹力博和廖辉毅（2019）。以 *QSCORE* 替代 *FSCORE*，

按照表 3－7 的方法和步骤，计算市值加权组合和等权重组合的月均收益率，其结果汇报在表 3－11 中。

表 3－11　账面-市值比和个股预期差双重独立分组的组合价差检验

按个股预期差 *ERROR* 分组	按账面-市值比 B/M 分组						
	成长型	2	3	4	价值型	价值型-成长型	t 值
面板 A：市值加权组合月均收益率（%）							
低	−1.736	−1.669	−1.663	−1.777	−1.573	**0.379**	**(0.55)**
2	−1.819	−1.300	−1.157	−1.372	−0.866	**1.032**	**(2.15)**
3	−1.363	−1.143	−0.497	−0.575	−0.829	**0.720**	**(1.54)**
4	−0.272	−1.362	−0.248	−0.233	−0.310	**−0.038**	**(−0.06)**
高	−0.722	−0.603	−0.332	−0.113	0.063	**0.880**	**(1.33)**
高-低	**1.180**	**1.162**	**1.331**	**1.620**	**1.506**		
t 值	**(1.86)**	**(2.23)**	**(3.12)**	**(3.95)**	**(1.90)**		
面板 B：等权重组合月均收益率（%）							
低	−1.112	−0.864	−0.765	−1.205	−1.318	**−0.154**	**(−0.25)**
2	−0.938	−0.394	−0.419	−0.778	−0.605	**0.377**	**(1.03)**
3	−0.816	−0.402	0.069	−0.285	−0.268	**0.667**	**(1.96)**
4	−0.282	−0.510	0.229	0.128	0.106	**0.437**	**(1.09)**
高	−0.487	−0.331	0.011	0.432	0.415	**0.907**	**(1.68)**
高-低	**0.811**	**0.703**	**1.065**	**1.632**	**1.682**		
t 值	**(1.65)**	**(2.00)**	**(3.79)**	**(4.95)**	**(2.61)**		

表 3－11 面板 A 汇报了市值加权组合月均收益率均值，面板 B 汇报了等权重组合月均收益率均值。主要结论包括：(1) 控制 *ERROR* 后，传统的成长型公司和价值型公司基本不再具有稳定的收益率单调性和收益率价差的显著性，而当控制 B/M 后，具有不同预期差的公司仍然具有明显的收益率单调性：具有负向预期差的组合具有更低的收益率，而具有正向预期差的组合具有更高的收益率。(2) 高低预期差组合（高-低）的收益率呈现显著的差异。(3) 对于成长型公司而言，按市值加权

计算的预期差多空组合年化收益率差异可达 14.16%；对于价值型公司而言，这一值达 18.07%。(4) 无论是按市值加权还是等权重计算组合收益率，二者之间无显著差异，均不影响本书的主要结果。总体上，表 3-11 的这些结果与表 3-7 的结论一致。

在基于 *QSCORE* 构建个股预期差的基础上，本书进一步采用 FM 截面回归法对前文 (3-9) 式加以检验，表 3-12 汇报了检验结果。由模型 (1) 的单变量回归结果可以看到，个股预期差与预期收益之间显著正相关。由模型 (2)～(6) 可以看到，在控制了个股预期差后 *B/M*、*E/P*、*D/P*、*CF/P*、*S/P* 的回归系数均不显著。模型 (7) 汇报了同时控制个股预期差 *ERROR* 与 *B/M*、*E/P*、*D/P*、*CF/P*、*S/P* 的多变量回归结果，所取得的结论与表 3-8 一致。

表 3-12　基于 *QSCORE* 的个股预期差与股票预期收益率：FM 截面回归

	(1)	(2)	(3)	(4)	(5)	(6)	(7)
ERROR	0.004*** (5.43)	0.004*** (5.98)	0.005*** (7.83)	0.005*** (7.35)	0.005*** (7.51)	0.005*** (7.15)	0.005*** (6.16)
log(*B/M*)		0.002 (1.59)					−0.000 (−0.19)
E/P			−0.011 (−1.21)				−0.024 (−1.70)
D/P				0.036 (1.72)			0.013 (0.52)
CF/P					−0.005 (−1.13)		0.000 (0.06)
S/P						0.001* (2.16)	0.001 (1.17)
log(*ME*)		−0.008*** (−5.17)	−0.008*** (−5.24)	−0.008*** (−5.30)	−0.008*** (−5.24)	−0.008*** (−5.29)	−0.008*** (−5.32)
Beta		0.006 (1.17)	0.007 (1.32)	0.007 (1.35)	0.007 (1.30)	0.006 (1.23)	0.005 (1.28)
b	−0.004 (−0.54)	0.164*** (4.47)	0.159*** (4.40)	0.163*** (4.47)	0.162*** (4.43)	0.164*** (4.47)	0.163*** (4.50)
Obs.	234 439	234 379	234 439	233 612	234 439	234 439	233 552
R^2	0.032	0.087	0.082	0.083	0.082	0.082	0.098

注：***、**和*分别表示在 1%、5%和 10%的水平上统计显著。括号中 *t* 值的标准误采用 Newey & West (1987) 滞后 3 阶项进行调整。

3.5 结论

本书在 Lakonishok 等（1994）、Piotroski & So（2012）等关于价值溢价的行为金融学假说基础上，从投资者估值和财务基本面两个维度提出了度量股票误定价程度的个股预期差测度，利用组合价差法、FM 截面回归法、因子分析法等多种方法分析了预期差与价值溢价的关系。

本书的主要研究结论包括：成长型公司倾向于表现出负向预期差，价值型公司倾向于表现出正向预期差，价值溢价则是在未来两类公司的预期差修复过程中产生，其真实来源是投资者偏离公司财务基本面价值的非一致性预期估值。在单变量横截面检验中，虽然传统价值型/成长型公司的代理变量账面-市值比 B/M、盈价比 E/P、销价比 S/P、现价比 CF/P、股息率 D/P 等对预期收益率具有解释力，但在控制个股预期差后，以上指标对预期收益率不再具有解释力，而个股预期差始终具有稳定的解释能力，这说明账面-市值比等指标对收益率的解释力来源于个股预期差。在时间序列检验中，新构建的预期差因子可以完全解释价值因子，而价值因子则不能解释预期差因子。

这一系列结论充分说明，价值溢价是被投资者对公司财务基本面的一致性预期"污染"、由非一致性预期引发的预期差所导致的，从而将预期差所包含的定价信息从传统的价值型/成长型公司的代理变量中分离出来，这一分离为 Lakonishok 等（1994）的预期差假说进一步提供了实证证据，为价值溢价的成因和价值因子的有效性奠定了行为金融学基础，同时为今后从个股层面进一步研究价值溢价和预期差之间的关系提供了可供选择的测度方法。

本书对当前就价值溢价是否消亡的学术争论提供了一个分析视角。近年来，学者们发现美股市场自 2008 年后价值因子表现一路低迷，基于此一些研究在公司基本面价值和会计信息对价值溢价的影响方面进行了一些有益的探索（Lev，2018；Edmans，2017；Arnott et al.，2020；Fama & French，2021），但尚欠缺综合考虑投资者预期和公司基本面价值对价值溢价成因解释的相关研究。本书所构建的个股预期差和预期差因子强调了在对价值溢价成因和价值因子有效性的研究中，投资者预期和公司基本面信息具有同等重要的位置，二者不可偏废其一。从本质上讲，个股预期差度量了股票的误定价程度，误定价程度的下降将不可避免地伴随价值溢价的下降和价值因子的低迷。因此，股票市场定价效率提升有效地降低了股票误定价程度，将成为进一步深入探究价值因子消失之谜的一个可选的思考视角。

本书的研究结论对投资实践亦有价值。作为价值投资理念的开创者，Graham & Dodd（1934）的核心思想在于透过对公司基本面价值的分析寻找被低估的优质资产，这些优质资产的核心特征是便宜、安全和高质量（Frazzini et al.，2018；胡熠和顾明，2018）。本书所构建的个股预期差指标和预期差因子所反映的内涵与此思想一脉相承。在价值投资实施的具体过程中，选择非一致性预期的价值股所获得的超额收益源于其估值便宜、财务基本面质量优良，而选择非一致性预期的成长股可能导致亏损则是因为其估值昂贵和财务基本面质量低劣。因此，本书的研究发现对A股市场投资者如何践行价值投资理念，提高投资收益具有重要的意义。

第 4 章　套利风险和投资者预期差

第 4 章从证券基本面风险、噪声交易者风险、策略实施风险三个维度构建了综合反映修复个股误定价难易程度的套利风险指数，基于 Lakonishok 等（1994）的研究讨论了预期差溢价和价值溢价在股票市场上长期存在的机理，着重回答了为什么幼稚投资者在证券市场上长期重复预期偏差这一错误的同时，聪明的逆向投资者却未能通过构建有效的套利交易策略消除这一定价误差。研究发现，套利风险更大的股票更有可能产生价格高于基本面价值的负向预期差，从而更倾向于产生预期差溢价。通过考察预期差因子和价值因子多空两侧的收益特征，本书发现预期差因子和价值因子的有效性全部来源于套利风险导致的空方负收益，两个因子的多方收益与零无显著差异。进一步地，本书以上证 50ETF 期权上市为准自然实验构建了双重差分模型，发现期权上市所带来的卖空交易活动有效降低了证券的套利风险，削弱了证券价格高于基本面价值所引致的负向预期差。本书的研究认为由投资者预期差所引发的预期差溢价和价值溢价，本质上是由证券不能被对冲的套利风险所导致的。

4.1 引言

学术界和业界普遍发现，高账面-市值比的价值型股票的预期收益率显著高于低账面-市值比的成长型股票，且在全球股票市场中普遍存在（Fama & French，1998；Asness et al.，2013）。由于该现象不能被

CAPM 解释，学术界称其为价值异象，并称价值型股票与成长型股票之间的平均收益率之差为价值溢价。

风险理论和行为金融学理论均对价值溢价的成因提供了系统解释。风险理论认为，价值溢价是对价值股相比成长股内含更高风险的补偿，这些风险主要包括财务困境风险（Fama & French，1993，1996b）、系统性风险敏感性（Petkova & Zhang，2005）、投资不可逆风险（Gulen et al.，2011）、营运杠杆风险（Carlson et al.，2004；Zhang，2005；Novy-Marx，2011）、现金流风险（Campbell & Vuolteenaho，2004）、现金流久期风险（Lettau & Wachter，2007）、长期消费风险（Parker & Julliard，2005；Bansal et al.，2005）、股权违约风险（Vassalou & Xing，2004）、投资技术冲击风险（Kogan & Papanikolaou，2014）、分析师评级风险（Lui et al.，2007）等等。

行为金融学理论则认为，价值溢价本质上反映了股票误定价。Lakonishok 等（1994）认为，由于成长型公司的历史盈利能力和盈利增长率高于价值型公司，幼稚投资者会利用过去的这些盈利信息简单线性外推公司未来的盈利表现，而基于这种预期的交易行为进一步推高（压低）了成长型（价值型）公司股价。他们的实证证据发现，成长股较强的历史盈利能力在组合构建后并未得以延续，而价值股较弱的盈利能力在未来却出现明显反转，因而成长股的未来收益表现不及价值股，这表明价值溢价本质上反映了投资者在决策前后的预期差效应。支持价值溢价源于投资者预期差的文献有 La Porta 等（1997）、Piotroski & So（2012）、Golubov & Konstantinidi（2019）、Bordalo 等（2019）等等。

由于学术界尚未提出度量个股预期差的具体方法，第 3 章基于 Lakonishok 等（1994）和 Piotroski & So（2012）的研究，结合投资者估值和公司财务基本面区分了投资者一致性预期和非一致性预期，在此基础上提出了一个从公司层面度量投资者预期差的方法，证明了价值溢价的本质是预期差溢价。具体地，在横截面对个股预期差和价值型/成长型公司的代理变量进行检验，发现个股预期差完美吸收了账面-市值比、盈价比、销价比、现价比、股息率对股票截面收益波动的解释力。同时，基于因子分析法提出了新的预期差因子，并证明该预期差因子可以解释 Fama & French（1993）的价值因子，而价值因子则无法解释预期差因子。他们的研究证明了投资者预期差正是价值溢价的真实来源，前者是区分价值型/成长型股票误定价程度的更精确测度，且传统的价值因子本质上是被“污染”的预期差因子。

行为金融学理论从投资者预期差视角对价值溢价成因的解释虽具有较强的吸引力，但尚未回答的一个重要问题是：为什么幼稚投资者在资本市场上长期重复预期偏差这一错误的同时，聪明的逆向投资者却未能通过构建有效的套利交易策略消除这一定价误差？对此问题，我们可以从套利风险对证券误定价产生的影响（Shleifer & Vishny，1997；Doukas et al.，2010）获得启示。传统金融学理论认为，在有效市场中当证券价格偏离其内在价值时，套利交易者可以通过构建有效的零成本投资策略获取无风险收益，套利交易的大量存在可以迫使证券价格收敛于其内在价值。然而，Shleifer & Vishny（1997）则认为，套利活动并非无边界、无成本和无风险的；相反，在真实世界中当证券误定价发生时，套利活动面临极高的风险和实施成本，真实的套利活动是存在边界的有限套利。他们认为，套利资源和套利机会为一小部分专业投资者所掌握，其所构建的套利组合也并非如现代投资组合理论所强调的风险充分分散化的投资组合，而是通过寻找和详细分析市场上存在误定价的证券后，仅持有少量的证券以获取价差收益，因此对于证券的特质波动率、噪声交易者比例所带来的套利风险极其敏感。

套利交易者实施套利活动面临的风险主要体现在三个方面：一是证券基本面风险，这既包括估计证券内在价值不准确带来的损失风险，也包括套利策略所使用的资产很难完全替代，使套利活动始终存在基本面差异风险（Barberis & Thaler，2003）。二是噪声交易者风险。De Long 等（1990）认为，噪声交易者可以将股票价格长期推离其基本面价值，使执行套利策略在短期内面临极大的操作风险。Shleifer & Vishny（1997）研究表明，套利活动需要初始资本投入，但由于代理问题的存在，当价格进一步偏离基本面价值时，套利组合收益有可能在短期内快速恶化，套利者因为不能承受短期的亏损而被迫退出套利活动，这使得套利交易策略变得不再有效。三是策略实施风险。传统套利策略并未对交易佣金、买卖价差、价格冲击等交易成本，借贷和卖空约束等交易限制，以及卖空风险等交易风险问题给予足够重视，而事实上这些问题的存在都有可能影响套利策略的可行与否。当套利风险足够大时，即使证券被误定价，实施套利交易策略也仍然面临巨大的亏损风险。因此，套利风险的存在迫使套利交易者退出市场，使得证券价格偏离其内在价值的现象在市场上长期存在，导致了预期差溢价和价值溢价等定价异象的产生。从证券市场定价效率来看，这些定价异象本身反映了市场定价功能的衰减，不利于证券市场发挥作为宏观经济“晴雨表”的经济功能。

Chu 等（2020）利用美国证券交易委员会于 2004 年 7 月取消对罗素 3000（Russell 3000）指数成分股中的 986 只股票报升规则的实验，检验了卖空限制放松对动量异象、盈利异象、应计异象等 11 种定价异象的影响，发现卖空限制放松的政策干预使这 11 种定价异象的月综合收益下降 72 个基点，且该下降来源于定价异象中空方负收益的显著收缩。同时，已有研究也表明，证券的套利风险对于封闭式基金误定价（Pontiff，1996）、动能效应（Grundy & Martin，2001）、证券被纳入指数前后套利实施难易程度（Wurgler & Zhuravskaya，2002）、价值溢价（Ali et al.，2003）、盈余公告后收益率漂移（Mendenhall，2004）、应计异象（Mashruwala et al.，2006）、换手率异象（Chou et al.，2013）等误定价具有显著影响，但尚无文献研究套利风险对于预期差的影响。

本章在第 3 章对个股预期差构建的基础上，结合 De Long 等（1990）、Shleifer & Vishny（1997）、Doukas 等（2010）的研究构建了反映个股套利难易程度的套利风险指数，从套利风险角度对投资者预期差持续存在的成因做了进一步讨论，发现预期差溢价的持续存在是由证券的套利风险导致的。本章的主要研究结论如下：（1）套利风险更大的证券更有可能产生价格高于基本面价值的负向预期差，也更倾向于产生预期差溢价。（2）通过考察第 3 章提出的预期差因子多空两侧的收益特征，发现预期差因子的有效性全部来源于套利风险导致的空方负收益，两个因子的多方收益与零无显著差异。（3）期权上市所带来的卖空交易活动有效降低了证券的套利风险，削弱了证券价格高于基本面价值所导致的负向预期差。具体地，本书以我国 A 股市场上 2015 年上证 50ETF

期权上市为准自然实验，构建了双重差分模型，发现期权上市所带来的ETF 成分股卖空交易有效降低了个股的套利风险，这种卖空活动迫使证券价格向其基本面价值收敛，有效降低了投资者估值高于证券基本面价值产生的负向预期差。这说明期权上市引入做空机制后，A 股价格更有效地反映了股票的基本面价值，市场的定价效率得到明显提升。综上所述，本书的研究认为由投资者预期差所引发的预期差溢价和价值溢价，本质上是由证券不能被对冲的套利风险所导致。

本章的贡献主要体现在以下三点：第一，从证券基本面风险、噪声交易者风险和策略实施风险三个维度，本章在个股层面构建了 A 股市场上综合反映个股套利难易程度的套利风险指数。第二，在 Lakonishok 等（1994）“幼稚投资者线性外推、逆向投资者反向交易”对价值溢价成因的论断以及第 3 章“价值异象的根源是投资者预期差”研究的基础上，本章从套利风险视角进一步分析和解释了为何价值溢价没有因为逆向投资者的套利交易而被消除，反而在股票市场上能够长期存在的机理。第三，本章利用上证 50ETF 期权上市为准自然实验，从降低个股套利风险和消除个股预期差的视角，论证了期权双向买卖交易机制对提升股票定价效率的实际功能。

本章的安排如下：4.2 节提出研究假设；4.3 节介绍投资者预期差和个股套利风险测度，阐述数据处理过程；4.4 节检验套利风险对个股预期差的影响；4.5 节讨论套利风险对预期差溢价和价值溢价的影响，进一步分析预期差因子和价值因子多空双方的收益率特征；4.6 节利用 2015 年 2 月上证 50ETF 期权上市为准自然实验，综合采用倾向性得分匹配-双重差分模型、多期双重差分模型、安慰剂检验等方法，检验上证 50ETF 期权上市前后指数成分股套利风险和投资者预期差的变化；4.7 节总结本章。

4.2　研究假设

行为金融学理论认为，价值溢价源于幼稚投资者根据公司的历史业绩表现，线性外推公司未来盈利能力所产生的预期偏差，这种线性外推策略高估（低估）了成长型（价值型）公司未来的盈利能力和盈利增长率（Lakonishok et al.，1994）。但在有效市场和无风险套利的理论框架下，这种现象依旧匪夷所思：为什么幼稚投资者在证券市场上长期重复预期偏差这一错误的同时，聪明的逆向投资者却未能通过构建有效的套利交易策略消除这一定价误差？这一问题是本书的研究核心。我们基于对有限套利和套利风险的分析，可以为这一问题找到可能的答案。

金融经济学中最基本的一个假定是，投资者的套利活动是无风险、无成本的。当证券价格偏离其内在价值时，大量“聪明”的套利交易者将参与低买高卖的无风险逆向交易活动，他们的交易行为将迫使证券价格向其内在价值收敛，因此在均衡状态下证券的价格与其内在价值一致。然而，Shleifer & Vishny（1997）则认为，现实世界中的套利活动并非无边界、无成本和无风险的；相反，由于不同的证券内含套利风险水平有所不同，当证券误定价发生时，套利活动面临极高的风险和实施成本，真实的套利活动是存在边界的有限套利。现实世界中的套利风险主要集中在以下三个方面（Barberis & Thaler，2003）：

第一，证券基本面风险。在本书中这一风险主要是指投资者对证券价值估计不确定所带来的估值风险（Zhang，2006）。以孪生证券异象为例，Froot & Dabora（1999）分析了同一家公司在两国交易所发行的证券价格走势，发现两种证券的价格走势与所在国指数走势密切相关，且两种证券价格在长期内存在背离。若这种背离反映了两国交易制度和投资者异质性，则很难预期孪生证券价格在未来会收敛。

第二，噪声交易者风险。即使证券不存在明显的基本面风险，当证券价格与其内在价值出现系统性背离时，对冲基金经理面临的一个重要问题是：证券价格与其内在价值的背离是否会在短期内收敛？De Long等（1990）和 Shleifer & Vishny（1997）研究了噪声交易者引发的代理问题，他们认为对冲基金经理一般代投资者理财，而资金的实际所有人则更为关注组合价值的短期表现。在基金经理发现资产价格高于其内在价值并构建套利策略后，市场上噪声交易者“追涨杀跌”“处置效应”等非理性交易行为有可能迫使证券价格向与其内在价值相反的方向变动。基金经理迫于短期内业绩考核、市场排名、投资者赎回资金的压力不得已清偿短期内会带来亏损的已持有头寸，噪声交易者和机构投资者的同向交易可能加剧证券价格的螺旋式下跌（Ippolito，1992；Warther，1995），导致证券价格偏离其基本面价值的幅度进一步扩大。

第三，策略实施风险。除以上两种风险，套利交易者仍需考虑的问题是实施套利策略的可行性。研究发现，交易佣金（Collins & Fabozzi，1991）、买卖价差（Amihud & Mendelson，1986）、交易流动性（Amihud，2002；Pastor & Stambaugh，2003）、卖空限制（Jones & Lamont，2002；D'Avolio，2002）等对资产价格均有显著影响。CAPM 均衡定价模型中假定证券买卖无交易成本，且可以以任意单位无限制卖空。但在真实世界中证券卖空受到监管机构的严格管制，例如：全球绝大多数证券监管机构明令禁止大型养老基金和公募基金的卖空行为；美国证券交易委员会对证券市场实施报升规则，要求卖空价格必须高于最新的成交价格。D'Avolio（2002）发现，绝大多数融券成本在 10 个基点到 15 个基点不等，且这个成本还可以更大。更为重要的是在众多情形下，即使套利交易者愿意付出适当的融券成本，也经常面临无券可融的困境，因此股票误定价很难在短期内向内在价值收敛。

套利风险使实施套利交易策略面临极高的亏损风险。当证券价格偏离其基本面价值时，只有套利策略的组合收益足以弥补实施成本，且证券的套利风险在可容忍的临界值范围内时，逆向投资者实施套利策略本身才变得有意义。相反，当套利成本和套利风险足够大甚至不可控时，即使存在潜在的投资机会，逆向投资者出于风险控制的考虑也更有可能选择退出交易。因此，套利风险越高，市场上所能容忍的误定价程度越大，证券价格与其内在价值的偏离幅度越大；而套利风险越小，证券的误定价越有可能被套利交易者及时捕捉从而越有可能被修复。基于以上分析，本书提出如下待检验假设：

假设 1：套利风险更高的股票在截面上呈现出更低的个股预期差（更大的负向预期差）。

文献一般通过构建多空组合策略考察定价异象的有效性，但该方法掩盖了组合的多空收益到底来源于多方显著的正收益还是空方显著的负收益，对进一步探究定价异象的根源构成障碍；特别是在限制卖空的 A

股市场中，了解收益的真正来源对于理解市场定价效率和指导投资实践具有更为现实的意义。在无成本套利条件下，定价异象反映了市场定价的无效率；而当存在卖空限制、交易成本等引起的套利风险时，定价异象则反映了市场本身不完备。

为此，有必要在不同的套利风险水平下，检验第 3 章所提出的预期差因子多空双方的收益特征，这一检验有助于回答本书提出的问题，即逆向投资者或套利交易者为何没有通过构建有效的反向投资策略，以消除投资组合构建前后形成的预期差所引起的证券误定价。

当套利风险较低时，证券误定价更有可能通过构建对冲策略加以消除；而当套利风险较高时，个股定价异象本身反映了交易成本、卖空管制等套利风险引发的市场定价失效。Doukas 等（2010）也发现，在证券被错误定价时，套利风险的存在使套利交易者无法对冲特质波动率风险，导致证券价格不能被及时修复。Ali 等（2003）则发现，使用套利风险最高的股票所构建的账面-市值比多空组合存在显著的价值溢价，而使用套利风险最低的股票所构建的组合则不存在价值溢价。基于以上分析，本书提出如下待检验假设：

假设 2：套利风险越高，预期差溢价越显著，且预期差因子的有效性来源于预期差因子空方显著的负收益，而与预期差因子多方正收益无关。

以上两个待检验假设，从本质上看仍然是在横截面对套利风险与预期差的相关性检验，尚缺乏套利风险对预期差直接影响的因果证据。本书希望构建一个准自然实验，在实验前后套利风险发生外生的显著变动，这一变动导致个股预期差发生结构性变化，则可认为套利风险是预期差变动的直接原因。

研究表明，证券市场的限制卖空是证券价格被高估的重要原因。Miller（1977）认为，在限制卖空的市场中，由于低估值投资者无法通过卖空股票向市场传达估值信息，在低估值的悲观投资者退出市场后，股票价格反映的主要是乐观投资者的估值预期，因此股票价格被系统性高估了。Diamond & Verrechia（1987）则认为，证券的卖空限制虽不会必然导致证券价格被高估，却延缓了证券市场的价格发现速度，尤其是推迟了负面信息被股票价格所接收的速度。卖空限制的交易机制导致证券的负面信息长时间积压，在市场不确定性增加时，负面信息的集中释放有可能引发证券价格在短期内的暴跌，增大了证券的套利风险。

证券市场上的卖空限制迫使拥有私人信息的投资者寻找其他可行的金融工具来对冲套利风险，期权是这些金融工具中较为合适的一种，正如 Figlewski & Webb（1993）所认为的，证券市场上的卖空限制迫使知情的交易者转入期权市场。期权市场实行双向买卖的“T＋0”交易制度，在满足投资者准入的基本条件和相应的保证金比例限制外并无卖空限制要求，其优点体现在两个方面：一是期权价格的变动紧紧依赖于基础资产价格相对于基本面价值的波动；二是成本更小和风险可控，相应的平值（at-the-money）期权和虚值（out-of-money）期权每份合约的成本远远低于基础资产价格，且买入看涨期权和看跌期权的收益可无限大而最大亏损为期权费。

我国 A 股市场上目前有三种期权：一是于 2015 年 2 月 9 日在上交所上市交易的上证 50ETF 期权，它是以上证 50 指数为标的物的上证 50ETF 交易型指数基金为标的所衍生的标准化金融合约；二是于 2019 年 12 月 23 日分别在上交所和深交所同时上市交易的沪深 300ETF 期权，它是以沪深 300 指数为标的物的沪深 300ETF 交易型指数基金为标的所衍生的标准化金融合约；三是于 2019 年 12 月 23 日在中金所上市交易的沪深 300 股指期权，它是以沪深 300 指数为标的物的标准化金融合约。前两种期权以 ETF 指数基金为标的物，第三种期权以沪深 300 指数为标的物。当投资者确认证券价格被高估时，可以考虑买入对应证券合适期限的看跌期权以对冲套利风险。期权的使用可以将证券的负面信息纳入其价格，从而更有可能使价格反映其基本面价值。基于以上分析，本书提出以下待检验假设：

假设 3：期权上市引入的卖空交易活动有效降低了证券的套利风险。

期权上市所带来的无限制买卖双向交易，弥补了证券市场上卖空限制造成证券价格可能高于其基本面价值而被误定价的制度短板。同时，期权交易带来的套利风险下降为证券的价格发现和套利交易者消除证券误定价提供了更为丰富的对冲工具。Phillips（2011）研究发现，在引入期权交易后，面临卖空限制的证券对负面信息的定价效率，相对于无卖空限制的证券提升了79%，而期权的引入对于证券正面信息定价效率的提升并不显著，这一方面说明卖空限制阻碍了证券负面信息向其价格的传递，另一方面也说明期权是对冲卖空限制所带来的套利风险的替代工具。

限制卖空规则所带来的套利风险对证券误定价的影响，也从期权市场看涨看跌平价公式的背离得到进一步验证。Lamont & Thaler (2003)、Nishiotis & Rompolis (2019) 均认为，期权市场看涨看跌平价公式的背离是由基础资产市场限制卖空的制度约束所致，这是因为当证券被限制卖空后，投资者将通过买入对应标的看跌期权做套期保值和风险对冲，这一交易行为抬高了看跌期权的价格。Ofek 等 (2004) 实证发现，期权市场看涨看跌平价公式的背离在对应的限制卖空程度更高的证券中更为显著。Chen 等 (2020) 基于美国证券交易委员会取消对罗素 3000 部分成分股报升规则的实验发现，当证券限制卖空规则被放松后证券相应的看跌期权交易量显著下降，这一现象在平值看跌期权中更为明显，且实证中的期权市场看涨看跌平价公式背离程度显著降低了。

限制卖空规则所带来的套利风险也是证券市场上定价异象的重要诱因。Chu 等 (2020) 基于美国证券交易委员会取消对罗素 3000 部分成分股报升规则的实验，研究了有限套利和动量异象、盈利异象、应计异象等 11 个定价异象之间的因果关系，发现在限制卖空规则于 2004 年 7 月 28 日被放松后，这些定价异象在实验组中的月均综合收益相比控制组下降了 72 个基点，且定价异象在实验组中的减弱均来源于空方负收益的减弱效应，而当限制卖空规则于 2007 年 7 月 6 日被恢复后，实验组和控制组之间的定价异象差异消失。Chu 等 (2020) 的研究在文献中首次通过使用双重差分模型证明，由限制卖空引起的有限套利是定价异象产生的重要原因。本书则进一步认为，由限制卖空导致的套利风险是投资者负向预期差产生的重要原因，随着套利风险的下降，证券的负向预期差显著降低。基于以上分析，本章提出以下待检验假设：

假设 4：期权上市带来的套利风险下降，削弱了证券的负向预期差。

4.3　套利风险测度

研究表明，真实世界中实施套利活动面临极大的风险和高昂的成本，这些套利风险包括证券基本面风险、噪声交易者风险和策略实施风险（Barberis & Thaler，2003），文献中就这三种风险的度量方法提出了一系列直接或间接的代理指标。

4.3.1　套利风险测度的成分指标

本书在 Barberis & Thaler（2003）的框架下，从证券基本面风险、噪声交易者风险和策略实施风险三个角度提出个股的套利风险测度指标。

4.3.1.1　证券基本面风险

证券基本面风险既包括投资者对证券内在价值判断错误所带来的估值风险（Zhang，2006），也包括证券无法完全替代和在短期内价格不向内在价值收敛所产生的基差风险。本书使用年度分析师跟踪数量、半年度机构投资者持股比例、年度分析师盈利意见分歧作为证券基本面风险的代理变量。

证券价格越能充分反映市场公共信息和公司的基本面信息，投资者估计证券误定价和实施套利策略所面临的证券基本面风险越小。Foster & Viswanathan（1993）和 Holden & Subrahmanyam（1992）分别利用单期模型和多期模型从理论上证明，随着知情交易者数量的增加，证券价格将会更快地反映出新的公共信息。Brennan 等（1993）对此观点给予了实证支持，在格兰杰因果检验中发现分析师跟踪数量较小的公司的证券价格变动的速度显著慢于分析师跟踪数量较大的公司。Hong 等（2000）进一步研究发现，对于分析师跟踪数量越小的证券，其价格所能反映的公司基本面信息速度也越慢。因此分析师跟踪数量和机构投资者持股比例可以作为反映证券基本面风险的有效指标。本书使用年度分析师跟踪数量（*COV*）作为该变量的度量指标：

$$COV_{it}^{y} = \sum_{n=1}^{N} I(Analyst_{it,n}^{y}) \tag{4-1}$$

其中，i 和 t 分别为公司和月度标识；上标 y 表示变量按年统计；$I(\cdot)$ 是示性函数，当第 n 个分析师跟踪第 i 家公司时为 1，否则为 0。

由于公募基金等机构投资者持股比例每半年披露一次，因此选择半年度机构投资者持股比例（$INST\_HOLD$）作为该变量的度量指标：

$$INST\_HOLD_{it}^{y_s} = \sum_{n=1}^{N} Percentage_{it,n}^{y_s} \tag{4-2}$$

其中，i 和 t 分别为公司和月度标识；上标 y_s 表示变量按半年统计；$Percentage_{it,n}^{y_s}$ 为第 n 家机构投资者在第 t 期对第 i 家公司的持股比例。

分析师盈利意见分歧是度量证券基本面风险的另一个代理变量。Jorgensen 等（2012）认为，分析师盈利意见分歧反映了投资者对公司未来经营业绩和失业率不确定性内含风险的估计分歧，意见分歧越大，这些不确定性越高，由此带来的证券基本面风险越高。Miller（1977）也认为，在限制卖空的市场中悲观投资者无法通过卖空表达对证券的估值预期，导致证券的负面基本面信息不能被有效传递至证券价格中，因此证券价格主要反映了乐观投资者的估值预期。Diether 等（2002）进一步研究发现，投资者对证券盈利的意见分歧越大，证券的价格和盈利现金流的波动幅度越大，证券价格高于其内在价值的幅度越大。因此投资者盈利意见分歧越大，估计证券价格所面临的基本面风险也越大。本书参照 Diether 等（2002）的方法，使用标准化后的分析师预期每股盈利标准差作为年度分析师盈利意见分歧（$DISP$）的代理变量：

$$DISP_{it}^{y} = \frac{\sqrt{Var(EPS_i^y)}}{\overline{EPS_i^y}} \tag{4-3}$$

其中，i 和 t 分别为公司和月度标识；EPS_i^y 表示分析师在第 y 年对第 i 家公司所给出的每股盈利预期；$\overline{EPS_i^y}$ 表示分析师在第 y 年对第 i 家公司的平均每股盈利水平预期。

4.3.1.2 噪声交易者风险

噪声交易者风险是指当证券价格偏离其内在价值时，由于噪声交易者“追涨杀跌”的交易行为，价格在短期内不仅不会向其内在价值收敛，反而会有更大幅度地偏离其内在价值的倾向，导致套利交易策略在短期内面临亏损而带来的风险。本书使用证券价格的特质波动率和公司总市值作为噪声交易者风险的代理变量。

特质波动率度量了证券价格中不能被 CAPM 等资产定价模型所解释的非系统性风险。按照投资组合理论，这些非系统性风险可以通过多样化投资加以分散，不能作为预测截面股票收益率的一个状态风险因子。但 Ang 等（2006）发现，证券价格的特质波动率与股票的预期收益率显著负相关，从而提出了著名的特质波动率之谜。De Long 等（1990）认为，噪声交易者无法预知的交易行为有可能导致价格在短期内更大幅度偏离其内在价值，这种价格波动造成短期内证券的价格存在无法被对冲的噪声交易者风险。Dontoh 等（2004）认为，噪声交易者的行为切断了证券价格与其盈利预期、账面价值等基本面信息之间的关联，引发证券被错误定价。出于风险规避的考虑，套利交易者将减少噪声交易者风险较大证券的资产配置权重（Pontiff，2006）。针对特质波动率是噪声交易者风险还是知情交易行为的代理变量（Roll，1988）的争议，Aabo 等（2017）研究发现，特质波动率与证券的错误定价程度正相关，认为其反映的是证券的噪声交易者风险。本书将个股的日内超额收益率回归到 Fama & French（1993）三因子定价模型上，计算模型残差的月内波动率作为特质波动率（$IVOL$）的代理变量：

$$r_{i\tau}-r_{f\tau}=\alpha_i+m_iMKT_\tau+s_iSMB_\tau+h_iHML_\tau+\varepsilon_{i\tau} \tag{4-4}$$

$$IVOL_{it}=s.d.(\widehat{\varepsilon_{it_\tau}}) \tag{4-5}$$

其中，τ 为日度标识，t 为月度标识，t_τ为 t 月内日度标识，$r_{i\tau}$为个股日度收益率，$r_{f\tau}$为无风险利率，MKT、SMB、HML 分别表示市场因子、市值因子和价值因子。

公司总市值（ME）是噪声交易者风险的另一个代理变量。Lakonishok 等（1994）使用公司总市值作为套利成本的一个代理变量，认为大市值公司的股票价格波动率更小，噪声交易者“追涨杀跌”的交易行为导致证券价格偏离其内在价值的可能性更低。

4.3.1.3　策略实施风险

策略实施风险主要是指交易成本导致策略失效的风险，这些交易成本包括买卖价差、交易佣金、交易流动性、卖空限制等。本书使用股票月度收盘价（*PRICE*）、交易额（*VOLUME*）、换手率（*TURNOVER*）、非流动性指标（*AMIHUD*）作为策略实施风险的代理变量。

股票价格是测度策略实施风险的第一类代理变量。常见的直接测度股票价格的指标主要有买卖价差和交易佣金。Bhardwaj & Brooks（1992）和 Blume & Goldstein（1992）研究发现，证券的买卖价差和交易佣金与证券价格负相关，即每股价格越高的股票交易成本越小。交易额和换手率是度量策略实施风险的第二类代理变量。证券的交易额和换手率越大，单个投资者的交易行为对价格的冲击越小，交易策略越有可能被执行，因此策略实施风险越小。

测度策略实施风险最重要的指标为非流动性指标，其经济学定义为单位交易额对股票绝对收益率的冲击程度，这种测度方法既考虑了股价变动信息，又考虑了交易量对股价的冲击（Amihud，2002），是目前学术界测度证券非流动性最有效的方法（Goyenko，2009）。本书使用以下公式计算非流动性指标：

$$AMIHUD_{it} = \frac{1}{T}\sum_{t_\tau=1}^{T} \frac{|r_{it_\tau}|}{VOL_{it_\tau}} \times 1\ 000\ 000 \qquad (4-6)$$

其中，r_{it_τ} 为股票日度收益率，VOL_{it_τ} 为日度交易量，T 表示每月的交易天数。

4.3.2 套利风险指数的构建

根据以上所构建的 9 项指标，分别构建证券基本面风险指数（ARI_1）、噪声交易者风险指数（ARI_2）、策略实施风险指数（ARI_3），以及综合反映证券有限套利程度的套利风险指数（*ARI*）。

首先，对指标进行适当的正负变换。上述 9 项指标中，*COV*、*INST_HOLD*、*ME*、*PRICE*、*VOLUME*、*TURNOVER* 值越大，证券的套利风险越小，*DISP*、*IVOL*、*AMIHUD* 值越大，证券的套利风险越大，因此对前 6 项指标需要加负号变换，使其与套利风险指标 *ARI* 具有相同的单调性。为示区分，本书将经过正负变换后的 6 个变量分别表示为 *COV*＋、*INST_HOLD*＋、*ME*＋、*PRICE*＋、*VOLUME*＋、*TURNOVER*＋。

其次，分别计算各项指标的横截面排序得分。在每一个月度横截面上，对经过正负变换的 9 项指标（每一项用 x 表示）按照第 3 章的（3-1）式逐一排序得到排序变量 r_x，再按照（3-2）式对 r_x 标准化得到 $z(x)$。

最后，计算套利风险指数。分别按照（4-7）式、（4-8）式、（4-9）式和（4-10）式计算得到证券基本面风险指数 ARI_1、噪声交易者风险指数 ARI_2、策略实施风险指数 ARI_3 和套利风险指数 ARI：

$$ARI_1 = z(z_{COV+} + z_{DISP} + z_{INST\_HOLD+}) \tag{4-7}$$

$$ARI_2 = z(z_{IVOL} + z_{ME+}) \tag{4-8}$$

$$ARI_3 = z(z_{PRICE+} + z_{VOLUME+} + z_{TURNOVER+} + z_{AMIHUD}) \tag{4-9}$$

$$ARI = z(z_{COV+} + z_{DISP} + z_{INST\_HOLD+} + z_{IVOL} + z_{ME+} + z_{PRICE+} + z_{VOLUME+} + z_{TURNOVER+} + z_{AMIHUD}) \tag{4-10}$$

以上套利风险指数 ARI 的构建方法与 $FSCORE$ 的构建方法在思想上是类似的。

4.4　套利风险与个股预期差检验

本节主要检验 4.2 节所提出的假设 1。

本章分析所用的数据包括 2000 年 1 月至 2019 年 12 月沪、深两市主板、中小板、创业板所有上市公司的财务和交易数据。主要数据均来源于国泰安数据库；无风险利率选自锐思数据库，其中，2002 年 7 月之前使用三个月期银行定期存款利率，2002 年 8 月至 2006 年 10 月使用三个月期中央银行票据的票面利率，2006 年 10 月以后使用上海银行间 3 个月期同业拆放利率。为剔除异常值的影响，对所有变量做上下 5%的缩尾处理。表 4-1 提供了变量的描述性统计结果，包括样本量、最小值、均值、中位数、最大值和标准差统计结果。

表 4-1　变量的描述性统计结果

变量缩写	变量名	样本量	最小值	均值	中位数	最大值	标准差
ERROR	个股预期差	253 389	−3.286	0.098	0.146	3.172	1.308
B/M	账面-市值比	253 389	0.038	0.458	0.377	1.801	0.315

续表

变量缩写	变量名	样本量	最小值	均值	中位数	最大值	标准差
FSCORE	财务基本面质量指标	253 389	−2.305	0.013	−0.007	2.507	0.947
ROA	资产收益率	253 389	−18.63%	3.98%	3.28%	27.09%	5.66%
CFO	现金资产比	253 389	−30.58%	1.34%	0.55%	52.57%	9.50%
Δ*ROA*	资产收益率变动值	253 389	−14.60%	−0.19%	−0.06%	14.77%	2.65%
ACCRUAL	应计比率	253 389	−7.90%	−0.27%	−0.35%	8.10%	2.15%
Δ*LEVER*	长期负债率变动值	253 389	−13.37%	−0.02%	0.00%	15.25%	3.02%
Δ*LIQUID*	流动比率变动值	253 389	−353.09%	−2.51%	−0.77%	329.22%	54.84%
ISSUANCE	股票增发比率	253 389	0.00%	3.48%	0.00%	142.23%	17.27%
Δ*MARGIN*	毛利率变动值	253 389	−14.26%	−0.19%	−0.07%	13.92%	2.55%
Δ*TURN*	资产周转率变动值	253 389	−13.23%	−0.18%	−0.02%	10.11%	2.35%
ARI	套利风险指数	253 389	0.161	0.480	0.481	0.807	0.137
COV	年度分析师跟踪数量	227 117	0	18	9	125	23
DISP	年度分析师盈利意见分歧	243 861	0.000	0.397	0.308	2.483	0.317
INST_HOLD	半年度机构投资者持股比例	347 301	0.000	0.261	0.179	0.915	0.247
IVOL	特质波动率	390 575	0.004	0.020	0.017	0.118	0.013
ME	公司总市值	390 575	0.420	9.965	4.072	213.760	22.231
PRICE	股票月度收盘价	390 575	2.210	12.310	9.660	66.530	9.465
VOLUME	交易额（十亿元）	390 575	0.123	21.787	8.265	332.674	41.028
TURNOVER	换手率	390 575	0.72%	27.57%	17.19%	178.52%	29.93%
AMIHUD	非流动性指标	390 575	0.00%	0.19%	0.05%	3.06%	0.39%
Beta	系统性风险	253 389	−1.012	0.112	0.095	1.333	0.357
MOMENTUM	动量	252 361	−1.227	−0.019	−0.059	1.366	0.443
REVERSAL	反转	247 538	−0.463	−0.003	−0.002	0.405	0.135
RET	月均收益率	253 389	−46.18%	−0.21%	−0.20%	40.71%	13.45%

表 4－2 汇报了套利风险指数 9 项指标经过适当正负变换后的 Pearson 相关系数矩阵和横截面相关系数矩阵，其中，横截面相关系数

表 4-2　套利风险指数成分指标的相关系数矩阵

	COV+	*DISP*	*INST_HOLD*+	*IVOL*	*ME*+	*PRICE*+	*VOLUME*+	*TURNOVER*+	*AMIHUD*	*ARI*
COV+		0.102***	0.159***	0.006	0.338***	0.261***	0.195***	0.169***	0.201***	0.522***
DISP	0.094***		0.045***	0.077***	0.021	0.110***	0.043***	0.105***	0.012	0.313***
INST_HOLD+	0.084***	0.081***		0.053***	0.151***	0.128***	0.050***	0.121***	0.029**	0.326***
IVOL	0.006	0.020***	0.064***		0.034***	0.200***	0.280***	0.396***	0.034**	0.042***
ME+	0.304***	0.043***	0.166***	0.037***		0.087***	0.587***	0.341***	0.570***	0.587***
PRICE+	0.239***	0.094***	0.046***	0.210***	0.122***		0.080***	0.023	0.014	0.348***
VOLUME+	0.141***	0.021***	0.007*	0.336***	0.541***	0.143***		0.413***	0.703***	0.676***
TURNOVER+	0.148***	0.077***	0.171***	0.454***	0.276***	0.024***	0.531***		0.219***	0.106***
AMIHUD	0.154***	0.027***	0.100***	0.072***	0.510***	0.085***	0.626***	0.276***		0.732***
ARI	0.513***	0.322***	0.296***	0.028***	0.576***	0.317***	0.595***	0.117***	0.650***	

注：①表中左下部分汇报了 *ARI* 成分指标的 Pearson 相关系数，右上部分汇报了横截面相关系数。
②表中变量加“+”表示对变量进行了正负变换。
③***、**和*分别表示在 1%、5%和 10%的水平上统计显著。

矩阵是通过计算变量在横截面相关系数时间序列的均值得到的。可以看到，Pearson 相关系数和横截面相关系数所得到的结果是一致的，套利风险指数的 9 项指标具有较强的相关性。更重要地，所构建的套利风险指数 ARI 与经过适当正负变换的 9 项指标均具有显著和较强的相关性，符号均为正，这说明套利风险指数有效地吸收了各项指标从各个维度所涵盖的证券套利风险信息，是度量证券套利风险程度的有效指标。

根据所构建的证券基本面风险指数、策略实施风险指数、噪声交易者风险指数以及综合反映这三种风险的套利风险指数，将个股预期差回归到相应的风险指标上，做单变量和控制变量的 FM 横截面检验，结果如表 4-3 所示。可以看到，证券基本面风险、策略实施风险、噪声交易者风险以及套利风险均与个股预期差显著负相关，这说明个股套利风险越大，股票的误定价程度越大，股票价格高于其基本面价值的现象越有可能在市场上长期存在。从回归系数来看，证券基本面风险、策略实施风险、噪声交易者风险每上升 1%，股票价格高于其基本面价值所产生的负向预期差分别扩大 0.52%、0.99%和 1.16%，这意味着在三种风险中噪声交易者风险对个股预期差的影响最为显著。总体看，股票的套利风险每上升 1%，股票负向预期差扩大约 1.98%。

表 4-3　套利风险指数和个股预期差横截面检验

	证券基本面风险		策略实施风险		噪声交易者风险		套利风险	
	(1)	(2)	(3)	(4)	(5)	(6)	(7)	(8)
ARI_1	-0.516^{***} (−5.19)	-0.607^{***} (−6.34)						
ARI_2			-0.994^{***} (−11.57)	-1.741^{***} (−17.71)				
ARI_3					-1.158^{***} (−16.04)	-1.385^{***} (−22.03)		
ARI							-1.975^{***} (−16.84)	-2.549^{***} (−24.92)
$\log(ME)$		0.061^{***} (2.83)		0.340^{***} (13.71)		0.221^{***} (10.50)		0.269^{***} (12.49)

续表

	证券基本面风险		策略实施风险		噪声交易者风险		套利风险	
	(1)	(2)	(3)	(4)	(5)	(6)	(7)	(8)
Beta		−0.141*** (−3.22)		−0.100** (−2.41)		−0.136*** (−3.44)		−0.130*** (−3.23)
Momentum		−0.510*** (−8.73)		−0.466*** (−5.17)		−0.378*** (−6.84)		−0.399*** (−7.48)
Reversal		−0.669*** (−7.10)		−0.453*** (−4.33)		−0.277*** (−3.08)		−0.250*** (−2.92)
b	0.351*** (6.96)	−0.878* (−1.74)	0.622*** (12.67)	−6.526*** (−11.74)	0.704*** (16.20)	−4.032*** (−8.47)	1.069*** (16.77)	−4.604*** (−9.31)
Obs.	275 139	270 919	276 820	272 577	276 820	272 577	276 820	272 577
R^2	0.014	0.069	0.032	0.101	0.040	0.095	0.051	0.113

注：***、**和*分别表示在 1%、5%和 10%的水平上统计显著。括号中 t 值的标准误采用 Newey & West (1987) 滞后 3 阶项进行调整。

同时，从控制变量的检验结果可以看到：(1) 个股预期差越大的股票的系统性风险越小。从 3.3.1 节中表 3－3 的结果可知，个股预期差更大（正向预期差）的股票往往是价值型股票，因此价值型股票的系统性风险更小，这一基本结论与风险理论相悖，说明系统性风险不能成为价值溢价成因的合理解释。(2) 个股预期差更大的股票往往是大市值公司股票。这与我们的直观理解一致，即小市值公司的股价更容易被高估，而大市值公司的股价更容易被低估。(3) 历史累计收益率更高（低）的股票更容易呈现负（正）向预期差。也就是说，历史涨幅高的股票价值被高估的可能性更高，这一结果与直觉也是一致的。

表 4－3 的结论证明套利风险对资产的误定价程度具有显著的影响，套利风险越高的股票越有可能产生价格高于基本面价值的负向预期差，从而证明了假设 1。

4.5　套利风险、预期差溢价与预期差因子多空收益检验

本节主要检验 4.2 节所提出的假设 2。即在 4.3 节中套利风险指标构建的基础上，通过组合价差法和因子分析法检验不同套利风险水平下

预期差溢价和价值溢价的表征。

4.5.1 套利风险和预期差溢价的组合价差检验

具体地，在 t 月末，根据样本内股票的套利风险指数将股票分为 10 组，在每一组内再根据个股预期差将股票分为 5 组，得到 10×5 共 50 个组合；计算各组合内股票在 t 月按市值加权的组合的套利风险指数和预期差，以及组合内股票在 $t+1$ 月按市值加权的组合的收益率；每月重复上述步骤即可得到各组合的收益率，以及套利风险指数和预期差的时间序列。

表 4-4 面板 A 第 2～6 列汇报了在不同的套利风险指数 *ARI* 下，按照个股预期差 *ERROR* 分组计算的组合收益率时间序列均值，对应括号中汇报了各收益率时间序列与零的差异 t 检验值；第 7 列汇报了最大正向预期差与最小负向预期差所对应组合的收益率差异及 t 值。面板 B 汇报了各组合的套利风险指数 *ARI* 和预期差 *ERROR* 均值。从纵向检验结果可以看到，套利风险越小的股票的预期收益率越大，且随着套利风险指数 *ARI* 的逐步增大，股票的预期收益率均出现明显下降。从横向检验结果可以看到：(1) 在同一套利风险水平下，随着个股预期差的增大，股票的预期收益率不断增大，这意味着股票的价格相比其基本面价值越小，股票价值越倾向于被低估，在未来越倾向于产生正收益。(2) 当套利风险水平较低时，正向预期差和负向预期差组合之间的预期差溢价并不显著；而当套利风险水平较高时，存在显著的预期差溢价。(3) 随着套利风险水平的上升，预期差溢价的经济和统计显著性均显著上升。例如，在最低的套利风险水平下，月均预期差溢价为 0.275% (年化预期差溢价为 3.3%)，对应 t 值为 1.35；而在最高的套利风险水平下，月均预期差溢价为 0.987% (年化预期差溢价为 11.84%)，对应 t 值为 3.13。

表 4-4 的检验结果证明套利风险越高的股票预期差溢价越显著。

表 4－4　套利风险指数与个股预期差的组合价差检验

ARI/*ERROR*	低	2	3	4	高	高-低
面板 A：套利风险指数和个股预期差双重分组的组合收益率（%）特征						
1	0.868 (1.17)	1.055 (2.53)	1.263 (3.05)	1.220 (3.03)	1.144 (2.98)	0.275 (1.35)
2	0.532 (0.94)	0.500 (1.27)	0.500 (1.22)	0.829 (2.20)	0.647 (1.79)	0.115 (0.52)
3	0.043 (0.46)	0.010 (0.03)	0.240 (0.63)	0.299 (0.84)	0.422 (1.19)	0.379 (1.63)
4	−0.411 (−1.01)	−0.356 (−0.90)	0.125 (0.33)	0.176 (0.46)	0.137 (0.41)	0.487 (2.06)
5	−0.736 (−1.90)	−0.265 (−0.71)	−0.155 (−0.41)	−0.244 (−0.69)	−0.046 (−0.14)	0.667 (2.57)
6	−0.460 (−1.12)	−0.401 (−1.06)	−0.266 (−0.73)	−0.186 (−0.56)	−0.163 (−0.52)	0.337 (1.18)
7	−1.040 (−2.73)	−0.880 (−2.33)	−0.700 (−2.06)	−0.558 (−1.72)	−0.297 (−0.98)	0.724 (2.64)
8	−1.254 (−3.50)	−1.231 (−3.69)	−1.026 (−2.87)	−0.921 (−2.84)	−0.556 (−1.80)	0.728 (2.57)
9	−1.860 (−5.29)	−1.607 (−4.55)	−1.310 (−3.68)	−1.521 (−4.60)	−1.131 (−3.52)	0.716 (2.43)
10	−2.725 (−6.72)	−2.110 (−5.40)	−2.082 (−5.77)	−2.098 (−6.04)	−1.723 (−5.21)	0.987 (3.13)
面板 B：套利风险指数和个股预期差双重分组的组合套利风险指数（前）和组合预期差（后）						
1	0.249; −1.313	0.245; −0.122	0.246; 0.556	0.242; 1.177	0.244; 2.105	—
2	0.327; −1.454	0.326; −0.248	0.326; 0.467	0.326; 1.113	0.326; 2.051	—
3	0.377; −1.486	0.376; −0.335	0.377; 0.393	0.376; 1.052	0.376; 2.023	—
4	0.420; −1.576	0.419; −0.416	0.419; 0.311	0.419; 0.998	0.419; 2.02	—

续表

ARI/ERROR	低	2	3	4	高	高-低
5	0.460; −1.608	0.460; −0.450	0.460; 0.294	0.460; 0.984	0.460; 2.016	—
6	0.500; −1.702	0.500; −0.557	0.499; 0.188	0.499; 0.892	0.499; 1.968	—
7	0.540; −1.750	0.539; −0.605	0.540; 0.120	0.539; 0.820	0.539; 1.907	—
8	0.582; −1.813	0.582; −0.712	0.582; 0.019	0.581; 0.715	0.581; 1.817	—
9	0.632; −1.946	0.631; −0.855	0.631; −0.156	0.631; 0.559	0.630; 1.683	—
10	0.725; −2.179	0.720; −1.183	0.716; −0.497	0.712; 0.201	0.707; 1.340	—

注：括号中为对应的 t 值。

4.5.2 预期差因子的多空收益检验

参照 Fama & French（1993）和第 3 章的方法，本节构建了预期差因子以及预期差因子多空两端的收益率时间序列。具体方法如下：在每月末根据公司总市值从小到大排序，将股票分为小市值组合（S）和大市值组合（B）两组，根据个股预期差从小到大排序，将股票分为低预期差（L，个股预期差在 30%分位数以下的股票）、中预期差（M，个股预期差位于中间 40%的股票）和高预期差（H，个股预期差在 70%分位数以上的股票）三组，二者交叉可得 6 个组合。计算组合内股票下个月按市值加权的组合月均收益率。每月调整组合并重复以上步骤得到样本期内组合收益率的时间序列。按照式（4－11）计算得到预期差因子 $ERROR$：

$$ERROR=\frac{SH+BH}{2}-\frac{SL+BL}{2} \tag{4-11}$$

表 4－5 汇报了预期差因子的统计特征。同时，与已有研究相区别，本书不仅检验了预期差因子本身的收益率特征，而且分别检验了预期差因子多空两端的收益率特征。从检验结果可以看到，预期差因子的月均

收益率为 1.366%，t 值为 4.3，表明预期差因子收益率时间序列与零有显著差异，预期差因子的年化夏普比率为 0.99。

特别地，从预期差因子的多空两端特征可以看到，预期差因子的有效性全部来源于预期差因子的空方负收益，预期差因子的多方正收益与零无显著差异。具体地，预期差因子空方月均负收益为－1.362%，t 值为－1.86，具有经济和统计显著性；其多方月均正收益为 0.004%，t 值为 0.01，无经济和统计显著性。

表 4－5　预期差因子的统计特征

	月均收益率（%）	t 统计量	标准差（%）	年化夏普比率
空方	－1.362	－1.86*	10.91	－0.43
多方	0.004	0.01	9.11	0.00
ERROR	1.366	4.30***	4.80	0.99

注：***、**和*分别表示在 1%、5%和 10%的水平上统计显著。

为了验证预期差因子的有效性主要来源于空方负收益，本书进一步计算了预期差因子多空两端的累计收益率，结果如图 4－1 所示。可以明显看到，预期差因子多方累计收益与零无显著差异，而空方存在显著负收益。

图 4－1　预期差因子多空两端累计收益率特征

表 4－4、表 4－5 和图 4－1 的结果证明了假设 2，即套利风险越高，预期差溢价越显著，且预期差因子的有效性来源于预期差因子空方显著

的负收益，而与预期差因子多方正收益无关。

4.6 期权上市、套利风险与个股预期差

本节主要检验4.2节提出的假设3和假设4。

4.6.1 期权上市交易与套利风险下降

我国资本市场并不存在与个股相对应的股票期权，与个股期权市场功能类似的权证市场也随着2011年8月18日最后一只权证——长虹权证——期满下市而关闭。目前，我国A股市场存在三类股指期权，包括于2015年2月9日在上交所上市交易的上证50ETF期权，于2019年12月23日分别在上交所和深交所同时上市交易的沪深300ETF期权，以及于2019年12月23日在中金所上市交易的沪深300股指期权。尽管股指期权是以一揽子股票价格计算的股票指数为标的物，但其经济功能与个股期权大同小异，二者均具有管理股票组合市场波动风险的"保险"功能；当基础资产价格偏离其内在价值时，套利交易者利用期权做反向交易可以获取无风险收益，大量的套利交易活动可以引导个股和成分股价格及时向内在价值收敛。因此，期权上市所引入的双向买卖交易机制有效地提升了正面和负面信息向股票价格的传递速度，避免了价格信息长期堆积并在大危机期间集中释放引发短期内价格暴涨暴跌的可能性，从而可以有效地降低股票的套利风险，这是假设3的逻辑脉络和待检验的主要内容。

本书以2015年2月上证50ETF期权在上交所上市交易为准自然实验，按月提取了上证50ETF成分股的月度构成，并按照成分股与非成分股的财务基本面指标 *FSCORE*，按照公司行业①逐月进行了1比1的倾向性得分匹配，匹配前后的实验组（50ETF成分股）和对照组（非成分股）财务基本面指标 *FSCORE* 结果如表4-6所示，括号中为协变量差异检验的 t 值。可以看到，在匹配前，相比对照组，实验组上市公司

① 行业按照证监会分类（2012年版）进行划分。

的财务基本面质量指标 *FSCORE* 均值为 0.267，高于对照组的 0.026，组间差异为 0.241，差异 t 值为 16.35，说明上证 50ETF 成分股公司的财务基本面质量相对于非成分股公司具有显著差异，前者的财务基本面状况较优。

表 4-6　按 *FSCORE* 匹配前后协变量的平衡性检验

组别	样本量	匹配前	匹配后
实验组	4 465	0.267	0.267
对照组	4 427	0.026	0.255
组间差异	—	0.241 (16.35)	0.012 (0.61)

注：括号中为对应的 t 值。

在此基础上，使用匹配后的实验组和对照组对个股的套利风险做如下双重差分检验：

$$ARI_{it} = \alpha + \beta_1 \times Time_{it} \times Treated_{it} + \beta_2 \times Treated_{it} + \beta_3 \times Time_{it} + \gamma \times Control_{it} + \delta_i + \tau_t + \varepsilon_{it} \qquad (4-12)$$

其中，*Time* 是时间哑变量，样本在 2015 年 2 月之前等于 0、在 2005 年 2 月之后等于 1；*Treated* 为组别哑变量，样本为上证 50ETF 成分股等于 1，否则等于 0；*Control* 为控制变量 *FSCORE*；δ 为个体、行业固定效应，τ 为时间固定效应。本书所关心的是（4-12）式中系数 β_1 的符号和显著性。表 4-7 汇报了检验结果，其中模型（1）汇报了未加控制变量的混合最小二乘回归结果，模型（2）汇报了添加控制变量的混合回归结果，模型（3）和模型（4）汇报了固定效应面板回归结果。可以看到，在上证 50ETF 期权上市前后，指数成分股的个股套利风险出现显著下降，降幅达 10%[①]，在统计上具有显著性，该结果不依赖于控制变量、个体和时间固定效应，以及不同的模型选择，结果具有较强的稳健性。

进一步，为了验证套利风险的下降的确是由上证 50ETF 期权上市带来的，本书将政策干预的时间哑变量变换为 2015 年 2 月之前的 1～6

① 由表 4-1 可知 *ARI* 的样本均值为 0.480，倍差法系数为 −0.048，即相对样本均值水平，成分股套利风险下降幅度为 10%。

个月、2月当期，以及之后的1～6个月共13个时间节点，在添加控制变量和个体固定效应后，将 *ARI* 回归到这13个时间节点上做多期 DID 检验，根据回归系数和95%的置信区间绘制了检验系数在不同期的水平以反映系数的变动趋势，检验模型如下：

$$ARI_{it}=\alpha+\sum_{i=-6}^{6}\beta_j\cdot Time_{it}^{j}+\gamma\cdot Control_{it}+\delta_i+\varepsilon_{it} \tag{4-13}$$

（4-13）式的检验结果如图4-2所示，竖直虚线表示2015年2月这一时间节点。可以明显看到，按照2015年2月之前的6个时间节点分组估计的系数与零基本无显著差异，而在2015年2月当期及之后的6个时间节点，成分股套利风险出现了显著下降。这一结果既与表4-7的结果一致，也进一步证明了个股套利风险的系统性下降发生在2015年2月，是由上证50ETF期权上市引入的成分股有效的卖空交易导致的。

表4-7和图4-2的检验结果验证了假设3，说明上证50ETF期权上市引入的卖空交易活动的确有效降低了成分股的套利风险。

表4-7　套利风险双重差分结果

	(1)	(2)	(3)	(4)
	OLS	OLS	FE	FE
Time×*Treated*	−0.048*** (−9.154)	−0.048*** (−9.163)	−0.047*** (−3.530)	−0.047*** (−3.530)
Treated	0.108*** (36.712)	0.108*** (36.674)	0.108*** (10.450)	0.108*** (10.451)
Time	0.012*** (2.862)	0.012*** (2.722)	0.017 (0.925)	0.01 (0.925)
FSCORE		0.004*** (3.082)		0.000 (0.045)
Constant	0.484*** (193.170)	0.484*** (191.615)	0.483*** (55.985)	0.483*** (55.552)
年度固定效应	No	No	Yes	Yes
月度固定效应	No	No	Yes	Yes
行业固定效应	No	No	Yes	Yes

续表

	(1)	(2)	(3)	(4)
	OLS	OLS	FE	FE
Obs.	8 691	8 691	8 691	8 691
R^2	0.157	0.157	0.210	0.210

注：***、**和*分别表示在 1%、5%和 10%的水平上统计显著。括号中 t 值的标准误采用 Newey & West（1987）滞后 3 阶项进行调整。

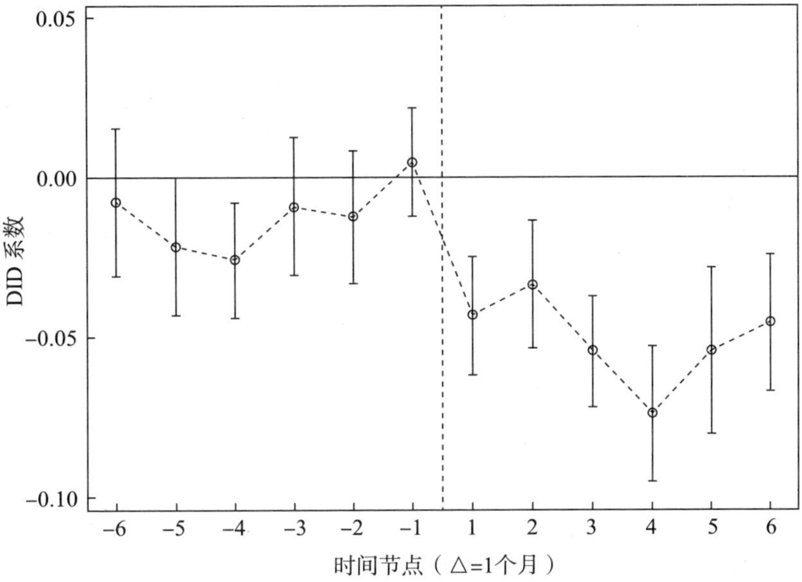

图 4－2　多期双重差分检验结果

4.6.2　套利风险下降与负向预期差修正

期权上市一方面降低了个股的套利风险，另一方面，当资产存在误定价时，特别是当股票价格高于其基本面价值时，期权为套利者通过构建套利策略获取无风险收益和消除资产误定价提供了更大的可能性。因此从理论上讲，期权上市可以纠正价格高于股票基本面价值的误定价，从而消除股票的负向预期差，这是假设 4 待检验的主要内容。

这里遵循 4.6.1 节的匹配方法，按照公司财务基本面质量指标 *FSCORE* 对上证 50ETF 成分股进行了 1∶1 匹配，在此基础上使用匹配后的实验组和对照组对个股预期差做如下双重差分检验：

$$ERROR_{it}=\alpha+\beta_1\times Time_{it}\times Treated_{it}+\beta_2\times Treated_{it}+\beta_3\times Time_{it}+\gamma\times Control_{it}+\delta_i+\tau_t+\varepsilon_{it} \quad (4-14)$$

表 4-8 汇报了检验结果，其中模型（1）和模型（2）是混合最小二乘回归检验结果，模型（3）和模型（4）是固定面板检验结果。可以看到相对于控制组，上证 50ETF 期权上市后指数成分股预期差上升约 0.387，与预期差中位数 0.146 相比上升 165%，且该结果不依赖于控制变量和个体固定效应的影响。

表 4-8　上证 50ETF 期权上市前后预期差修正的双重差分检验

	(1)	(2)	(3)	(4)
	OLS	OLS	FE	FE
$Time\times Treated$	0.387*** (6.085)	0.397*** (8.103)	0.398* (1.955)	0.397** (2.538)
$Treated$	0.053 (1.544)	0.039 (1.464)	0.043 (0.275)	0.036 (0.273)
$Time$	0.373*** (8.168)	0.224*** (6.546)	−0.249 (−1.406)	−0.241* (−1.838)
$FSCORE$		0.914*** (76.420)		0.956*** (24.887)
$Constant$	0.296*** (12.935)	0.107*** (6.112)	0.484*** (6.390)	0.236*** (4.036)
年度固定效应	No	No	Yes	Yes
月度固定效应	No	No	Yes	Yes
行业固定效应	No	No	Yes	Yes
$Obs.$	8 691	8 691	8 691	8 691
R^2	0.043	0.430	0.090	0.477

注：***、**和*分别表示在 1%、5%和 10%的水平上统计显著。括号中 t 值的标准误采用 Newey & West（1987）滞后 3 阶项进行调整。

从经济意义上来讲，个股预期差本质上度量了股票价格相对于基本面价值的偏离程度：当价格系统性高于基本面价值时呈现负向预期差，价格低于基本面价值时呈现正向预期差，价格与基本面价值一致时预期差为零。从表 4-7 和表 4-8 的结果来看，期权上市引入的卖空交易活动导致呈现负向预期差的股票出现明显修复是容易理解的，这说明随着可卖空金融工具的丰富化，被高估的股票价格出现明显的向其基本面价值收敛的趋势，使股票价格更加客观地反映了公司基本面价值，这反映了资本市场定价效率的提升。然而，伴随着负向预期差的修复，成分股中那些价格被低估的股票的价格是否会被继续压低，使得这些股票的正向预期差出现了进一步扩大的趋势？后者从直觉上是难以被接受的。

为此，需要根据上证 50ETF 成分股个股预期差的特征对双重差分模型做子样本检验。具体地，根据成分股预期差的正负，将全样本分为两个子样本对（4－14）式做双重差分检验，表 4－9 汇报了检验结果。可以看到，对于具有负向预期差的上证 50ETF 成分股（$ERROR<0$）而言，在期权上市后其个股预期差出现显著上升，这说明期权上市带来的卖空交易活动显著修复了负向预期差股票价格高于其基本面价值的倾向。而对于呈现正向预期差的成分股（$ERROR>0$）而言，其价格低于基本面价值的正向预期差并没有出现进一步扩大的趋势。表 4－9 的结果一方面说明，表 4－8 中所呈现的预期差修正主要是由负向预期差股票价格向其基本面价值收敛带来的，另一方面也说明期权带来的卖空交易活动在导致价格被高估股票价格修正的同时，并没有进一步压低正向预期差股票的价格，造成这部分股票误定价程度的进一步恶化。这说明上证 50ETF 期权上市具有修正证券错误定价、提升证券市场定价效率的功能。

表 4－9　期权上市后负向预期差修正与正向预期差变动

	$ERROR<0$		$ERROR>0$	
	(1)	(2)	(3)	(4)
$Time \times Treated$	0.248*** (4.758)	0.312*** (6.258)	−0.002 (−0.045)	0.044 (1.040)
Treated	−0.197*** (−6.722)	−0.194*** (−7.819)	0.217*** (8.146)	0.203*** (8.505)
Time	0.067* (1.841)	−0.026 (−0.764)	0.326*** (8.374)	0.302*** (9.797)
FSCORE		0.449*** (29.575)		0.494*** (38.971)

续表

	ERROR<0		ERROR>0	
	(1)	(2)	(3)	(4)
Constant	−0.930*** (−46.270)	−0.771*** (−48.194)	1.121*** (60.568)	0.833*** (53.071)
Obs.	3 174	3 174	5 517	5 517
R^2	0.027	0.265	0.048	0.293

注：***、**和*分别表示在1%、5%和10%的水平上统计显著。括号中 *t* 值的标准误采用Newey & West（1987）滞后3阶项进行调整。

由于上证50ETF上市时期恰逢2015年我国A股市场遭遇“股灾”，该外生事件可能会对预期差修复造成影响，使得表4-8和表4-9的实证结果不稳健。为此，本书进一步验证了2014年1月至2016年12月子样本期间负向预期差和正向预期差的修复情况。表4-10汇报了检验结果，该结果与表4-9的实证结果一致，说明表4-9的实证结果具有稳健性。

表4-10　2015年“股灾”期间负向预期差修正与正向预期差变动

	ERROR<0		ERROR>0	
	(1)	(2)	(3)	(4)
Time×Treated	0.244* (2.24)	0.228* (2.35)	−0.037 (−0.37)	0.031 (0.36)
Treated	−0.138 (−1.56)	−0.014 (−0.18)	0.339*** (4.36)	0.296*** (4.37)
Time	−0.128 (−1.72)	−0.144* (−2.25)	0.195** (2.59)	0.165** (2.71)
FSCORE		0.410*** (10.90)		0.575*** (18.04)
Constant	−0.802*** (−13.73)	−0.715*** (−15.44)	1.141*** (20.64)	0.878*** (19.59)
Obs.	594	594	1 134	1 134
R^2	0.009	0.192	0.047	0.348

注：***、**和*分别表示在1%、5%和10%的水平上统计显著。括号中 *t* 值的标准误采用Newey & West（1987）滞后3阶项进行调整。

表 4－8、表 4－9 和表 4－10 的实证结果验证了假设 4。

4.6.3　安慰剂检验

本书的结论依赖于一个重要的假设：证券市场的卖空限制导致证券的套利风险高企，当套利交易者发现证券被误定价时，传统的无风险套利活动由于证券内在的高套利风险被迫中止，这使得证券价格高于基本面价值的负向预期差在市场上能够长期存在，随着未来价格向基本面价值收敛，预期差异象和价值异象逐步显现。上海证券交易所 2015 年 2 月推出的上证 50ETF 期权为套利交易者对冲证券套利风险提供了可供选择的金融工具，期权的卖空交易活动压低了上证 50 指数成分股中价格被高估股票的价格，在一定程度上消除了误定价所带来的负向预期差。如果以上理论设定是准确的，且交乘项系数仅反映上证 50ETF 期权上市所带来的处置效应，而非其他潜在未知的处置效应，那么不仅需要提供表 4－8 中所展示的双重差分结果，而且同样应该提供除 2015 年 2 月之外的其他时间节点双重差分结果不存在显著性的实证证据，为此，本节提供了如表 4－11 所示的安慰剂检验的实证结果。

表 4－11　双重差分的安慰剂检验

	Time×*Treated*	*Time*	*Treated*	*FSCORE*	*Constant*	*Obs.*	R^2
2008 年 2 月	0.114 (1.03)	0.049 (0.70)	−0.335 (−1.34)	1.100*** (9.63)	0.162 (0.88)	366	0.532
2009 年 2 月	0.056 (0.45)	−0.018 (−0.26)	0.530* (2.13)	0.906*** (4.07)	0.032 (0.18)	258	0.622
2010 年 2 月	−0.010 (−0.07)	0.075 (0.96)	0.311 (1.08)	0.861*** (5.00)	0.015 (0.08)	269	0.514
2011 年 2 月	−0.305 (−1.57)	0.168 (1.48)	−0.001 (−0.00)	1.061*** (5.03)	0.275 (1.04)	204	0.511
2012 年 2 月	−0.065 (−0.55)	0.127 (1.17)	0.374 (1.38)	1.185*** (4.24)	−0.079 (−0.35)	334	0.401
2013 年 2 月	0.244 (1.84)	−0.023 (−0.25)	0.272 (0.92)	0.450 (1.97)	0.267 (1.14)	319	0.240

续表

	Time×Treated	Time	Treated	FSCORE	Constant	Obs.	R^2
2014年2月	0.083 (0.95)	−0.051 (−0.81)	0.231 (0.90)	0.933*** (5.93)	0.211 (1.34)	363	0.546
2015年2月	**0.234*** **(2.22)**	**−0.139** **(−1.84)**	**0.118** **(0.50)**	**1.003***** **(5.78)**	**0.194** **(1.28)**	**351**	**0.509**
2016年2月	−0.073 (−0.67)	0.080 (0.88)	0.720** (2.97)	1.370*** (10.11)	0.055 (0.29)	318	0.695
2017年2月	−0.216 (−1.66)	0.093 (1.01)	0.740* (2.52)	0.927*** (4.43)	0.270 (1.10)	263	0.478
2018年2月	0.023 (0.30)	0.033 (0.75)	0.653* (2.05)	0.764** (3.44)	0.086 (0.36)	294	0.431
2019年2月	0.011 (0.22)	0.077* (2.41)	−0.052 (−0.20)	1.034*** (6.23)	0.629** (2.88)	348	0.541

注：***、**和*分别表示在1%、5%和10%的水平上统计显著。括号中 t 值的标准误采用Newey & West（1987）滞后3阶项进行调整。

本书选择以2008年至2019年每年2月为事件发生的伪时间节点，参照Almeida等（2011）的做法选取前后3个月为双重差分模型检验的窗口期，对（4-14）式逐一做安慰剂检验，表4-11汇报了检验结果。可以看到，从2008年至2019年的12年间，只有在2015年2月对应的窗口期，实验组和对照组之间存在显著的平均处置效应。从交乘项的系数大小来看，平均处置效应与表4-8、表4-9和表4-10所提供的结果一致，而在其他时间节点和对应的窗口期，实验组和对照组的平均处置效应均不显著，这说明上证50ETF期权上市带来的套利风险下降（表4-7和图4-2），显著削弱了指数成分股负向预期差，而在其他未发生外生事件的样本期，实验组和对照组之间的个股预期差没有显著的变动。

4.7 讨论和总结

长期以来，公众对股票卖空交易和期权上市所发挥的经济功能存在持续的误解，认为这两类交易是股市投机活动和暴涨暴跌的主要推手，这在一定程度上阻碍了金融基础设施建设的完善和金融衍生品市场的健康发展。从已有研究来看，限制卖空的交易活动降低了股票流动性（Diamond & Verrecchia，1987；Boehmer et al.，2013；Kolasinski et al.，2013），延缓了价格发现速度（Bris et al.，2007；Saffi & Sigurdsson，2011；Boehmer & Wu，2013），扩大了证券误定价程度（Miller，1977），限制卖空所产生的消极影响在大危机时依然成立（Beber & Pagano，2013）。

股票市场限制卖空的消极影响也进一步扩散到了期权市场。在证券市场限制卖空的环境中，知情交易者利用自身的信息优势，大量买入个股看跌期权对冲现货市场不能卖空所带来的交易风险，这种交易行为推高了股票看跌期权的价格，导致看涨-看跌平价异象的产生，Battalio & Schultz（2011）、Ni & Pan（2011）对此提供了实证证据。

本书从投资者预期差对价值溢价成因解释的理论研究出发，从套利风险角度讨论了投资者预期差在股票市场上长期存在的机理，剖析研究了价值因子和预期差因子有效性的根源，并利用上证 50ETF 期权上市为准自然实验，实证检验了期权上市对股票定价的经济功能和对消除投资者预期差的积极影响，试图回答了为什么幼稚投资者在资本市场上长期重复预期偏差这一错误的同时，聪明的逆向投资者却未能通过构建有效的套利交易策略消除这一定价误差。本书通过研究发现：套利风险更大的股票更有可能产生负向预期差；价值因子和预期差因子的有效性本质上源于由不能对冲的套利风险所造成的股票误定价，两个因子的有效性全部来源于空方负收益；期权上市有效地降低了股票套利风险，从而为消除股票误定价所带来的负向预期差提供了可能。

本书的研究对进一步推进 A 股市场健康发展、培育价值投资的市场环境具有一定的现实意义。一些学者认为“股市如赌场”（Kumar，2009），这一特征在具有博彩型偏好的 A 股（郑振龙和孙清泉，2013；李培馨等，2014）更具特色，因此基本面投资和价值投资一直以来被奉为 A 股“笑”谈。由于金融基础制度尚不健全，一些投资者热衷于追逐“新、小、壳、题材”等概念，对爆炒概念股、垃圾股的热情有增无减，股票价格与基本面价值相脱节的现象时有发生，引导投资者培育价值投资的理念任重道远。要消除这些现象，首先要在整个市场环境中建立证券正确定价的制度机制，培养投资者关注股票内在投资价值及未来增长潜力的成熟投资素养。从这个意义上讲，进一步丰富 A 股市场风险管理的金融工具，对降低证券的套利风险、提高证券价格向其内在价值的收敛速度、提升市场定价效率具有很强的现实必要性。同时，本书的研究也为 2019 年适时推出沪深 300ETF 期权和沪深 300 股指期权的适当性提供了实证支撑。

第 5 章　价值分解：风险还是预期差？

第 5 章通过估计公司的内在价值，将账面-市值比（B/M）分解为账面-价值比（B/V）和价值-市值比（V/M），回答了 B/M 中对价值溢价成因起决定作用的因素到底是哪一部分，进一步着重回答了风险理论是否可以解释价值溢价的成因。

本书研究发现，B/M 对预期收益率的解释力与 V/M 相当，B/V 与预期收益率无关；采用 B/M 所构建的价值因子与采用 V/M 所构建的因子多空收益相当，使用 B/V 所构建的因子多空收益不显著。本书在梳理从风险理论角度解释价值溢价成因已有文献的基础上，进一步检验了财务困境风险理论等七种风险理论对价值溢价的解释力，主要有以下发现：（1）财务困境风险理论、系统性风险敏感性理论、个股现金流风险理论这三种理论甚至不能解释公司之间 B/M 差异所导致的收益率差异，在这三种风险理论框架下，价值股相比成长股具有更低的风险和更高的收益率，不符合风险理论的风险-收益补偿原则。（2）股权隐含违约风险理论、市场现金流风险理论、营运杠杆风险理论和股权久期风险理论这四种理论虽然可以解释公司之间 B/M 的差异，但这四种风险主要来源于公司之间 B/V 的差异，而与 V/M 无关；由于 B/M 之间的差异导致的价值溢价根源于公司之间 V/M 的差异，因此这四种风险同样无法成为价值溢价的成因。

从经济学意义上来看，B/M 的分解成分 V/M 本质上度量了公司内在价值和股票市场估值之间的偏差，该偏差与第 3 章所构建的个股预期差本质上同源，具有相同的经济学含义。本章的研究进一步证实了投资者预期差才是价值溢价的真正原因，而已检验的七种风险理论无法解释价值溢价的成因。因此，将以 Fama & French（1993，2015）为代表的多因子定价模型称为风险定价模型的说法并没有扎实的实证基础。

5.1 引言

传统金融学派和行为金融学派聚焦于风险和投资者预期差两个视角，对价值溢价的成因分别提出了富有洞见的理论解释。本书在第 3 章基于 Lakonishok 等（1994）和 Piotroski & So（2012）对价值溢价的行为金融学研究，从投资者预期差视角提出了度量股票误定价程度的个股预期差测度，并实证证明了价值溢价的根源为投资者预期差，价值因子的实质是被一致性预期公司所“污染”的预期差因子。

在第 4 章中本书从套利风险这一市场摩擦的角度，进一步回答了为什么幼稚投资者在证券市场上长期重复预期偏差这一错误的同时，聪明的逆向投资者却未能通过构建有效的套利交易策略消除这一定价误差，并证明由投资者预期差所引发的预期差溢价和价值溢价，本质上是由证券不能被对冲的套利风险所导致。

前文的研究证明，在 A 股市场上从行为金融学视角对价值溢价成因的解释具有内在的合理性，但文献中尚未检验和回答 A 股市场价值溢价是否可由风险理论加以解释。本书则基于 Rhodes-Kropf 等（2005）和 Golubov & Konstantinidi（2019）的研究，利用我国 A 股市场 2000 年 1 月至 2019 年 12 月的交易和财务数据，实证检验了风险理论和预期差理论二者哪个才能解释价值溢价的真正成因。具体地，本书借鉴 Piotroski（2000）和第 3 章的方法，构建了度量公司内在价值的指标 *FSCORE*，并借鉴 Rhodes-Kropf 等（2005）的方法将 B/M 进一步分解为 B/V 和 V/M，将 V/M 定义为投资者估值偏离公司内在价值的预期差指标。本书研究发现，B/M 对股票预期收益率的预测和解释能力全部来源于预期差指标 V/M，而与 B/V 无关。

进一步地，本书梳理了文献中从风险视角对价值溢价成因研究的七种风险理论，包括财务困境风险理论（Fama & French，1995；Griffin &

Lemmon，2002；Campbell et al.，2008；Gao et al.，2019）、股权隐含违约风险理论（Vassalou & Xing，2004）、系统性风险敏感性理论（Petkova & Zhang，2005）、市场现金流风险理论（Campbell & Vuolteenaho，2004）、个股现金流风险理论（Da & Warachka，2009）、营运杠杆风险理论（Zhang，2005；Novy-Marx，2011；Ai & Kiku，2016）、股权久期风险理论（Dechow et al.，2004；Lettau & Wachter，2007），发现以上七种风险理论均无法解释价值溢价的成因。

本书的贡献在于，首次基于 A 股市场数据，从风险和预期差两个视角综合检验了价值溢价的成因，发现现有的对价值溢价成因解释的风险理论并不适用于 A 股市场。本书的研究对将主流定价模型称为风险定价模型的合意性提出质疑，对驱动资产收益率之间差异的潜在因素是否能够用风险来解释提出疑问。同时，本书的研究也为从预期差视角进一步研究价值溢价的成因提供了较为扎实的文献支撑。

本章的结构安排如下：5.2 节介绍公司内在价值的估值方法和账面-市值比的分解方法；5.3 节对账面-市值比及其分解成分对预期收益率的解释力和来源做实证检验，指出价值溢价的实质是预期差溢价；5.4 节系统介绍七种风险的估计方法，进一步利用账面-市值比及其分解成分账面-价值比和价值-市值比，使用组合差异检验和横截面检验两种方法对风险理论的适用性加以交叉检验；5.5 节讨论和总结全章。

5.2　账面-市值比分解和公司内在价值估计

Rhodes-Kropf 等（2005）利用账面-市值比分解研究了公司并购潮的驱动因素，发现短期高估值的成长型公司倾向于并购低估值的价值型公司，这种并购潮的成因与 Shleifer & Vishnny（2003）的研究结论一致。本书采用同样的方法对账面-市值比 B/M 做如下分解：

$$\frac{B}{M}=\frac{B}{V}\times\frac{V}{M} \tag{5-1}$$

其中，B 表示公司账面净资产，M 表示公司总市值，V 表示公司内在价值。本书用相应指标的对数值可以将（5-1）式等价变换为以下形式：

$$b-m=(b-v)+(v-m) \tag{5-2}$$

（5－2）式中 $b-v$ 表示公司内在价值与账面价值的差异，$v-m$ 表示投资者对公司的估值水平与公司内在价值的偏离幅度。显然，当证券被正确定价时，$v-m$ 应与零无差异，此时公司账面-市值比等于账面-价值比；当 $v<m$ 时，公司价值被高估；当 $v>m$ 时，公司价值被低估。

本书使用 Piotroski（2000）度量公司内在价值 *FSCORE* 的 9 个指标计算公司的内在价值，9 个指标的计算方法详见附录 1。首先，将上市公司披露的利润表和现金流量表季报、半年报、年报数据剥离为季度数据，连续 4 个季度流动求和将季度数据转化为年度数据，以保证各季度数据以及年度数据与资产负债表数据具有可比性，并计算各公司每个季度的 9 个基本面指标。其次，根据公司财务数据披露的具体时间将 9 个指标与公司月度股价和总市值数据相匹配，在保证使用最新财务数据的同时避免数据前视误差。最后，在每一个月度横截面将公司总市值的对数值回归到公司的 9 个基本面指标上，取拟合值 $\widehat{m}_{it}$ 作为公司内在价值 v_{it} 的度量，回归方程如下：

$$\begin{aligned} m_{it}= & a+b_1 \cdot ROA_{it}+b_2 \cdot CFO_{it}+b_3 \cdot \Delta ROA_{it} \\ & +b_4 \cdot ACCRUAL_{it}+b_5 \cdot \Delta LEVER_{it}+b_6 \cdot \Delta LIQUID_{it} \\ & +b_7 \cdot ISSUANCE_{it}+b_8 \cdot \Delta MARGIN_{it} \\ & +b_9 \cdot \Delta TURN_{it}+\varepsilon_{it} \end{aligned} \tag{5-3}$$

由此，即可得到公司每一个月度账面-市值比、账面-价值比、价值-市值比的对数值。

$$b_{it}-m_{it}=(b_{it}-v_{it})+(v_{it}-m_{it}) \tag{5-4}$$

本书称 $v_{it}-m_{it}$ 为股票的定价误差，其代表投资者对公司估值相对于其内在价值所形成的预期差。（5－4）式的优点在于将账面-市值比中的定价误差价值-市值比从账面-市值比中分离出来，为进一步从风险和误定价两个角度分析账面-市值比对预期收益率的预测能力来源提供了可能。

5.3 账面-市值比及其分解成分对预期收益率的横截面检验

本章选取我国沪深 A 股、中小板、创业板 2000 年 1 月至 2019 年 12 月的月度交易数据和季度、半年度和年度财务数据作为样本，为消除异常值对结果的影响，剔除了上市交易不满 1 年和财务状况异常的 ST、*ST股票价格数据，并对所构建变量采用上下 1%的缩尾处理，具体变量构建方法详见附录 1。表 5-1 汇报了主要变量的描述性统计结果。

表 5-1 主要变量的描述性统计结果

变量	观测值	标准差	最小值	P25	均值	中位数	P75	最大值
B/M	266 578	0.626	−2.830	−1.474	−1.050	−1.027	−0.602	0.388
B/V	266 577	0.932	−3.323	−1.749	−1.089	−1.142	−0.493	1.699
V/M	266 577	0.659	−2.002	−0.369	0.037	0.117	0.524	1.331
ME(10 亿元)	266 578	6.261	0.727	2.565	6.490	4.346	7.858	42.770
Beta	266 578	0.340	0.209	0.862	1.091	1.070	1.303	2.150
IVOL	266 578	0.008	0.009	0.014	0.021	0.019	0.026	0.039
AMIHUD	266 577	1.169	0.058 2	0.193	0.845	0.397	0.900	6.714
MOMENTUM	266 577	0.431	−0.942	−0.256	0.042 4	−0.006 16	0.293	1.450
REVERSAL	266 578	0.120	−0.370	−0.070 8	0.002 92	−0.001 78	0.073 3	0.383

本书采用组合价差法和 FM 截面回归法，分别检验 *B/M*、*B/V*、*V/M* 对预期收益率的横截面预测能力。

5.3.1 预期收益率的组合价差检验

首先，在每个月末，分别根据个股账面-市值比 *B/M*、账面-价值比 *B/V*、价值-市值比 *V/M* 从小到大排序将公司分为 10 组，计算组合内股票下个月的等权重和市值加权平均收益率，由此得到组合在不同分组指标下的收益率时间序列；其次，计算组合收益率时间序列均值，观察在不同组合间的变化趋势，并对极端组合收益率之差做 t 检验，判定二者之间是否有显著差异。

表 5－2 汇报了等权重组合和市值加权组合的检验结果。可以看到，按照 B/M 分组的组合收益率呈现明显的单调上升趋势，即价值股相比成长股未来收益率更高，具有显著的经济和统计差异，等权重和市值加权计算的极端组合月均收益率价差分别达 1.35%和 1.44%（年化收益率分别为 16.20%和 17.28%），对应的 t 统计量为 4.07 和 3.41，年化夏普比率为 0.91 和 0.77。特别地，按照 V/M 分组的组合收益率也呈现明显的单调上升趋势，各组合月均收益率与按照 B/M 分组的收益率大小可比，按照等权重和市值加权计算的极端组合月均收益率价差分别为 1.95%和 1.83%，对应的 t 统计量为 5.50 和 4.65。相反，按照 B/V 分组计算的组合收益率呈现微弱的单调下降趋势，但极端组合价差检验并不显著。表 5－2 的检验结果说明，A 股市场具有显著的价值溢价，B/M 对收益率的预测能力完全被 V/M 所捕捉，后者相比前者预测能力更高、显著性更强；同时，B/V 对收益率无预测能力。

表 5－2　账面-市值比及其分解成分对预期收益率的组合价差检验

分组	等权重组合收益率（%）			市值加权组合收益率（%）		
	B/M	B/V	V/M	B/M	B/V	V/M
低	−0.143	0.966	−0.053	−0.504	0.611	−0.069
2	0.088	0.864	0.108	−0.221	0.531	0.082
3	0.499	0.798	0.219	−0.020	0.451	0.218
4	0.495	0.666	0.261	0.117	0.205	0.261
5	0.525	0.625	0.556	0.122	0.220	0.564
6	0.851	0.649	0.577	0.448	0.277	0.506
7	1.028	0.531	0.813	0.655	0.185	0.753
8	1.080	0.608	1.003	0.614	0.316	0.979
9	1.130	0.561	1.390	0.741	0.239	1.281
高	1.205	0.498	1.900	0.938	0.272	1.756
高-低	1.348***	−0.468	1.954***	1.442***	−0.339	1.825***

续表

分组	等权重组合收益率（%）			市值加权组合收益率（%）		
	B/M	*B/V*	*V/M*	*B/M*	*B/V*	*V/M*
t 统计量	(4.07)	(−1.43)	(5.50)	(3.41)	(−0.98)	(4.65)
标准差	5.11	5.07	5.48	6.52	5.33	6.06
夏普比率（年化）	0.91	−0.32	1.24	0.77	−0.22	1.04

注：***、**和*分别表示在 1%、5%和 10%的水平上统计显著。括号中 *t* 值的标准误采用 Newey & West (1987) 滞后 3 阶项进行调整。

5.3.2　预期收益率的横截面检验

为了进一步控制影响预期收益率的其他公司特征，在表 5 - 2 的基础上，加入系统性风险 *Beta*、特质波动率 *IVOL*、非流动性指标 *AMIHUD*、动量特征 *MOMENTUM*、反转特征 *REVERSAL*，将股票下一期收益率回归到 *B/M* 及其分解成分的对数值上做 FM 横截面检验，在第二阶段对标准误控制 Newey & West (1987) 3 阶滞后项，表 5 - 3 汇报了单变量和控制变量检验结果。可以看到，*B/M* 与 *V/M* 均对预期收益率具有显著的预测和解释能力，从估计系数和 *t* 统计量看，二者的解释能力相似，当加入控制变量后这一结论不变；而 *B/V* 对预期收益率无解释能力。表 5 - 3 的检验结果与表 5 - 2 保持一致。

表 5 - 3　账面-市值比及其分解成分对预期收益率预测能力的横截面检验

	(1)	(2)	(3)	(4)	(5)	(6)	(7)	(8)
B/M	**0.007***** **(4.56)**	**0.004***** **(3.02)**					**0.010***** **(5.81)**	**0.005***** **(3.26)**
B/V			**−0.001** **(−0.93)**	**0.001** **(0.71)**			**−0.002** **(−1.43)**	**−0.000** **(−0.32)**
V/M					**0.008***** **(4.23)**	**0.003*** **(1.85)**	**0.006***** **(3.39)**	**0.003**** **(2.10)**
Beta		0.002 (0.98)		0.003 (1.41)		0.003 (1.39)		0.002 (1.11)
IVOL		−0.645*** (−7.15)		−0.700*** (−8.12)		−0.720*** (−8.00)		−0.662*** (−7.48)

续表

	(1)	(2)	(3)	(4)	(5)	(6)	(7)	(8)
AMIHUD		26.182*** (4.68)		25.791*** (5.53)		21.159*** (5.89)		21.433*** (6.00)
MOMENTUM		−0.000 (−0.16)		−0.002 (−1.05)		−0.003 (−1.20)		−0.000 (−0.20)
REVERSAL		−0.029*** (−4.55)		−0.030*** (−4.75)		−0.031*** (−4.90)		−0.029*** (−4.76)
b	0.015** (1.99)	0.008 (1.15)	0.005 (0.76)	0.005 (0.70)	0.006 (0.89)	0.006 (0.83)	0.015** (1.97)	0.010 (1.39)
Obs.	267 987	267 987	267 987	267 987	267 987	267 987	267 987	267 987
R^2	0.017	0.068	0.015	0.067	0.019	0.067	0.034	0.076

注：***、**和*分别表示在1%、5%和10%的水平上统计显著。括号中 t 值的标准误采用 Newey & West（1987）滞后3阶项进行调整。

同时，从表5-3也可以看到，股票系统性风险 *Beta* 无法有效解释预期收益率，与 Fama & French（1992）的结论保持一致；特质波动率 *IVOL* 与预期收益率负相关，即特质波动率更大的股票的预期收益率更低，与 Ang 等（2006）发现的特质波动率之谜结论一致；股票非流动性指标 *AMIHUD* 与预期收益率正相关，存在显著的流动性溢价，与 Amihud（2002）的结论一致；动量特征 *MOMENTUM* 与预期收益率无关，即A股市场不存在动量效应；反转特征 *REVERSAL* 与预期收益率负相关，与 Cheema & Nartea（2017）的研究结论一致。

5.3.3 价值因子及其分解成分的时间序列特征

表5-2和表5-3的结论说明，账面-市值比 B/M 对预期收益率的预测能力来源于价值-市值比 V/M，而与账面-价值比 B/V 无关，这一结论不受其他控制变量的影响。为了进一步检验 B/M、B/V、V/M 中定价信息的异同，本书遵循 Fama & French（1993）的方法按照等权重和市值加权构建了各个组合的定价因子。具体而言，在每月末，根据公司总市值 *ME* 的大小将股票分为小市值组合 *S* 和大市值组合 *B* 共2组，

分别根据 B/M、B/V、V/M 的 30％和 70％分位数将公司分为 L、M、H 共 3 组，由此可以得到 6 个组合；计算组合内股票下个月按照等权重和市值加权的收益率均值，即可分别得到 6 个组合的收益率时间序列；按照（5－5）式计算分别得到 B/M、B/V、V/M 的因子时间序列：

$$HML^{i}=\frac{SH+BH}{2}-\frac{SL+BL}{2} \tag{5-5}$$

其中，上标 i 分别表示 B/M、B/V、V/M。

表 5－4 汇报了价值因子及其分解成分的统计特征。可以看到，按照等权重和市值加权形成的价值因子月均收益率为 0.92％和 0.99％（年化收益率分别为 11.04％和 11.88％），所对应的 t 值分别为 4.14 和 4.40，其年化夏普比率均为 0.99，因子收益率具有经济和统计显著性。同时，按照 V/M 形成的因子月均收益率分别为 0.93％和 0.99％，所对应的 t 值分别为 3.15 和 3.09，年化夏普比率分别为 0.74 和 0.73，这些统计特征与按照 B/V 所形成的因子具有高度相似性。与此不同，按照 B/M 所形成的因子月均收益率仅为前两者因子的 1/3，且不具有统计显著性。表 5－4 中因子的统计特征也进一步说明，按照 B/M 所形成的价值因子中的定价信息可以被 V/M 充分捕捉，而 B/M 的分解成分 B/V 中则无任何有关 B/M 的定价信息。

表 5－4　价值因子及其分解成分的描述性统计结果

因子	等权重因子			市值加权因子		
	B/M	B/V	V/M	B/M	B/V	V/M
月均收益率（％）	0.919***	0.342	0.929***	0.992***	0.301	0.986***
均值 t 统计量	(4.14)	(1.48)	(3.15)	(4.40)	(1.25)	(3.09)
标准差	3.12	3.55	4.34	3.48	3.71	4.69
夏普比率（年化）	0.99	0.33	0.74	0.99	0.28	0.73
样本量	238	238	238	238	238	238

注：***、**和*分别表示在 1％、5％和 10％的水平上统计显著。括号中 t 值的标准误采用 Newey & West（1987）滞后 3 阶项进行调整。

图 5－1 展示了按照上述方法所构建的三个因子的累计收益率时间序列。可以看到，B/M 因子与 V/M 因子在时间趋势上有相似性，且在

2015 年后二者的累计收益率无差异。而 B/V 因子与 B/M 因子及 V/M 因子则具有显著的差异。

（1）等权重因子

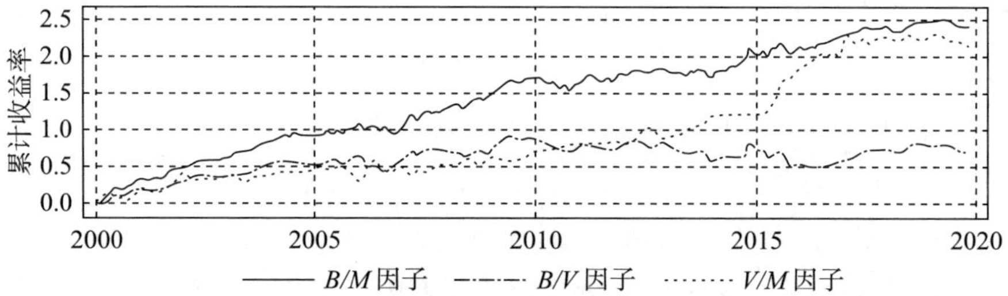

（2）市值加权因子

图 5－1　价值因子及其分解成分的累计收益率示意图

综上，本节的实证结论说明传统度量价值型/成长型公司的代理变量 B/M 中的定价信息，实质上来源于 V/M，而与 B/V 无关。从经济意义上来讲，相比 B/M 而言，V/M 更直接地度量了投资者对股票的估值水平与其内在价值之间的系统性差异，我们称这一差异为股票误定价形成的投资者预期差。由表 5－2 和表 5－3 的检验结果可以看到，对于 B/M 较低的成长型公司而言，其 V/M 值较小，投资者估值水平倾向于高于其内在价值，形成估值高于股票内在价值的负向预期差；对于 B/M 较高的价值型公司而言，其 V/M 值较大，投资者估值水平倾向于低于其内在价值，形成估值低于股票内在价值的正向预期差。在组合形成后随着时间的推移，当估值水平向其内在价值收敛时，价值型公司的股票价格逐步上升，成长型公司的股票价格逐步下降，由此导致二者之间形成显著的价值溢价。B/M 所包含的这一误定价信息完全被 V/M 捕捉，也进一步说明价值溢价的实质是预期差溢价。

5.4　账面-市值比及其分解成分与风险理论的横截面检验

前文通过账面-市值比 B/M 及其分解成分对预期收益率的横截面检验证明，B/M 对收益率的预测能力来源于其分解成分中度量投资者预期差的 V/M，而与分解成分 B/V 无关，这验证了由 B/M 作为代理变量所度量的价值溢价本质上是投资者误定价所导致的预期差溢价。但尚无法得知风险理论是否依然可用于解释价值溢价，特别地，我们并不明确投资者预期差部分 V/M 是否同时可以用风险理论解释。

本小节全面梳理了文献中从风险理论视角解释价值溢价的研究，利用组合价差法和 FM 截面回归法综合检验风险理论与账面-市值比及其分解成分之间的关系。具体地，将实证检验以下七种风险理论与账面-市值比及其分解成分之间的关系，这些风险理论包括财务困境风险理论、股权隐含违约风险理论、系统性风险敏感性理论、市场现金流风险理论、个股现金流风险理论、营运杠杆风险理论、股权久期风险理论。风险理论的核心理念是收益补偿，即高收益资产风险更高，超额收益来源于风险溢价。因此，检验风险理论是否可以解释价值溢价，首先需要检验风险与账面-市值比 B/M 是否正相关。特别地，根据前一节的实证结论，B/M 的溢价来源于 V/M 所产生的预期差溢价，所以如果风险理论可以解释价值溢价，则不仅需要与 B/M 正相关，更需要与 V/M 正相关。

5.4.1　财务困境风险理论检验

财务困境风险最早由 Chan & Chen（1991）和 Fama & French（1996b）引入用于解释规模异象和价值异象。他们认为，小市值公司和价值型公司比大市值公司和成长型公司面临更高的财务困境风险，这种风险不能被组合投资所分散，也不能被 CAPM 中的系统性风险所捕捉，投资者为承担这种风险将不可避免地索取合理的风险溢价。因此，Fama & French（1993）三因子定价模型中的市值因子 *SMB* 和价值因

子 HML 的实质是财务困境风险溢价。财务困境风险理论是三因子定价模型的理论基础，由于风险理论认为因子溢价的根源是风险溢价，因此多因子定价模型也被称为风险定价模型。

Campbell 等（2008）在 Chava & Jarrow（2004）和 Shumway（2001）研究的基础上，基于上市公司违约和破产数量与财务指标中的利润率、杠杆率、股价超额收益率、收益波动率、市值占比 5 项指标，采用 Logit 模型估计出公司的违约和破产概率，作为财务困境风险的度量指标，证明市值因子和价值因子溢价的确来源于财务困境所导致的风险溢价补偿。

本书借鉴 Campbell 等（2008）和 Chava & Jarrow（2004）的方法，基于 A 股数据估计了样本期内上市公司逐月陷入财务困境风险的概率。首先，根据上市公司披露的财务数据，将现金流量表和利润表中的季报、半年报、年报数据剥离为季度数据，将各公司连续 4 个季度的流量数据累计为年度数据，以剔除季节效应和保证数据可比性；其次，根据上市公司财务数据披露的具体时点，将季度值转换为月度值；再次，根据得到的财务数据计算每个季度公司的利润率、杠杆率、股价超额收益率、收益波动率、市值占比 5 项指标，并根据证监会对上市公司“披星戴帽”的监管规定，即将连续两个年度出现亏损和第三个年度继续亏损的上市公司列入特别处理和退市清单，利用（5-6）式估计公司的月度财务困境风险概率：

$$P_{t-1}(Y_{it}=1)=\frac{\exp(\alpha+\beta' X_{it-1})}{1+\exp(\alpha+\beta' X_{it-1})} \tag{5-6}$$

其中，Y_{it} 为哑变量，当公司连续两个年度亏损时为 1，否则为 0；X_{it} 为财务困境风险预测向量，选取利润率等 5 项指标，变量的计算和财务困境风险的估计过程详见附录 2。

在每个月末，根据公司的 B/M、B/V、V/M 分别将公司分为 10 组，计算组合内公司按照市值加权的财务困境风险概率，由此得到各组合财务困境风险概率时间序列；计算财务困境风险概率时间序列均值并对极端组合做 t 检验，表 5-5 汇报了检验结果。

表 5－5　账面-市值比及其分解成分对财务困境风险概率的组合检验

分组	B/M	B/V	V/M
低	0.049	0.043	0.031
2	0.032	0.032	0.029
3	0.033	0.031	0.031
4	0.030	0.030	0.032
5	0.029	0.030	0.032
6	0.027	0.030	0.034
7	0.026	0.031	0.034
8	0.027	0.028	0.032
9	0.029	0.030	0.031
高	0.031	0.027	0.027
高-低	-0.017^{***}	-0.016^{***}	-0.003^{***}
t 统计量	(−8.53)	(−8.04)	(−2.98)

注：***、**和*分别表示在 1%、5%和 10%的水平上统计显著。括号中 t 值的标准误采用 Newey & West（1987）滞后 3 阶项进行调整。

从表 5－5 中极端组合的差异检验结果看，在 A 股市场中账面-市值比 B/M 与财务困境风险概率负相关，即成长型公司相比价值型公司具有更高的财务困境风险，B/M 最低的成长型公司陷入财务困境风险的概率为 4.9%，而 B/M 最高的价值型公司陷入财务困境风险的概率为 3.1%，二者相差 1.7%，且具有统计显著性，这一结果与欧美市场的实证结果完全不同。但从直觉上来看，这一结果与我国的投资实践是相吻合的，由于融资难、融资贵、业务竞争压力大等原因，相比大市值和低估值的国有企业而言，以民营企业和初创企业为代表的小市值成长型公司陷入违约和破产的概率更高。特别地，按照 B/V 分组的组合财务困境风险概率单调性与按 B/M 分组的单调性更为一致，其极端组合的财务困境风险概率差异为 1.60%，几乎可以完全解释由 B/M 的差异所带来的财务困境风险概率差异；而按照 V/M 分组的组合财务困境风险概率并未呈现出明显的单调性，虽然极端组合财务困境风险概率差异具有统计显著性，但数值仅为 0.3%，不足以解释成长型公司和价值型公司之间的财务困境风险概率差异。

在控制了系统性风险 *Beta* 等风险因素后，将财务困境风险概率分别回归到 *B/M*、*B/V*、*V/M* 上，分别做单变量、多变量和控制变量的 FM 截面检验，结果汇报在表 5－6 中。该检验结果与表 5－5 所取得的结论一致，即 A 股市场账面-市值比 *B/M* 及其分解成分 *B/V*、*V/M* 与财务困境风险概率负相关。同时，从控制变量检验结果也可以看到，公司的财务困境风险概率与股票的系统性风险 *Beta*、特质波动率风险 *IVOL*、非流动性风险 *AMIHUD* 正相关。

综上，从表 5－5 和表 5－6 的检验结果可以看到，公司的财务困境风险概率与 *B/M*、*B/V*、*V/M* 均呈现显著的负相关关系，这与风险理论的基本理念相悖。因此，在 A 股市场中财务困境风险理论既不能解释账面-市值比 *B/M*，也不能解释价值-市值比 *V/M*，即价值溢价无法用财务困境风险理论解释。

表 5－6　账面-市值比及其分解成分对财务困境风险的横截面检验

	(1)	(2)	(3)	(4)	(5)	(6)	(7)	(8)
B/M	−0.011*** (−6.13)	−0.012*** (−6.65)					−0.007*** (−4.39)	−0.013*** (−6.77)
B/V			−0.004*** (−5.19)	0.001 (1.01)			−0.004*** (−3.76)	0.001 (0.63)
V/M					−0.001 (−0.87)	−0.012*** (−8.00)	−0.005*** (−4.06)	−0.012*** (−7.11)
Beta		0.015*** (6.50)		0.013*** (5.87)		0.013*** (6.06)		0.015*** (6.23)
IVOL		0.670*** (7.45)		0.894*** (8.45)		0.972*** (8.72)		0.740*** (7.56)
AMIHUD		19.283*** (9.07)		18.917*** (8.72)		28.716*** (8.32)		28.502*** (8.16)
MOMENTUM		−0.016*** (−5.05)		−0.009*** (−3.72)		−0.011*** (−4.04)		−0.017*** (−4.90)
REVERSAL		−0.003 (−0.60)		0.001 (0.28)		0.003 (0.65)		−0.003 (−0.64)

续表

	(1)	(2)	(3)	(4)	(5)	(6)	(7)	(8)
b	0.019*** (11.84)	−0.021*** (−5.45)	0.027*** (24.40)	−0.012*** (−4.01)	0.031*** (26.11)	−0.020*** (−5.65)	0.019*** (11.17)	−0.030*** (−6.60)
Obs.	235 644	235 644	235 644	235 644	235 644	235 644	235 644	235 644
R^2	0.012	0.058	0.008	0.055	0.006	0.063	0.018	0.076

注：***、**和*分别表示在 1%、5%和 10%的水平上统计显著。括号中 t 值的标准误采用 Newey & West（1987）滞后 3 阶项进行调整。

5.4.2　股权隐含违约风险理论检验

Merton（1974）从实物期权角度出发，认为由于股权所有者拥有对公司债务清偿后的剩余索取权，因此公司净资产可以看作以公司总资产为标的物的看涨期权，期权的执行价格为公司的账面总负债。当公司总资产价值大于执行价格时，股东选择执行期权可以获得正收益；当公司资不抵债时，期权的内在价值为零。Vassalou & Xing（2004）基于该理论和 Crosbie（1999）的方法，利用 Black-Scholes-Merton 公式（Black & Scholes，1973；Merton，1974）（以下简称 B-S-M 公式）估计了股权隐含违约风险，发现规模效应和价值效应与股权违约风险有关，规模溢价和价值溢价只有当个股违约风险较高时才存在，从而支持了 Fama & French（1996b）的结论。

本书借鉴 Vassalou & Xing（2004）的方法估计了 A 股的月度股权隐含违约风险，公式推导和具体估计过程详见附录 3。首先将月度总市值 V_E 和季度账面总负债代入 B-S-M 公式，采用迭代法估计出总资产的月度隐含波动率 σ_A，其次使用 B-S-M 公式倒推计算出公司隐含的月度总资产价值 V_A，最后利用（5－7）式和（5－8）式计算股权违约距离（default distance，DD）和违约概率（default likelihood indicator，DLI），作为对股权隐含违约风险的度量指标：

$$DD_t=-\frac{\ln(V_{A,t}/X_t)+\left(\mu-\frac{1}{2}\sigma_A^2\right)T}{\sigma_A\sqrt{T}} \tag{5-7}$$

$$DLI_t=\Pr_{def,t}=N(DD_t) \tag{5-8}$$

这里，N 表示正态分布的累积分布函数。

在此基础上，在每月末分别按照个股 B/M、B/V、V/M 将股票分为 10 组，计算组合内股票按市值加权的违约概率 DLI 和违约距离 DD，并对极端组合的 DLI 和 DD 做差异 t 检验，检验结果如表 5－7 所示。可以看到，账面-市值比 B/M 与公司的违约概率 DLI 和违约距离 DD 正相关，即价值型公司的股权隐含违约风险相比成长型公司更高，B/M 最高的价值型公司的股权隐含违约风险相比 B/M 最低的成长型公司高出 5.6%（对应 t 值为 5.18），二者的 DD 差异为 15.18（对应 t 值为 4.41），具有较强的统计显著性，该结论与 Vassalou & Xing（2004）基于美股市场的实证结论一致，即股权隐含违约风险在一定程度上可以解释价值型/成长型公司之间的价值溢价。

表 5－7　账面-市值比及其分解成分对股权隐含违约风险的组合检验

	DLI			DD		
分组	B/M	B/V	V/M	B/M	B/V	V/M
低	0.002	0.003	0.037	−30.728	−24.605	−22.818
2	0.006	0.001	0.053	−32.165	−26.883	−19.794
3	0.002	0.009	0.014	−28.487	−34.999	−22.118
4	0.005	0.004	0.007	−23.552	−25.549	−36.535
5	0.006	0.005	0.005	−21.169	−27.225	−20.840
6	0.008	0.012	0.022	−23.470	−22.417	−20.941
7	0.012	0.017	0.011	−20.827	−22.909	−23.970
8	0.033	0.013	0.009	−22.404	−20.100	−26.802
9	0.040	0.015	0.005	−22.095	−17.925	−23.237
高	0.059	0.094	0.006	−15.427	−17.832	−23.765
高-低	0.056***	0.091***	−0.032***	15.197***	6.505***	−1.353
t 统计量	(5.18)	(6.34)	(−3.50)	(4.41)	(5.22)	(−0.69)

注：***、**和*分别表示在 1%、5%和 10%的水平上统计显著。括号中 t 值的标准误采用 Newey & West（1987）滞后 3 阶项进行调整。

特别地，价值型/成长型公司之间的 DLI 和 DD 的差异主要来自公司 B/V 之间的差异，B/V 最高和最低的公司之间 DLI 差异为 9.1%

（对应 t 值为 6.34），二者之间的 DD 差异为 6.51（对应 t 值为 5.22）。与此相反，按照 V/M 分组的极端组合之间 DLI 差异则为−3.2%（对应 t 值为−3.5），虽具有统计显著性，但符号为负；二者 DD 差异为−1.35（对应 t 值为−0.69），无统计显著性。这说明虽然股权隐含违约风险可以解释公司之间 B/M 之间的差异，但这种解释力来自对收益率无任何预测作用的 B/V 之间的差异，而与可以完全解释价值溢价来源的 V/M 则毫无关联。而且从按照 V/M 分组的 DLI 之间的差异来看，存在正向预期差的高 V/M 公司的 DLI 和 DD 更低。这说明股权隐含违约风险虽然可以解释 B/M，却无法解释产生价值溢价的真正来源的 V/M。

为了控制其他风险因素的影响，将个股 DLI 回归在 B/M、B/V、V/M 上，采用单变量、多变量和控制变量的个股 FM 截面回归进一步做横截面检验，结果如表 5－8 所示。可以看到，DLI 与 B/M 和 B/V 正相关，且 DLI 与 B/V 关系的显著性更强，而 DLI 与 V/M 则负相关，且在多变量回归中，B/M 和 V/M 均失去显著性，说明 B/M 与 DLI 的正相关关系来源于 B/V 之间的差异，而与可以解释价值溢价的 V/M 符号相悖或无关。从控制变量的符号可以看出，系统性风险和非流动性指标越高的股票，其股权隐含违约风险也越高。

表 5－8　账面-市值比及其分解成分对股权隐含违约风险的横截面检验

	(1)	(2)	(3)	(4)	(5)	(6)	(7)	(8)
B/M	0.023*** (4.41)	0.021*** (4.40)					0.005 (1.54)	−0.005 (−1.43)
B/V			0.018*** (4.78)	0.023*** (4.88)			0.018*** (5.01)	0.025*** (5.12)
V/M					−0.015*** (−4.94)	−0.028*** (−5.00)	0.002 (1.59)	−0.002 (−1.28)
Beta		0.036*** (2.81)		0.039*** (2.75)		0.043*** (3.02)		0.039*** (2.92)
IVOL		0.111 (0.59)		0.435** (2.02)		0.002 (0.01)		0.402* (1.84)

续表

	(1)	(2)	(3)	(4)	(5)	(6)	(7)	(8)
AMIHUD		4.238 (0.83)		32.383*** (4.15)		40.001*** (4.48)		39.902*** (4.51)
MOMENTUM		−0.006 (−0.73)		−0.004 (−0.53)		−0.016* (−1.88)		−0.006 (−0.71)
REVERSAL		−0.013 (−1.05)		−0.008 (−0.56)		−0.014 (−1.04)		−0.005 (−0.37)
b	0.037*** (4.93)	−0.007 (−0.86)	0.033*** (5.08)	−0.029** (−2.39)	0.017*** (4.56)	−0.049*** (−3.50)	0.037*** (4.97)	−0.035*** (−3.04)
Obs.	113 048	113 048	113 048	113 048	113 048	113 048	113 048	113 048
R^2	0.011	0.043	0.014	0.046	0.010	0.045	0.019	0.050

注：***、**和*分别表示在1%、5%和10%的水平上统计显著。括号中 t 值的标准误采用Newey & West（1987）滞后3阶项进行调整。

综上所述，价值股的 *DLI* 和 *DD* 相比成长股更高，股权隐含违约风险理论可以在一定程度上解释公司之间的价值效应，但通过将 B/M 分解为 B/V 和 V/M 发现，该理论本质上仅可以用于解释公司之间 B/V 的差异，而不能用于解释产生价值溢价根源的 V/M。因此股权隐含违约风险理论无法真正解释价值溢价。

5.4.3 系统性风险敏感性理论检验

Petkova & Zhang（2005）认为价值溢价与系统性风险的时变性密切相关，即价值型股票的系统性风险 *Beta* 与市场风险溢价正相关，成长型股票的系统性风险 *Beta* 与市场风险溢价负相关。由于市场风险溢价具有逆周期特征（Campbell & Cochrane，1999；Constantinides & Duffie，1996），当风险溢价较高（低）时，投资者的消费水平恶化（改善），使得价值股表现出“锦上添花”（“雪上加霜”）的顺周期特征，成长股表现出“平滑消费”（“雪中送炭”）的逆周期特征，因此从系统性风险 *Beta* 与市场风险溢价的敏感性和平滑消费的逆周期调节功能而言，价值股的风险高于成长股。

本节借鉴 Petkova & Zhang（2005）和 Jagannathan & Wang（1996）的方法对A股价值型/成长型公司系统性风险的敏感性进行检验，以验证系统性风险的敏感性是否有助于解释价值溢价，具体的估计过程详见附录 4。首先，由于预期市场风险溢价无法观测，需要选取合适的状态变量对其进行估计。为此，参照 Petkova & Zhang（2005）的方法，将 $t+1$ 期的已实现市场超额收益回归到 t 期市场股息率（DIV）、信用利差（DEF）、期限利差（$TERM$）和短期国债收益率（TB）上，用于估计预期市场风险溢价$\widehat{\gamma}_t$。其次，利用估计得到的市场风险溢价$\widehat{\gamma}_t$估计个股的系统性风险 $\widehat{\beta}_{it}$。最后，基于 Jagannathan & Wang（1996）的研究，利用（5－9）式估计系统性风险敏感系数φ_i：

$$\widehat{\beta}_{it}=c_i+\varphi_i\widehat{\gamma}_t+\eta_{it} \tag{5-9}$$

在此基础上，对账面-市值比及其分解成分和系统性风险敏感系数做组合差异检验。具体地，在每月末根据股票的 B/M、B/V、V/M 值将公司分为 10 组，按市值加权法计算组合的系统性风险敏感系数φ_p，表 5－9 汇报了检验结果。从按照 B/M 和 V/M 分组的检验结果来看，股票的系统性风险敏感系数并未呈现明显的单调性，且极端组合差异检验结果并不显著，这说明组合的系统性风险敏感系数并不足以解释股票账面-市值比 B/M 之间的差异以及个股预期差 V/M 之间的差异。从按照 B/V 的分组检验结果可以看到，B/V 较小（大）的公司的系统性风险敏感性较高（低），这一结果在极端组合差异中呈现显著性。

表 5－9　账面-市值比及其分解成分对系统性风险敏感系数的组合差异检验

分组	B/M	B/V	V/M
低	−0.413	−0.940	−2.544
2	−3.532	−2.826	−3.000
3	−3.271	−3.145	−3.350
4	−3.117	−2.392	−4.067
5	−4.644	−3.501	−3.553
6	−3.906	−2.592	−3.667
7	−3.163	−3.850	−3.170
8	−4.052	−2.006	−2.975
9	−3.466	−3.249	−2.729

续表

分组	B/M	B/V	V/M
高	−1.741	−3.536	−1.729
高-低	−1.248	−2.501***	0.891
t 统计量	(−1.31)	(−3.95)	(1.21)

注：***、**和*分别表示在1%、5%和10%的水平上统计显著。括号中 t 值的标准误采用 Newey & West（1987）滞后3阶项进行调整。

为控制其他风险因素的影响，本节控制了特质波动率 *IVOL* 等风险因素，将个股 B/M、B/V、V/M 回归到系统性风险敏感系数 φ_i 上做单变量、多变量和控制变量的FM横截面检验，表5-10汇报了检验结果。可以看到，B/M 和 V/M 与系统性风险敏感系数均不相关，这与表5-9的基本结论一致。B/V 与系统性风险敏感系数虽然呈负相关关系，但这一关系不显著；当加入其他控制变量后，B/V 的回归系数和 t 值均出现大幅下降，这说明表5-9中 B/V 和系统性风险敏感系数的相关关系也受到其他风险因素的影响。

综上，表5-9和表5-10的检验结果表明，股票的系统性风险敏感性既不能用于解释账面-市值比效应，也不能用于解释预期差效应，因此该指标无法解释价值溢价的成因。

5.4.4 市场现金流风险理论检验

Campbell & Shiller（1988）和 Campbell（1991）认为，股票市场未预期到的收益率来源于两部分——对未来分红的理性预期变动以及对未来收益率的理性预期变动，并由此给出了对市场组合收益率变动的分解形式，被学术界称为 Campbell & Shiller 分解。Campbell & Vuolteenaho（2004）基于这一分解认为，这两部分分解实质上反映了市场组合收益率的两种变化：第一，现金流信息变化导致的收益率变化。当现金流信息恶化时，投资者当期的财富水平随之恶化，而未来的投资机会则不变。第二，折现率或资本成本的变化。当折现率提高时，投资者当期财富水平恶化，而未来的投资机会却得到改善。因此，对于一个具有风险规避偏好的代表性长期投资者而言，相比持有折现率敏感性更高的资产

表 5－10　账面-市值比及其分解成分对系统性风险敏感系数的横截面检验

	(1)	(2)	(3)	(4)	(5)	(6)	(7)	(8)
B/M	−0.573 (−0.86)	0.012 (0.02)					0.182 (0.24)	0.391 (0.53)
B/V			−0.472 (−1.28)	−0.062 (−0.14)			−0.601 (−1.27)	−0.429 (−0.75)
V/M					0.699 (1.22)	0.709 (1.34)	0.289 (0.99)	0.165 (0.39)
IVOL		−1.022 (−0.04)		10.008 (0.51)		13.137 (0.64)		−5.156 (−0.17)
AMIHUD		4 960.534*** (2.92)		4 466.886** (2.33)		2 754.033** (2.10)		3 041.752** (2.42)
MOMENTUM		8.066*** (5.17)		8.408*** (5.62)		8.086*** (5.71)		7.875*** (5.09)
REVERSAL		8.556*** (5.45)		8.529*** (5.38)		8.550*** (5.78)		8.627*** (5.58)
b	−3.362 (−1.36)	−3.381 (−1.44)	−3.608* (−1.70)	−3.971* (−1.93)	−3.212 (−1.54)	−4.077* (−1.89)	−3.479 (−1.44)	−3.396 (−1.41)
Obs.	68 178	68 178	68 178	68 178	68 178	68 178	68 178	68 178
R^2	0.030	0.081	0.025	0.077	0.022	0.071	0.044	0.090

注：***、**和*分别表示在 1%、5%和 10%的水平上统计显著。括号中 t 值的标准误采用 Newey & West (1987) 滞后 3 阶项进行调整。

而言，持有现金流敏感性更高的资产需要提供更高的额外风险溢价，这是因为当折现率升高时，当期财富水平恶化的部分在一定程度上可以由未来投资机会的改善加以弥补，而现金流信息恶化则仅会带来当期总财富水平的净减少。

基于对市场组合收益率的进一步分解，在 CAPM 框架下利用市场组合估计的系统性风险 *Beta* 实际上也包含两部分：度量资产收益率相对于市场组合的现金流风险敏感程度的现金流 *Beta*，即“坏 *Beta*”，以及度量资产收益率相对于市场组合的折现率风险敏感程度的折现率 *Beta*，即“好 *Beta*”。当然，折现率 *Beta* 的“好”“坏”程度，依赖于折现率上升导致总财富水平下降幅度与未来投资机会改善的相对程度。Campbell & Vuolteenaho（2004）形象地将这两种 *Beta* 对资产收益率总体风险的影响比喻为“胆固醇效应”。[①] 在此基础上 Campbell & Vuolteenaho（2004）研究发现，成长股的系统性风险 *Beta* 中折现率 *Beta* 这一“好 *Beta*”占主导，风险溢价更低；而价值股的系统性风险 *Beta* 中则是现金流 *Beta* 这一“坏 *Beta*”占主导，风险溢价更高。因此，Campbell & Vuolteenaho（2004）在风险-收益框架下解释了价值溢价的来源。

本节借鉴 Campbell & Shiller（1988）和 Campbell（1991）的市场组合收益率的分解模型，按照 Campbell & Vuolteenaho（2004）的估计方法估计个股的现金流 *Beta* 和折现率 *Beta*。具体过程如下：第一，选取上证综指和深证成指月度收益率，以及 10 年期和 1 年期国债收益率利差、市场平均市盈率、小市值公司中价值股和成长股的账面-市值比差异 4 个变量为因变量，使用 VAR（1）模型分解提取现金流冲击和折现率冲击时间序列。第二，按照滚动回归法，将个股收益率回归到现金流冲击时间序列上，得到个股现金流 *Beta*，滚动窗口期选取为 36 个月，并根据数据可得性选取最小窗口期为 24 个月。现金流冲击和现金流

---

① Millwood 等（2018）发现，胆固醇水平与人体正常的新陈代谢密切相关，但过高的胆固醇水平同样会提高心脏病和中风的发病率。事实上，血液中的胆固醇可以分为两类：低密度脂蛋白携带的所谓“坏”胆固醇，以及高密度脂蛋白所携带的“好”胆固醇。“坏”胆固醇水平越高，心脏病和中风的发病率越高，而“好”胆固醇的水平高低与心脏病和中风的发病率无关。

Beta 的具体估计方法详见附录 5。第三，在每个月末，分别按照个股 *B/M*、*B/V*、*V/M* 将股票分为 10 组，计算组合内股票按照市值加权的组合现金流 *Beta*，并对极端组合做差异 t 检验。

表 5－11 汇报了组合现金流 *Beta* 的时间序列均值和极端组合的差异 t 检验结果。可以看到：(1) 与美股市场类似，A 股市场价值股相比成长股的确具有更高的现金流 *Beta*，各组合之间的现金流 *Beta* 具有明显的统计显著性；从极端组合的差异检验结果看，高账面-市值比的价值型公司相比低账面-市值比的成长型公司，其现金流 *Beta* 高 0.101，对应 t 值为 14.97，具有显著的统计差异。这说明从总体上而言，价值溢价似乎可以在风险-收益框架下得到内部自洽的解释。(2) 从按照 *B/V* 和 *V/M* 分组的检验结果来看，*B/V* 更高的公司的现金流风险更高，各组合现金流 *Beta* 具有明显的单调性；按 *B/V* 分组的极端组合现金流 *Beta* 差异为 0.038，占按照 *B/M* 分组的极端组合差异的 37.6%；而按照 *V/M* 分组的组合现金流 *Beta* 则无明显的单调性，且极端组合的现金流 *Beta* 差异不显著。这说明虽然总体而言现金流 *Beta* 可以解释由 *B/M* 所导致的价值溢价的来源，但这一解释力主要来源于与价值溢价根源无关的 *B/V* 所产生的组合现金流风险差异，而与可以解释价值溢价真正来源的预期差 *V/M* 无关。因此，现金流风险理论本质上无法解释价值溢价的来源。

表 5－11　账面-市值比及其分解成分对现金流 *Beta* 的组合检验

分组	*B/M*	*B/V*	*V/M*
低	0.422	0.469	0.505
2	0.482	0.480	0.480
3	0.493	0.478	0.510
4	0.495	0.481	0.508
5	0.506	0.482	0.508
6	0.520	0.491	0.506
7	0.522	0.504	0.508
8	0.518	0.507	0.504

续表

分组	*B/M*	*B/V*	*V/M*
9	0.532	0.514	0.496
高	0.523	0.507	0.500
高-低	0.101***	0.038***	−0.005
t 统计量	(14.97)	(6.60)	(−1.06)

注：***、**和*分别表示在1%、5%和10%的水平上统计显著。括号中 *t* 值的标准误采用 Newey & West（1987）滞后3阶项进行调整。

为了验证表5-11的稳健性，将个股现金流 *Beta* 分别回归到 *B/M*、*B/V*、*V/M* 上，做单变量和控制变量的FM横截面检验，表5-12汇报了检验结果。同样可以看到，个股的 *B/M* 和 *B/V* 与现金流 *Beta* 正相关，*V/M* 与现金流 *Beta* 基本无关；从系数大小和统计显著性来看，这种正相关关系主要来自 *B/V* 的解释力，而与 *V/M* 无关。表5-12的结论与表5-11的结论一致。

表5-12　账面-市值比及其分解成分对现金流 *Beta* 的横截面检验

	(1)	(2)	(3)	(4)	(5)	(6)	(7)	(8)
B/M	0.034*** (8.68)	0.010*** (6.95)					0.027*** (5.81)	0.008*** (5.32)
B/V			0.017*** (5.36)	0.005*** (4.20)			0.010*** (2.77)	0.002** (2.28)
V/M					−0.000 (−0.12)	−0.001 (−0.70)	0.009*** (3.33)	0.002 (0.91)
Beta		0.426*** (85.32)		0.427*** (86.02)		0.428*** (83.53)		0.425*** (84.34)
IVOL		0.008 (0.12)		−0.046 (−0.69)		−0.179** (−2.35)		−0.009 (−0.14)
AMIHUD		−9.930*** (−3.25)		−2.536 (−0.77)		−11.453*** (−3.20)		−12.145*** (−3.74)
MOMENTUM		−0.008** (−2.31)		−0.011*** (−3.00)		−0.014*** (−3.52)		−0.010*** (−2.61)
REVERSAL		−0.004 (−0.63)		−0.008 (−1.09)		−0.011 (−1.44)		−0.007 (−0.96)

续表

	(1)	(2)	(3)	(4)	(5)	(6)	(7)	(8)
b	0.542*** (62.09)	0.062*** (9.60)	0.527*** (75.97)	0.055*** (8.69)	0.509*** (61.25)	0.054*** (8.36)	0.542*** (63.61)	0.063*** (9.05)
Obs.	149 677	149 677	149 677	149 677	149 677	149 677	149 677	149 677
R^2	0.027	0.729	0.024	0.729	0.016	0.728	0.044	0.731

注：***、**和*分别表示在 1%、5%和 10%的水平上统计显著。括号中 t 值的标准误采用 Newey & West（1987）滞后 3 阶项进行调整。

5.4.5　个股现金流风险理论检验

Campbell & Vuolteenaho（2004）通过设定 VAR 模型中状态变量估计折现率时间序列，并通过 VAR 模型残差项和折现率冲击倒推计算现金流冲击时间序列。然而，Chen & Zhao（2009）研究发现，这种方法对于状态变量的选取极为敏感，产生潜在的模型误设问题。这一潜在的问题在附录 5 的附表 5 中可以得到初步的证据，即一阶向量自回归的估计参数显著性明显不足，因此依赖 Campbell & Vuolteenaho（2004）的状态变量选择对于可靠性可能造成影响。

为了弥补这一不足，Da & Warachka（2009）建议使用分析师对上市公司未来两年的一致性盈利预期计算公司和市场的预期净资产收益率，将预期净资产收益率的变动定义为个股现金流冲击，在此基础上可将公司个股现金流冲击回归到市场现金流冲击上估算个股现金流风险。本书严格按照 Da & Warachka（2009）的方法计算个股现金流风险，具体步骤和参数设定详见附录 6。

表 5－13 汇报了分别根据 B/M、B/V、V/M 分组计算的市值加权组合现金流风险变动趋势，以及极端组合现金流风险差异 t 检验结果。可以看到，B/M 越大的公司的现金流风险越小。从实证结果看，本书并未发现价值股具有更大的现金流风险，该检验结果与表 5－11 的结果相反，与 Da & Warachka（2009）对美股的检验结果也不一致。同时，从组合现金流风险单调变动和极端组合检验结果来看，现金流风险对 B/M 的解释力完全来自对 B/V 的解释力，而与 V/M 无关。这一方面说明 Campbell & Vuolteenaho（2004）对现金流风险的估计的确依赖于

对状态变量的选择，另一方面也说明 A 股市场价值股并未呈现出更高的现金流风险，因此现金流风险理论对价值溢价成因的解释不适用于 A 股市场。

表 5-13　账面-市值比及其分解成分对个股现金流风险的组合检验

分组	B/M	B/V	V/M
低	1.082	1.062	1.006
2	1.057	1.061	0.984
3	1.013	1.023	0.999
4	0.967	1.031	1.015
5	0.981	1.005	0.998
6	1.032	0.994	1.013
7	0.986	1.009	1.012
8	0.951	1.002	1.022
9	0.946	0.993	0.989
高	0.944	0.953	1.003
高-低	−0.140***	−0.111***	−0.004
t 统计量	(−31.25)	(−23.88)	(−0.59)

注：***、**和*分别表示在 1%、5%和 10%的水平上统计显著。括号中 t 值的标准误采用 Newey & West (1987) 滞后 3 阶项进行调整。

为了验证表 5-13 的稳健性，将个股现金流风险分别回归到 B/M、B/V、V/M 上，做单变量和控制变量的 FM 横截面检验，表 5-14 汇报了检验结果。可以看到，B/M 与个股现金流风险总体负相关，这说明 Da & Warachka（2009）的个股现金流风险无法解释账面-市值比 B/M 之间的差异；同时，B/V 和 V/M 均与个股现金流风险不相关。这说明 Da & Warachka（2009）的个股现金流风险不能够成为价值溢价的根源。

表 5-14　账面-市值比及其分解成分对个股现金流风险的横截面检验

	(1)	(2)	(3)	(4)	(5)	(6)	(7)	(8)
B/M	−0.007 (−1.44)	−0.011* (−1.77)					−0.012 (−1.33)	−0.012 (−1.33)

续表

	(1)	(2)	(3)	(4)	(5)	(6)	(7)	(8)
B/V			−0.002 (−1.01)	−0.005 (−1.44)			−0.002 (−1.01)	−0.005 (−1.44)
V/M					−0.000 (−0.79)	0.000 (1.14)	0.005 (1.01)	0.005 (1.01)
Beta		0.005 (1.26)		0.007 (1.43)		0.004 (1.01)		0.007 (1.43)
IVOL		−0.000 (−0.75)		−0.000 (−0.46)		−0.000 (−0.18)		0.000 (1.08)
AMIHUD		0.000 (1.05)		−0.000 (−1.03)		−0.000 (−1.01)		0.000 (1.45)
MOMENTUM		0.000 (0.94)		−0.000 (−0.36)		0.004 (1.01)		−0.000 (−0.80)
REVERSAL		0.000 (0.15)		0.000 (1.50)		−0.000 (−1.50)		0.000 (0.95)
b	0.959*** (112.57)	0.949*** (76.85)	0.964*** (141.91)	0.954*** (100.86)	0.969*** (267.17)	0.959*** (112.53)	0.954*** (96.08)	0.944*** (71.10)
Obs.	34 387	34 387	34 387	34 387	34 387	34 387	34 387	34 387
R^2	0.027	0.729	0.024	0.729	0.016	0.728	0.044	0.731

注：***、**和*分别表示在 1%、5%和 10%的水平上统计显著。括号中 t 值的标准误采用 Newey & West（1987）滞后 3 阶项进行调整。

5.4.6　营运杠杆风险理论检验

Carlson 等（2004）、Zhang（2005）和 Novy-Marx（2011）研究发现，价值型公司比成长型公司具有更高的营运杠杆风险，这一风险是价值溢价产生的重要原因。Gomes 等（2003）和 Zhang（2005）认为价值型公司拥有更高的经营性资产占比，而成长型公司拥有更高的潜在增长期权，相比前者而言后者具有更高的经营灵活性和资产可逆性；在经济下行时，由于价值型（成长型）公司的资产可转换性弱（强），其过剩生产能力更高（低），面临的营运杠杆风险更高（低），因此营运杠杆风险是价值溢价形成的重要原因。Petkova & Zhang（2005）和 García-Feijóo & Jorgensen（2010）对此假说提供了实证证据，后者认为营运杠杆风险是价值溢价的成因，Fama & French（1996b）的财务困境风险不是价值溢价的成因。

由于价值-市值比 V/M 是价值溢价形成的根本原因，因此检验 B/M、B/V、V/M 与公司营运杠杆风险之间的关系至关重要。本书按照 García-Feijóo & Jorgensen（2010）的方法，利用公司的年度息税前利润和营业收益估计公司的营运杠杆风险（DOL），具体估计方法详见附录 7。进一步地，将年报披露的具体日期与公司月度交易数据匹配以规避前视误差。在此基础上，分别根据每月公司 B/M、B/V 和 V/M 从小到大排序将公司分为 10 组，计算组合内按公司市值加权的 DOL，由此得到 30 个组合 DOL 时间序列；计算组合 DOL 时间序列均值，并对极端组合 DOL 做差异 t 检验。

表 5－15 汇报了检验结果。从 B/M 的分组检验结果来看，价值型公司比成长型公司具有更高的营运杠杆风险，组合 DOL 呈现比较明显的单调趋势，且极端组合差异性显著，B/M 最高和最低的组合 DOL 差异为 0.339，对应 t 值为 4.47；按照 B/V 分组计算的组合 DOL 与按照 B/M 分组计算的组合 DOL 呈现类似的单调趋势，极端组合 DOL 差异为 0.231，对应 t 值为 5.64；从绝对量来看可以发现，B/M 对 DOL 的解释力基本来源于 B/V。与此不同，按照 V/M 分组的组合 DOL 呈现显著的单调递减趋势，被严重低估（V/M 最高）的组合 DOL 与被严重高估（V/M 最低）的组合 DOL 差异为－0.235，对应 t 值为－4.26。由于可以从根本上解释价值溢价成因的 V/M 越高的组合的未来收益率越高，而其对应的营运杠杆风险则越低，这说明营运杠杆风险理论无法解释 V/M，因此也无法解释价值溢价。

表 5－15　账面-市值比及其分解成分对营运杠杆风险的组合检验

分组	B/M	B/V	V/M
低	0.945	0.913	1.162
2	1.050	1.061	1.155
3	1.085	1.017	1.138
4	1.090	0.902	1.109

续表

分组	B/M	B/V	V/M
5	1.129	1.024	1.019
6	1.041	0.926	0.930
7	0.997	1.180	0.944
8	1.156	1.182	1.072
9	1.158	1.147	1.065
高	1.286	1.150	0.933
高-低	0.339***	0.231***	−0.235***
t 统计量	(4.47)	(5.64)	(−4.26)

注：***、**和*分别表示在 1%、5%和 10%的水平上统计显著。括号中 t 值的标准误采用 Newey & West（1987）滞后 3 阶项进行调整。

为了进一步控制其他风险因素和公司的特征变量，进一步将营运杠杆风险指标 DOL 回归在 B/M、B/V、V/M 以及其他控制变量上，做 FM 横截面检验，结果如表 5－16 所示。从模型（1）～(2）中 B/M 的系数可以看到，B/M 越大的公司的 DOL 越高，说明价值型公司营运杠杆风险更高，这一结果与 Petkova & Zhang（2005）和 García-Feijóo & Jorgensen（2010）的结论是一致的；进一步，对比模型（3)～(4）与模型（1)～(2）可以看到，B/M 对 DOL 的解释力与 B/V 对 DOL 的解释力从系数和显著性上来讲大致相当；特别地，从模型（5)～(6）可以看到，V/M 与 DOL 的相关性显著为负，这说明越被低估的公司的 DOL 越小，V/M 的变化与预期收益率正相关，说明未来收益率越高的股票的营运杠杆风险反而越小。表 5－15 和表 5－16 的检验结果说明，从根本上来讲，营运杠杆风险理论无法解释价值溢价的成因。

表 5－16　账面-市值比及其分解成分对营运杠杆风险的横截面检验

	(1)	(2)	(3)	(4)	(5)	(6)
B/M	0.092*** (3.95)	0.187** (2.12)				

续表

	(1)	(2)	(3)	(4)	(5)	(6)
B/V			0.097*** (4.75)	0.189** (2.07)		
V/M					−0.096*** (−2.98)	1.565 (0.94)
Beta		0.782 (1.14)		2.136 (1.05)		−23.508 (−1.00)
IVOL		24.815 (1.29)		67.143 (1.10)		−730.584 (−1.00)
AMIHUD		−150.090** (−2.38)		−60.951 (−1.01)		−105.744* (−1.69)
MOMENTUM		0.615 (1.04)		2.047 (1.02)		−25.219 (−1.00)
REVERSAL		−0.833 (−1.21)		−2.558 (−1.03)		32.035 (1.00)
b	1.158*** (32.08)	−0.225 (−0.19)	1.150*** (31.69)	−3.031 (−0.77)	1.044*** (51.55)	48.694 (1.02)
Obs.	167 631	167 631	167 631	167 631	167 631	167 631
R^2	0.003	0.034	0.006	0.036	0.007	0.035

注：***、**和*分别表示在1%、5%和10%的水平上统计显著。括号中 t 值的标准误采用Newey & West（1987）滞后3阶项进行调整。

5.4.7 股权久期风险理论检验

久期是债券市场常用的一个指标，用于度量在债券存续期收回投资成本的平均时长，较远期现金流所占的比重越高，投资回收期和债券久期越长，相反则久期越短。由于债券发行之初约定了票面利率、债券期限、付息周期等基本信息，因此可以从交易价格中方便地计算得到债券久期。然而，由于公司的存续期间不确定，一般假设公司为永续存在，且每一期公司派息幅度受公司主营业务增长、公司派息政策的影响，因此如何确定股权久期是一个难点。

Dechow 等（2004）设计了一种度量股权久期的方法，通过使用分析师预测数据估计了公司的预期净资产收益率，进而计算了股权久期，发现成长型公司现金流主要集中在未来，相比价值型公司前者股权久期更长。Gonçalves（2021）认为，短久期股权虽然面临的长期风险更低，但由于提前收回投资本金面临更大的再投资风险，因此短久期价值股再投资风险更高。Lettau & Wachter（2007）和 Gonçalves（2021）的研究从再投资风险角度对价值溢价提供了潜在的解释。

本书参照 Dechow 等（2004）的方法估计了 A 股的个股久期。首先，根据久期公式，将久期计算分解为有限期盈利状况可预测部分和无限期盈利状况稳定增长部分；其次，根据公司现金流、盈利能力、净资产恒等式推算公司各期现金流与净资产收益率、净资产增长率的关系，基于对净资产收益率、净资产增长率的预测估计现金流状况；最后，将计算所得到的量代入股权久期公式得到各期公司的久期数据。股权久期风险的估计步骤详见附录 8。

在此基础上，将账面-市值比 B/M 及其分解成分 B/V、V/M 以及控制变量回归到个股久期上做 FM 横截面检验，结果如表 5 - 17 所示。可以看到：（1）从 B/M 与股权久期关系的符号和显著性来看，成长型公司比价值型公司的股权久期更长，这一结果与 Lettau & Wachter（2007）和 Gonçalves（2021）的结果一致。（2）从 B/M 的分解成分 B/V 和 V/M 对股权久期的回归结果来看，B/V 与股权久期相关性更高，B/V更大的资产其久期更高，因而再投资风险更高，而 V/M 与股权久期并不存在显著的关系。（3）股权久期与股票的系统性风险 *Beta* 并不存在相关关系，这意味着短久期资产并不一定具有更高的系统性风险；长久期资产的特质波动率、非流动性更高。由于 B/M 中可以解释价值溢价来源的成分主要来自 V/M，而后者与股权久期不相关，因此股权久期风险本质上仍然无法解释价值溢价。

表 5 - 17　账面-市值比及其分解成分对股权久期的横截面检验

	(1)	(2)	(3)	(4)	(5)	(6)	(7)	(8)
B/M	−2.815*** (−7.02)	−2.522*** (−5.21)					−1.824*** (−5.68)	−1.955*** (−5.47)

续表

	(1)	(2)	(3)	(4)	(5)	(6)	(7)	(8)
B/V			−1.370*** (−6.29)	−1.152*** (−4.67)			−1.122*** (−4.19)	−0.786*** (−2.76)
V/M					0.347* (1.68)	−0.058 (−0.24)	−0.696* (−1.88)	−0.913*** (−2.81)
Beta		−0.054 (−0.13)		−0.100 (−0.34)		−0.376 (−1.15)		0.137 (0.45)
IVOL		77.069*** (7.09)		94.707*** (9.15)		125.172*** (11.14)		83.897*** (7.06)
AMIHUD		958.915*** (4.26)		482.422** (2.21)		753.420*** (3.46)		817.125*** (3.70)
MOMENTUM		0.784 (1.32)		1.317*** (3.25)		1.731*** (3.57)		0.418 (0.81)
REVERSAL		1.286** (2.07)		2.460*** (4.18)		2.743*** (4.59)		1.344** (2.18)
b	17.244*** (25.03)	14.707*** (21.07)	18.487*** (34.51)	16.694*** (38.31)	19.564*** (38.70)	16.532*** (35.94)	17.245*** (24.86)	14.353*** (20.20)
Obs.	57 049	57 049	57 049	57 049	57 049	57 049	57 049	57 049
R^2	0.049	0.094	0.026	0.069	0.008	0.058	0.059	0.100

注：***、**和*分别表示在1%、5%和10%的水平上统计显著。括号中 t 值的标准误采用 Newey & West（1987）滞后3阶项进行调整。

为了进一步证实结果的稳健性，本书根据个股账面-市值比 B/M 及其分解成分 B/V、V/M 从小到大排序，将股票分为10组，计算组合内股票当月的股权久期；逐月重复以上步骤即可得到各组合的股权久期时间序列；计算组合股权久期的时间序列均值，并对极端组合进行差异 t 检验，表5-18汇报了检验结果。可以看到：（1）按照 B/M 分组的组合之间呈现显著的单调性，并具有显著的股权久期差异，成长型公司组合股权久期为20.655年，而价值型公司组合股权久期为15.368年，二者之间平均差异为−2.936年，对应 t 值为−19.02，具有显著的差异；（2）成长型公司和价值型公司之间的股权久期差异主要来源于公司之间 B/V 不同所导致的差异，B/V 最高的组合股权久期为17.642年，最低的组合股权久期为20.338年，二者差异为−0.902年，对应 t 值为

—7.33；（3）按照 V/M 分组的组合之间没有明显的股权久期差异，极端组合差异仅为 0.02 年，对应 t 值不显著。表 5-18 的结果进一步验证了表 5-17 的结论，即股权久期风险无法解释价值溢价的来源。

表 5-18　账面-市值比及其分解成分对股权久期的组合检验

分组	B/M	B/V	V/M
低	20.655	20.338	19.121
2	20.246	20.616	19.007
3	20.505	20.601	19.240
4	20.475	20.224	19.245
5	19.641	19.799	19.392
6	19.488	19.370	19.090
7	19.018	19.420	19.417
8	18.228	19.497	19.546
9	17.752	18.757	19.700
高	15.368	17.642	19.481
高-低	—2.936***	—0.902***	0.020
t 统计量	(—19.02)	(—7.33)	(0.19)

注：***、**和*分别表示在 1%、5%和 10%的水平上统计显著。括号中 t 值的标准误采用 Newey & West（1987）滞后 3 阶项进行调整。

5.5　讨论与总结

本书在 Piotroski（2000）和 Piotroski & So（2012）对上市公司内在价值估计方法的基础上，借鉴 Rhodes-Kropf 等（2005）和 Golubov & Konstantinidi（2019）的研究，将账面-市值比 B/M 分解为账面-价值比 B/V 和价值-市值比 V/M，进一步探究了 A 股价值溢价的根源。实证结果表明，价值型公司和成长型公司之间的价值溢价与 B/V 无关，两类公司之间 B/V 的差异完全不能解释股票预期收益率差异，而公司之间 V/M 的差异完全解释了公司之间 B/M 不同所带来的预期收益率差异，因此 V/M 是价值溢价的根本成因，该结论与 Golubov & Konstantinidi

(2019) 的研究结果一致。

进一步地，本书较为全面和系统地检验了风险理论对于价值溢价的成因解释。具体地，本书根据文献中风险因素的构建方法，检验了财务困境风险理论（Fama & French，1996b；Campbell et al.，2008）、股权隐含违约风险理论（Vassalou & Xing，2004）、系统性风险敏感性理论（Petkova & Zhang，2005；Jagannathan & Wang，1996）、市场现金流风险理论（Campbell & Vuolteenaho，2004）、个股现金流风险理论（Da & Warachka，2009）、营运杠杆风险理论（García-Feijóo & Jorgensen，2010）、股权久期风险理论（Lettau & Wachter，2007）共七种风险理论对价值溢价成因解释的适用性。本书研究发现：(1) 财务困境风险理论、系统性风险敏感性理论、个股现金流风险理论这三种理论甚至不能解释公司之间 B/M 的差异，在这三类风险理论框架下，价值股比成长股具有更低的风险和更高的收益率，不符合风险理论的风险-收益补偿理论。(2) 股权违约风险理论、市场现金流风险理论、营运杠杆风险理论和股权久期风险理论这四类理论虽然可以解释公司之间 B/M的差异，但这四类风险主要来源于公司之间 B/V 的差异而与 V/M 无关；由于 B/M 之间的差异导致的价值溢价根源于公司之间 V/M 的差异，因此这四类风险同样无法成为价值溢价成因的根本原因。以上研究结论与在组合差异检验、单变量和控制变量横截面检验取得的结论相同。

从经济学意义上来看，B/M 的分解成分 V/M 本质上度量了公司内在价值和股票市场估值之间的偏差，该偏差与第 3 章所构建的个股预期差本质上同源，具有相同的经济学含义：当公司内在价值 V 低于市场估值 M 时，产生估值高于基本面价值的负向预期差；当公司内在价值 V 高于市场估值 M 时，产生估值低于基本面价值的正向预期差。因此，本书的研究进一步证实了价值溢价的根源为行为金融学理论中的投资者预期差，与第 3 章的研究结论一致。

尽管受笔者文献积淀和知识面的潜在局限，本书无法保证可以穷尽价值型公司和成长型公司之间的其他风险差异导致了两类公司预期收益率产生差异，但可以确信的是本书已检验的七种风险无法成为价值溢价真正的成因，因此本书的研究针对风险理论可以成为价值溢价成因这一假说提出较为谨慎的质疑，并潜在地认为风险导致了价值溢价这一结论在 A 股市场上似乎是一个“美丽的谎言”。

Fama & French（1993）所提出的三因子定价模型一直以来被奉为资产定价领域多因子定价模型的典范，但其定价因子有效性的成因探究长期以来吸引众多优秀学者做出富有启发性和探索性的研究。Sharpe（1964）认为 *Beta* 因子度量了资产之间系统性风险的差异；Fama & French（1995，1996b）进一步认为，市值因子和价值因子的有效性来源于小市值、价值型公司相比大市值、成长型公司具有更高的财务困境风险；针对这三个因子有效性的根源，更有大量学者提出了“五花八门”的风险理论解释。基于这些相对丰富的研究，后期学术界富有总结性和习惯性地将资产定价模型称为风险定价模型。尽管如此，关于风险理论是否真正为三因子定价模型有效性的根源一直以来争议不断。

价值溢价消失之谜的出现对风险理论提出了进一步的挑战：如果以上理论可以解释价值溢价产生的原因，则这些风险理论理应可以解释价值溢价何以会消失。但从现有研究来看，尚无任何证据表明价值溢价的消失是由成长股风险的上升或价值股风险的下降导致的。

价值溢价风险理论的前后不一致性和价值溢价消失之谜的出现，对资产定价理论中的风险理论造成了严重的冲击并提出了严峻的挑战。长期以来，学者称多因子定价模型为风险定价模型，认为不同的定价因子捕捉了资产收益率特定的潜在风险，价值因子是这些风险模型中居于核心地位的因子。但如果风险理论甚至不能一致地解释价值溢价和价值因子为何会有效，也无法解释价值溢价何以会消失，那么将资产定价模型称为风险定价模型的合理性在什么地方？风险-收益补偿理论与实证证据的自洽性体现在何处呢？

本书研究结果的含义之一在于，从对价值因子和价值溢价成因的深入讨论来看，在 A 股市场中将资产定价模型称为风险定价模型的说法似乎是武断的。本书的研究含义之二在于，如果不是风险差异驱动了资产收益率之间的差异，进而导致定价异象的产生，那么什么才是更有可能的因素呢？从投资者预期差角度来讲，投资者行为偏差可能是一个更具可能性的因素。

第 6 章　全书总结、研究含义与研究展望

本章在总结全书的主要研究结果的基础上阐述本书的研究含义，并基于本书的不足和需要继续研究的内容提出研究展望。

6.1　全书总结

本书在有效市场假说和资产定价理论两大理论框架下，对现代资产定价的理论和实证研究脉络进行了梳理综述，基于笔者对资产定价异象和资产定价模型研究的三个主要方向，提出了聚焦研究价值溢价的重要性和必要性。在此基础上，基于我国 A 股市场的股票交易及财务数据研究和回答了三个问题：（1）行为金融学的预期差理论是否可以为价值溢价的形成提供充足的解释力？（2）为什么幼稚投资者在资本市场上长期重复预期偏差这一错误的同时，聪明的逆向投资者却未能通过构建有效的套利交易策略消除这一定价误差？（3）文献中已有记载的七种风险理论是否可以解释价值溢价的形成？

第 1 章“绪论”部分主要介绍了本书的选题背景、研究思路和研究方法。

第 2 章“文献综述”部分基于作者对现代资产定价理论的认识和理解，从价值溢价研究的理论和实证背景、价值溢价的测度指标和全球表现、价值溢价的成因、当前价值溢价研究的新变化和前沿理论四个方面对文献进行梳理，在此基础上对价值溢价研究现状和不足进行评述。

第 3 章“投资者预期差和价值溢价”部分提出了个股层面投资者预期差的测度方法，揭示了价值溢价的实质是预期差溢价。具体来讲，有以下三点发现：首先，价值溢价是由投资者对股票价格非一致性预期的误定价所引发，致使被高估的成长型公司呈现负向预期差、被低估的价值型公司呈现正向预期差，价值溢价在股票价格向其基本面价值收敛过程中产生；其次，个股预期差在截面上完美吸收了传统的价值型/成长型公司代理变量账面-市值比、盈价比、销价比、现价比、股息率等对预期收益率的解释力，并且在控制这些代理变量和其他公司特征后，个股预期差对截面收益率仍然保持显著的解释力；最后，遵照 Fama & French（1993）提出的因子构建方法所构建的预期差因子解释了传统的价值因子，而传统的价值因子不能有效解释预期差因子。第 3 章的研究结果表明，价值溢价来源于投资者预期差，后者是区分价值型/成长型公司误定价程度的更精确测度，且传统的价值因子本质上是被“污染”的预期差因子。

第 4 章“套利风险和投资者预期差”部分回答了 Lakonishok 等（1994）尚未解释的一个重要问题，即为什么幼稚投资者在资本市场上长期重复预期偏差这一错误的同时，聪明的逆向投资者却未能通过构建有效的套利交易策略消除这一定价误差。具体来讲，有以下三点发现：第一，套利风险更大的股票更有可能产生价格高于其基本面价值的负向预期差，从而更倾向于产生预期差溢价。第二，预期差因子的有效性全部来源于套利风险导致的空方负收益，因子的多方收益与零无显著差异。第三，以上证 50ETF 期权上市为准自然实验构建的双重差分模型表明，期权上市所带来的卖空交易活动有效降低了证券的套利风险，削弱了证券价格高于其基本面价值所引致的负向预期差。第 4 章的研究认为，由投资者预期差所引发的预期差溢价，本质上是由证券不能被对冲的套利风险所导致。

第 5 章“价值分解：风险还是预期差?”部分着重回答了风险理论是否可以解释 A 股价值溢价的成因。具体来讲，有以下两点发现：第一，通过将账面-市值比 B/M 分解为账面-价值比 B/V 和价值-市值比 V/M，发现 B/M 对于收益率的预测能力全部来源于 V/M，而与 B/V

无关。第二，文献中已有记载的七种风险不能成为价值溢价的成因。具体来看：(1) 财务困境风险理论、系统性风险敏感性理论、个股现金流风险理论这三种理论甚至不能解释公司之间 B/M 的差异，在这三类风险理论框架下，价值股比成长股具有更低的风险和更高的收益率，不符合风险理论的风险-收益补偿理论，这表明就价值溢价的成因而言，我国 A 股市场的实证证据与美股市场有所不同。(2) 股权隐含违约风险理论、市场现金流风险理论、营运杠杆风险理论和股权久期风险理论这四类理论虽然可以解释公司之间 B/M 的差异，但这四类风险主要来源于公司之间 B/V 的差异而与 V/M 无关。(3) 从经济学意义上来看，B/M 的分解成分 V/M 本质上度量了公司内在价值和股票市场估值之间的偏差，该偏差与第 3 章所构建的个股预期差本质上同源。第 5 章的研究表明，本书已检验的七种风险不能成为价值溢价的成因，而预期差是价值溢价真正的成因。第 5 章的研究结论与第 3 章的基本结论一致。

第 6 章讨论总结，指出本书的主要研究结论和研究含义。同时，本章使用美股 CRSP 和 Compustat 的数据，实证检验了个股预期差在美股市场上的表现。研究发现，个股预期差在美股市场上同样完美吸收了传统的价值型/成长型公司代理变量账面-市值比、盈价比、销价比、现价比、股息率等对预期收益率的解释力，并且在控制这些代理变量和其他公司特征后，个股预期差对截面收益率仍然保持显著的解释力。新构建的美股预期差因子 $ERROR$ 与价值因子 HML 具有相似的累计收益率特征，在一定程度上说明这两个因子是同源因子，即价值溢价的本质是预期差溢价。这两个结果与第 3 章基于 A 股市场的结果基本一致。同时，通过分解价值因子和预期差因子的多空两侧收益率特征发现，两个因子的有效性完全来源于空方显著的负收益，这一结果与第 4 章基于 A 股市场的研究结论一致，即由投资者预期差所引发的预期差溢价，本质上是由证券不能被对冲的套利风险所导致。第 6 章研究展望部分的结果还表明，2008 年以后价值溢价和预期差溢价的消失来源于价值因子和预期差因子空方负收益的显著收缩，这说明在 2008 年以后，成长股和负向预期差股票未来收益率反转的特征出现明显改变，股票的定价效率明显得以提升。何以会出现如此改变，将是未来进一步研究的重点。本书认为，从套利风险下降和预期差修正角度，揭示美股市场 2008 年以后价值溢价消失之谜可作为未来进一步研究的重点内容。

6.2　研究含义

本书的基本结论对于学术研究、投资实践和监管制度均具有一定的研究含义。

6.2.1　学术含义

本书对于学术研究中风险理论的自洽性提出质疑。自 Fama & French（1993）提出三因子定价模型以来，围绕市值因子和价值因子的理论基础，学者们先后提出了财务困境风险理论、股权隐含违约风险理论、系统性风险敏感性理论、市场现金流风险理论、个股现金流风险理论、营运杠杆风险理论、股权久期风险理论等，这些理论旨在在有效市场假说的基本框架下，将多因子资产定价模型建立在风险-收益补偿理论基础之上。

然而，价值溢价的财务困境风险理论在后续更为严格的实证过程中和在对财务困境风险具体的量化方法下并没有取得进一步的实证支持，而且后期学者所提出的一系列风险理论对价值溢价成因解释的合意性一再被实证研究所拒绝，而本书的研究进一步对价值溢价的风险理论提出质疑。风险理论的繁杂性事实上已过于分散了学者们的注意力，同时，在面对如此之多风险的同时，风险学派尚难以回答哪一种风险才是价值溢价真正的成因。出于发表的压力，学者们对于实证结果显著性的“精心选择”客观上也似乎在说明，风险理论在不同的样本期和不同的数据处理方法下，其研究结论具有前后不一致性，这可能是价值溢价的风险理论不断推陈出新和至今未能达成一致意见的重要原因。

价值溢价消失之谜的出现对风险理论提出了进一步的挑战。如果以上风险理论可以解释价值溢价产生的原因，则这些风险理论理应可以解释价值溢价何以会消失。但从现有研究来看，尚无任何证据表明价值溢价的消失是由成长股风险的上升或价值股风险的下降导致的。

价值溢价风险理论的前后不一致性和价值溢价消失之谜的出现，对资产定价中的风险理论造成了严重的冲击和挑战。长期以来，学者们称多因子定价模型为风险定价模型，认为不同的定价因子捕捉了资产收益率特定的潜在风险，价值因子是这些风险模型中居于核心位置的因子。但如果风险理论甚至不能一致地解释价值溢价和价值因子为何会有效，也无法解释价值溢价何以会消失，那么将资产定价模型称为风险定价模型的合理性在什么地方？风险-收益补偿理论与实证证据的自洽性体现在何处呢？

6.2.2 投资含义

长期以来，投资者对于在以 A 股市场为代表的股票市场践行价值投资存在迟疑。一些学者认为“股市如赌场”（Kumar，2009），这一特征在具有博彩型偏好的 A 股（郑振龙和孙清泉，2013；李培馨等，2014）更具特色，因此基本面投资和价值投资一直以来被奉为 A 股“笑”谈。由于金融基础制度尚不健全，一些投资者热衷于追逐“新、小、壳、题材”等概念，对爆炒概念股、垃圾股的热情有增无减，股票价格与基本面价值脱节的现象时有发生。A 股市场是否具有价值投资的土壤，一直是争议不断的话题。本书的实证结果将为投资者提供以下三点投资参考：

第一，基本面价值较好的股票未来具有更大升值空间。本书 3.3.2 节表 3-5 的实证结果表明，财务基本面质量指标 *FSCORE* 最好的股票组合相比 *FSCORE* 最差的股票组合，可多获得高达 0.575%的月均收益率（年化收益率为 6.90%），这一研究结果与尹力博和廖辉毅（2019）的基本结论一致。从有效市场假说的基本理念来讲，这说明 A 股投资者对于好股票的定价还过于谨慎。

第二，预期差溢价为真正践行价值投资理念的投资者提供了新的思考角度。作为价值投资理念的开创者，Graham & Dodd（1934）的核心思想在于透过对公司基本面价值的分析寻找被低估的优质资产，这些优质资产的核心特征是便宜、安全和高质量（Frazzini et al.，2018；胡熠和顾明，2018）。本书所构建的个股预期差和预期差因子所反映的内涵与此思想一脉相承。在价值投资实施的具体过程中，选择非一致性预期的价值股所获得的超额收益源于其估值便宜、财务基本面质量优良。因此，个股预期差的构建方法的提出，为投资者在任意时点评估价格相对于其基本面价值是否过度提供了重要的参考。

第三，套利风险的存在对那些期待短期内价格收敛和获取价差收益的投机者提出了忠告。即使股票估值向下偏离其真实价值，也并不意味着股票价格在较短的时间内会上行。由于证券基本面风险、噪声交易者风险和策略实施风险共同导致的个股套利风险的存在，这类股票的价格在短期内有可能继续向下恶化，因此，要牢记“股市有风险”这一良训，与其期待在短期内从市场中“收割”，倒不如将更多的精力放在对公司基本面价值的分析之上，为价格修复提供足够的耐心，给企业的成长提供足够的空间。

6.2.3　制度含义

我国股票市场自 1990 年建立以来，历经股权分置改革、融资融券制度完善、股指期货上市、注册制改革推行等，基础制度不断优化，对外开放速度不断加快，已成为全球资本市场不可或缺的一部分。股票市场在丰富企业直接融资选择、推进公司治理结构、优化居民资产配置结构等方面发挥着越来越重要的作用。同时，股票市场作为各国相对优质企业公允定价的场所，具有信息传输通畅、交易成本低廉、公众参与门槛较低等诸多优势，历来被称为可以反映经济运行走势的“晴雨表”。随着居民财富水平的不断提高和企业直接融资需求的进一步提升，将股票市场纳入居民资产保值增值工具箱，并将其作为企业融资的重要渠道将是大势所趋。因此，股票市场不仅是交易的市场，而且更是为国民经济提供财富再分配和推进居民和企业财富共同增长的重要场所。

然而，股票市场上述功能的发挥，依赖于要为投资者提供为每一家上市公司合理定价的工具。长期以来，我国 A 股市场缺少足够的以个股期权为代表、可以买卖双向交易的金融工具，限制卖空是我国监管制度的一个重要特点。大量研究已然表明，证券市场的限制卖空是证券价格被高估的重要原因。例如，Miller（1977）认为，在限制卖空的市场中，由于低估值投资者无法通过卖空股票向市场传达估值信息，在低估值悲观投资者退出市场后，股票价格反映的主要是乐观投资者的估值预期，因此股票价格被系统性高估。限制卖空导致的股票错误定价也是资产定价异象产生的直接原因（Chu et al.，2020）。

本书第 4 章的研究表明，我国股指期权上市引入的双向买卖交易机制，有效地提升了正面和负面信息向股票价格的传递速度，避免了价格信息长期堆积并在大危机期间集中释放引发短期内价格暴涨暴跌的可能性，有效地降低了股票的套利风险，促使那些被过度定价的股票在期权上市后价格得以有效回归，提升了股票定价效率。从这个意义上讲，进一步丰富 A 股市场风险管理的金融工具，对降低证券的套利风险、提高证券价格向其内在价值的收敛速度、提升市场定价效率具有很强的现实必要性。同时，本书的研究也为 2019 年适时推出沪深 300ETF 期权和沪深 300 股指期权的适当性提供了实证支撑。

6.3 研究展望

本书在行为金融学的预期差理论下，基于我国 A 股市场的股票交易和财务数据研究和回答了三个问题，得出了相应的结论，即价值溢价的本质是投资者预期差，投资者预期差所引发的预期差溢价和价值溢价本质上是由证券不能被对冲的套利风险所导致，已检验的七种风险理论均无法解释价值溢价的成因。

由于现有的资产定价理论主要是以美股市场为数据环境而构建的，而本书核心章节的主要结果则是基于 A 股市场的数据而取得的，因此本书尚未回答预期差理论对于价值溢价成因的解释力在全球股票市场上是否具有理论的一般性。具体来看，本书尚未回答以下两个至关重要的问题：第一，投资者预期差是否可以成为美股市场价值溢价的真实来源？第二，预期差理论是否有望解释价值溢价消失之谜？

对于第一个问题的回答，关系到预期差理论是否可以普适性地成为解释全球股票市场价值溢价成因的理论；而对于第二个问题的回答，则可以进一步检视预期差理论是否在可以解释价值溢价形成的同时，同样可以解释美股市场 2008 年以后出现的价值溢价消失之谜。以上两个问题是本书尚未完成的学术任务和存在的不足。但出于本书研究的完整性考虑，本节将汇报作者基于美股数据已获得的初步结论，希望对后期的研究提供启示。

6.3.1 个股预期差是否可以吸收美股价值指标的解释力？

按照 3.2.2 节和附录 1 的思路，根据美股 1965 年 1 月至 2019 年 12 月的财务和交易数据，计算公司月度的财务基本面质量指标 *FSCORE* 和估值水平 B/M，以此计算公司月度的个股预期差。财务和交易数据按照 Fama & French（1992）的方法加以匹配。在此基础上，将个股月度预期收益率回归到个股预期差和 5 个价值指标，以及基本面指标 *FSCORE* 上做 FM 横截面检验，回归模型如下：

$$r_{i,t+1} = a + b_1 \times ERROR_{i,t} + b_2 \times \log(B/M_{i,t}) + \sum_j c_j \times V_{i,t}^j + \varepsilon_{i,t+1} \qquad (6-1)$$

其中，$V_{i,t}$ 表示公司 i 在 t 期的 E/P、D/P、CF/P、S/P、*FSCORE*。

（6－1）式的检验结果汇报在附录 9 的附表 11 中，该结果可与 3.3.3 节的表 3－8 的结果对照研究。实证结果如下：

第一，从附表 11 中模型（2）～（6）的检验结果可以看到，账面-市值比 B/M、盈价比 E/P、股息率 D/P、现价比 CF/P、销价比 S/P 与股票预期收益率均呈正相关关系，这一结果与 Fama & French（1992）、Jaffe 等（1989）、Christie（1990）、Hou 等（2011）、Senchack & Martin（1987）的研究结果一致，即价值股相比成长股具有更高的预期收益率（参见 2.2 节）。

第二，从模型（7）可以看到，财务基本面质量更好的公司未来具有更高的预期收益率，这一结果与 Piotroski（2000）的基本结论一致。

第三，从模型（8）的结果可以看到，在 5 项价值指标中，账面-市值比 B/M 和现价比 CF/P 对于预期收益率具有更强的预测能力，这一结论与 Fama & French（1992）和 Hou 等（2011）的基本结论一致。

第四，从模型（9）～（15）的检验结果可以看到，在控制个股预期差后，盈价比 E/P、股息率 D/P、现价比 CF/P 对于预期收益率不再具有解释力，账面-市值比 B/M 和销价比 S/P 的预测能力显著下降，财务基本面质量指标 *FSCORE* 对于收益率的解释力被个股预期差所吸收；将个股预期差和 5 个价值指标置于同一回归模型中之后，账面-市值比 B/M、盈价比 E/P、股息率 D/P、销价比 S/P 对于股票预期收益率均失去解释力，现价比 CF/P 仅具有微弱的解释力，这一结果与第 3 章表 3-8 的结论一致。从附表 11 可以看出，在多元回归中个股预期差吸纳了 5 项价值指标对于股票截面收益率的解释力，因此价值型/成长型公司之间的价值溢价本质上来源于预期差所导致的股票误定价。

为了进一步验证附表 11 的稳健性，本书按照 Asness 等（2019）的方法构建了度量财务基本面质量的指标 *QSCORE*，使用 *QSCORE* 替代 *FSCORE* 重新构建个股预期差，并汇报与附表 11 可比的 FM 横截面检验，主要结果汇报在附表 12 中。该结果与附表 11 的基本结果相一致，从模型（15）的结果可以看到，在控制个股预期差后，5 项价值指标对于预期收益率不再具有任何解释力。这说明个股预期差完美吸收了传统度量价值型/成长型公司的 5 项价值指标对于收益率的解释力，也说明使用这 5 项指标度量的价值溢价的本质是预期差溢价。

6.3.2 预期差理论是否有望解释价值溢价消失之谜？

自 2008 年全球金融危机之后，以账面-市值比为价值指标构建的价值因子经历了长达 15 年的低迷期，最大回撤已达 55%，且仍不见转机，造成价值因子惨淡的表现，这种现象被学术界称为价值溢价消失之谜（Arnott et al.，2020）。以 Arnott 等（2020）和 Israel 等（2020）为代表的研究对价值溢价消失之谜提供的解释，很明显已完全脱离风险理论和预期差理论的框架。

本书已证明已检验的七种风险理论无法解释价值溢价，投资者预期差是价值溢价的真实来源，但尚不知预期差理论是否可以解释价值溢价消失之谜。本小节将提供作者目前基于预期差理论所获得的初步结果。

6.3.2.1　价值因子和预期差因子

本书按照 3.3.4 节中（3－10）式和（3－11）式，以及 Fama & French（1993）的方法，构建了美股的价值因子和预期差因子，并计算了 1996 年 1 月至 2019 年 12 月的因子累计收益率，如附录 10 中的附图 1 所示，竖直虚线表示的时间点为 2008 年 1 月。可以清楚看到，价值因子和新构建的预期差因子在走势上极为相近。这说明美股市场的价值因子和预期差因子本质上同源，可获得可比的收益率。

特别地，自 2008 年 1 月至 2019 年 12 月，两个因子均出现明显的回撤，因子累计收益率不再增加，或呈现微弱的下降走势。这说明美股市场价值溢价消失之谜是一个客观存在的现象，这一发现与 Arnott 等（2020）的基本结论一致。结合第 3 章的内容可知，预期差是价值溢价的真实来源，价值溢价的消失必然源于预期差因子的同步消失，附图 1 证实了这一点。

6.3.2.2　价值因子和预期差因子的分解

4.2 节假设 2 认为，预期差因子的有效性全部来源于因子空方的显著负收益，该研究假设由 4.5.2 节所证明。本节采用同样的方法，将美股的价值因子和预期差因子加以分解，并分别计算因子多空双方的累计收益率，如附录 11 的附图 2 和附图 3 所示。

可以看到，美股价值因子和预期差因子的多方累计收益率自 1965 年 1 月以来并未出现显著上升，而空方负收益持续下降，这说明两个因子的有效性同样来源于空方显著的负收益，这一结果与第 4 章的基本结论一致。因此，有理由认为，美股市场的价值溢价和预期差溢价同样是由证券不能被对冲的套利风险所导致。特别地，自 2008 年 1 月以来，价值因子和预期差因子的多方并未出现结构性变化，而空方负收益则变得不再明显。

附图 1、附图 2 和附图 3 中所展示的价值因子和预期差因子的多空双方，及因子本身收益率的描述性统计特征可参见附表 13，基本结论与上文一致，在此不再赘述。

因而，破解价值溢价消失之谜的原因，最终需要将研究重点放在为何 2008 年 1 月以来因子空方负收益不再显著，或为何 2008 年 1 月以来投资者预期差无法预测股票收益率。这是本书尚未解决的问题之一。本书认为，探究 2008 年以后，对于因子空方显著负收益起主导作用的证券套利风险可能出现明显下降，导致这部分股票被更充分地定价这一内容，可能是一个值得努力的方向。

附　录

附录 1　*FSCORE* 的成分和构建方法

公司财务基本面质量指标 *FSCORE* 的构建参考 Piotroski（2000）和 Piotroski & So（2012）的方法，包括 9 项指标，分别为资产收益率（*ROA*）、现金资产比（*CFO*）、资产收益率变动值（Δ*ROA*）、应计比率（*ACCRUAL*）、长期负债率变动值（Δ*LEVER*）、流动比率变动值（Δ*LIQUID*）、股票增发比率（*ISSUANCE*）、毛利率变动值（Δ*MARGIN*）、资产周转率变动值（Δ*TURN*），计算方法分别如下：

1．盈利水平指标

公司盈利和现金水平反映了公司产生源源不断的现金流的能力，这些利润和现金最终会以股利派发的形式支付给股东。类似地，盈利能力的提升是公司财务基本面质量提升的一个重要信号，而这一信号最终会被反映到股票价格之中。Novy-Marx（2013）研究发现美股市场上存在盈利溢价，即资产收益率更高的公司未来股票收益率表现更好。Jiang 等（2018）则基于中国市场数据也得出类似的结论。基于此，可以构建出下列 3 项指标：

（1）资产收益率 *ROA*（越大越好）。

$$ROA=\frac{\text{期末净利润}}{\text{期末总资产}}$$

（2）现金资产比 *CFO*（越大越好）。

$$CFO=\frac{期末现金及现金等价物净增加额}{期末总资产}$$

（3）资产收益率变动值ΔROA（越大越好）。

$$\Delta ROA=本期\ ROA-上一期\ ROA$$

同时，Sloan（1996）研究表明股票市场上存在应计异象，即应计额越高的公司财务风险越大，未来的盈利水平和收益率越低。基于此，可以构建出应计指标：

（4）应计比率 $ACCRUAL$（越小越好）。

$$ACCRUAL=\frac{期末净利润-期末经营活动产生的现金流量净额}{期末总资产}$$

2. 杠杆和流动性变动指标

Piotroski（2000）将财务杠杆增加视为公司财务基本面恶化的指标，外部融资占比的上升意味着公司内源融资能力的下降。同时，公司长期债务率的上升则对公司的财务灵活性施加了更多的约束，因而也是不利的信号。基于此，可以构建出下列 3 项指标：

（1）长期负债率变动值$\Delta LEVER$（越小越好）。

$$\Delta LEVER=本期长期债务率-上一期长期债务率$$

$$长期债务率=\frac{期末长期负债}{期末总资产}$$

（2）流动比率变动值$\Delta LIQUID$（越大越好）。

$$\Delta LIQUID=本期流动比率-上一期流动比率$$

$$流动比率=\frac{流动资产}{流动负债}$$

（3）股票增发比率 $ISSUANCE$（越小越好）。

$$ISSUANCE=\frac{本期新增股票额}{期初股票总额}$$

3. 经营效率指标

经营效率越好的公司的成本回收速度越快，公司利润和现金流产生能力也越强。Piotroski（2000）用两项指标度量经营效率：

（1）毛利率变动值$\Delta MARGIN$（越大越好）。

$$\Delta MARGIN=本期毛利率-上一期毛利率$$

$$毛利率=\frac{期末营业收入-期末营业成本}{期初总资产}$$

（2）资产周转率变动值$\Delta TURN$（越大越好）。

$$\Delta TURN=本期资产周转率-上一期资产周转率$$

$$资产周转率=\frac{期末营业收入}{年内平均总资产}$$

首先，对$ACCRUAL$、$\Delta LEVER$、$ISSUANCE$进行正负变换，使得指标越大所刻画的财务基本面越好。

其次，在每一个横截面上对9项指标进行排序，得到r_x，再对r_x做标准化得到$z(x)$，如下所示：

$$r_x=rank(x)$$

$$z(x)=z_x=\frac{r_x-\bar{r}_x}{\sigma(r_x)}$$

最后，对于每只股票分别将9项指标所得的$z(x)$加总后再做一次标准化，从而得到个股的财务基本面质量指标$FSCORE$，如下式所示：

$$FSCORE=z(z_{ROA}+z_{CFO}+z_{\Delta ROA}+z_{ACCRUAL}+z_{\Delta LEVER}+z_{\Delta LIQUID}+z_{ISSUANCE}+z_{\Delta MARGIN}+z_{\Delta TURN})$$

值得说明的是本书的构建方法与Piotroski（2000）在细节上略有差异，并未使用哑变量赋值法，这样做的好处是可以剔除极端值对整个数据集的影响，并且对不同的财务指标赋予不同水平的得分可以更好地体现公司财务基本面的差异。事实上，这种方法在Asness等（2019）中也被重点采用。

附录2 财务困境风险估计

本附录按照Campbell等（2008）和Chava & Jarrow（2004）的方法，给出了公司层面财务困境风险的估计方法和详细步骤。估计财务困境风险需要的数据包括：总资产收益率（$NITA$）、资产负债率（$TLTA$）、个股超额收益率（$EXRET$）、股票收益率波动率（$SIGMA$）、个股市值与市场总市值之比（$RSIZE$）。

第一步：根据上市公司公布的财务季报、半年报和年报数据，将净利润数据剥离为季度数据，并将各公司连续 4 个季度的利润数据累加置换为年度数据，这样既可以使用最新的财务数据，又可以保证季度之间数据的可比性。

第二步：计算财务困境风险 5 项解释变量。

（1）总资产收益率 $NITA$。

$$NITA=\frac{\text{净利润}}{\text{公司账面总资产}}$$

（2）资产负债率 $TLTA$。

$$TLTA=\frac{\text{公司账面总负债}}{\text{公司账面总资产}}$$

（3）个股超额收益率 $EXRET$。

$$EXRET_t^i=\log(1+R_t^i)-\log(1+R_{Mt})$$

其中，R_t^i 表示 t 月末第 i 只股票的月度收益率，R_{Mt} 表示 t 月末上证综指、深证成指按市值加权计算得到的市场收益率。

（4）股票收益率波动率 $SIGMA$。

$$SIGMA_t^i=\sqrt{\frac{1}{24}\sum_{t=-23}^{0}(R_t^i-\overline{R}^i)^2}$$

其中，R_t^i 表示 t 月末第 i 只股票的月度收益率，$\overline{R}^i$ 表示两年滚动窗内第 i 只股票的平均收益率。

（5）个股市值与市场总市值之比 $RSIZE$。

$$RSIZE_t^i=\frac{ME_t^i}{\sum_j ME_t^j}$$

第三步：数据合并。为避免前视误差，根据公司财务数据披露的具体日期，将第 i 只股票 t 月的 $EXRET$、$SIGMA$、$RSIZE$ 与最新的财务数据 $NITA$ 和 $TLTA$ 进行合并，该做法既与文献的一般通用方法一致（Fama & French，1992），又可以保证估计财务困境风险时使用最新的可得数据。

第四步：对陷入财务困境的公司做哑变量赋值。根据证监会对上市公司“披星戴帽”的监管规定，即将连续两个年度出现亏损和第三个年度继续亏损的上市公司列入特别处理和退市清单，将第 t 期被纳入特别处理和退市清单中的公司赋值为 1，其他公司赋值为 0。

第五步：估计财务困境风险。利用下式做 logit 回归：

$$P_{t-1}(Y_{it}=1)=\frac{\exp(\alpha+\beta' X_{it-1})}{1+\exp(\alpha+\beta' X_{it-1})}$$

附表 1 汇报了 5 个解释变量与被解释变量的最大似然估计结果。可以看到，总资产收益率、个股超额收益率、个股市值与市场总市值之比越大的股票财务困境风险越小；资产负债率越大的公司财务困境风险越大；股票收益率波动率在不同样本期对财务困境风险的反应有所不同。该估计结果与 Campbell 等（2008）和 Chava & Jarrow（2004）基于美股市场的估计结果类似。

附表 1 财务困境风险模型的 logit 估计结果

	(1)	(2)	(3)
样本期	2000 年 1 月—2019 年 12 月	2000 年 1 月—2010 年 12 月	2011 年 1 月—2019 年 12 月
NITA	−17.702*** (−127.54)	−17.002*** (−90.15)	−16.947*** (−79.11)
TLTA	1.235*** (22.61)	1.048*** (11.96)	1.666*** (22.99)
EXRET	−0.943*** (−9.14)	−0.850*** (−5.96)	−0.684*** (−4.57)
SIGMA	−1.486*** (−6.29)	−5.404*** (−14.74)	2.494*** (7.30)
RSIZE	−0.211*** (−18.03)	−0.244*** (−13.07)	−0.553*** (−25.44)
b	−5.563*** (−50.97)	−4.944*** (−34.62)	−9.542*** (−43.75)
Obs.	317 653	122 222	194 090
R^2	0.233	0.259	0.215

注：***、**和*分别表示在 1%、5%和 10%的水平上统计显著。括号中 t 值的标准误采用 Newey & West（1987）滞后 3 阶项进行调整。

附录 3　股权隐含违约风险估计

本附录根据 Vassalou & Xing（2004）的方法估计上市公司的股权隐含违约风险。Merton（1974）从实物期权角度出发，认为由于股权所有者拥有对公司债务清偿后的剩余索取权，因此公司净资产可以看作以公司总资产为标的物的看涨期权，期权的执行价格为公司的账面总负债。假设公司总资产服从如下几何布朗运动：

$$dV_A = \mu V_A dt + \sigma_A V_A dW_t$$

其中，V_A 表示公司总资产，其瞬时飘移项为 μ，瞬时波动率为 σ_A，W_t 为标准布朗运动。根据 B-S 公式解析解的表达式，公司净资产 V_E 满足以下公式：

$$V_E = V_A N(d_1) - X e^{-rT} N(d_2) \tag{附 3-1}$$

$$d_1 = \frac{\ln(V_A/X) + \left(r + \frac{1}{2}\sigma_A^2\right)T}{\sigma_A \sqrt{T}}$$

$$d_2 = d_1 - \sigma_A \sqrt{T}$$

其中，X 表示公司总负债的账面价值，T 为负债到期剩余期限，r 为无风险利率。

1. 股权违约概率和违约距离的推导

当公司资不抵债时公司出现潜在违约概率，满足以下条件：

$$\begin{aligned} P_{def,t} &= \Pr(V_{A,t+T} \leqslant X_t \mid V_{A,t}) \\ &= \Pr(\ln V_{A,t+T} \leqslant \ln X_t \mid V_{A,t}) \end{aligned}$$

根据伊藤引理，$\ln V_{A,t}$ 满足以下过程：

$$d\ln V_{A,t} = \left(\mu - \frac{1}{2}\sigma_A^2\right)dt + \sigma_A dW_t$$

将上式离散化，可得下式：

$$\ln V_{A,t+T} = \ln V_{A,t} + \left(\mu - \frac{1}{2}\sigma_A^2\right)T + \sigma_A \sqrt{T} \varepsilon_{t+T}$$

$$\varepsilon_{t+T} = \frac{W(t+T) - W(t)}{\sqrt{T}}, \varepsilon_{t+T} \sim N(0,1)$$

因此，公司股权违约概率（DLI）满足以下条件：

$$
\begin{aligned}
DLI &= P_{def,t} \\
&= \Pr\left(\ln V_{A,t} - \ln X_t + \left(\mu - \frac{1}{2}\sigma_A^2\right)T + \sigma_A\sqrt{T}\varepsilon_{t+T} \leqslant 0 \middle| V_{A,t}\right) \\
&= \Pr\left(-\frac{\ln(V_{A,t}/X_t) + \left(\mu - \frac{1}{2}\sigma_A^2\right)T}{\sigma_A\sqrt{T}} \geqslant \varepsilon_{t+T} \middle| V_{A,t}\right)
\end{aligned}
$$

（附 3 - 2）

股权违约距离（DD）的定义式如下：

$$
DD_t = -\frac{\ln(V_{A,t}/X_t) + \left(\mu - \frac{1}{2}\sigma_A^2\right)T}{\sigma_A\sqrt{T}} \tag{附 3 - 3}
$$

DLI 和 DD 中的待估参数包括 5 项，分别为月度总资产波动率$\hat{\sigma}_A$，月度总资产$\hat{V}_{A,t}$，月度总资产均值$\hat{\mu}$，总负债期限 T，月度总负债 X_t。

2. 模型参数估计和数据获取

由于财务数据按季度披露，而计算 DLI 和 DD 需要使用月度数据，因此，本书借鉴 Vassalou & Xing（2004）的做法，根据公司月度总市值 V_E，以及季报、半年报和年报数据中的总资产数据估计 5 个参数。为避免前视误差，根据财务报表披露的具体日期，将总市值数据与最新的总资产数据相匹配。

首先，根据公司过去 3 年的月度总市值 V_E 计算净资产月度增长率 r_E，进一步估计月度净资产波动率 σ_E。

$$
r_{E,t} = \log\left(\frac{V_{E,t}}{V_{E,t-1}}\right)
$$

$$
\sigma_{E,t} = \sqrt{\frac{1}{36}\sum_{\tau=-35}^{0}(r_{E,\tau} - \bar{r}_E)^2} \tag{附 3 - 4}
$$

其中，$\bar{r}_E = \frac{1}{36}\sum_{\tau=-35}^{0} r_{E,\tau}$。

其次，将 σ_E 作为σ_A 的初始值，代入（附 3 - 1）式逐月反推总资产 V_A，并使用（附 3 - 4）式利用过去 36 个月的数据估计实际的总资产波动率 σ_A；不断重复该步骤，直至迭代前后的 σ_A 差异小于 0.000 1 时停止迭代，最终得到下一步使用的总资产 V_A 和总资产波动率 σ_A，同时，当迭代停止时，可计算总资产均值：

$$\mu_t = \frac{1}{36}\sum_{\tau=-35}^{0} V_{E,\tau}$$

再次，估计总负债剩余期限。本书通过分析 A 股上市公司负债结构，发现总负债中 85%以上为一年期以内的短期负债，为计算方便，取剩余期限 $T=1$。

最后，确定总负债数据。由于公司总负债短期变动较小，因此，本书使用最新披露的资产负债表中的总负债作为 X_t 的代理变量。

将以上 5 项参数代入（附 3－2）式和（附 3－3）式即可得到股权违约概率和违约距离。

附表 2 汇报了分年份和全样本股权违约概率 *DLI* 的描述性统计结果。可以看到，各年份市场上绝大多数公司出现资不抵债的概率较小；各年份违约概率有所差异，但 2008 年金融危机及后期上市公司股权违约概率显著上升；在各年份中，*DLI* 为正的上市公司数量在所有上市公司中占比较大，全样本的平均比例为 39.84%。

附表 2　股权违约概率的描述性统计结果（%）

年份	最小值	均值	中位数	最大值	标准差	*DLI* 为正的比例
2000	0	0.000	0	0.000	0.000	6.129
2001	0	0.000	0	0.000	0.000	9.028
2002	0	0.000	0	0.001	0.000	14.442
2003	0	0.000	0	0.032	0.001	14.789
2004	0	0.001	0	1.653	0.031	24.887
2005	0	0.003	0	2.970	0.071	39.617
2006	0	0.001	0	0.512	0.017	31.369
2007	0	0.002	0	4.019	0.069	27.098
2008	0	0.079	0	68.113	1.362	69.307
2009	0	0.001	0	1.801	0.036	62.419

续表

年份	最小值	均值	中位数	最大值	标准差	*DLI* 为正的比例
2010	0	0.003	0	4.705	0.086	47.369
2011	0	0.027	0	39.182	0.629	42.315
2012	0	0.040	0	22.447	0.646	44.679
2013	0	0.047	0	67.681	1.197	39.006
2014	0	0.027	0	59.278	1.026	28.513
2015	0	0.010	0	20.204	0.331	33.640
2016	0	0.019	0	20.456	0.422	53.521
2017	0	0.011	0	45.852	0.488	45.178
2018	0	0.030	0	42.997	0.768	44.178
2019	0	0.025	0	42.921	0.903	25.288
全样本	**0**	**0.022**	**0**	**68.11**	**0.699**	**39.840**

附录 4　系统性风险敏感性估计

本附录给出估计个股系统性风险 *Beta* 对于预期市场风险溢价敏感性的具体步骤。Campbell & Cochrane（1999）和 Constantinides & Duffie（1996）研究发现，股票市场风险溢价呈现逆周期特征：当经济上行时，风险溢价较高；当经济萧条时，风险溢价较低。然而，由于预期市场风险溢价无法观测，需要通过选取适当的状态变量对风险溢价进行估计，因此，本书参照 Petkova & Zhang（2005）和 Jagannathan & Wang（1996）的方法，选取市场股息率（*DIV*）、债券市场信用利差（*DEF*）、国债市场期限利差（*TERM*）以及短期国债收益率（*TB*）共 4 个状态变量估计预期市场风险溢价。

1. 预期市场风险溢价的估计

本书选取上海证券交易所和深圳证券交易所 A 股成分股的股息率，逐月平均计算市场股息率 *DIV*；根据中债登公布的 1 年期国债收益率和

1 年期 AAA 级企业债收益率之差，计算债券市场信用利差 DEF；根据中债登公布的 1 年期国债收益率和 10 年期国债收益率之差，计算国债市场期限利差 $TERM$；将中债登公布的 1 月期国债收益率作为短期国债收益率 TB 的代理变量。

估计模型的左端变量为上证综指和深证成指按市值加权计算的收益率剔除无风险收益率之差；无风险收益率来源于锐思数据库，其中，2002 年 8 月之前选用 3 个月期银行定期存款利率，2002 年 9 月至 2006 年 10 月选用 3 个月期中央银行票据的票面利率，2006 年 11 月以后选用上海银行间 3 个月期同业拆放利率。在此基础上，估计以下模型：

$$r_{Mt+1}=\delta_0+\delta_1 DIV_t+\delta_2 DEF_t+\delta_3 TERM_t+\delta_4 TB_t+\varepsilon_{Mt+1}$$

取模型（1）的拟合值作为预期市场风险溢价的代理变量：

$$\widehat{\gamma}_t=\widehat{\delta}_0+\widehat{\delta}_1 DIV_t+\widehat{\delta}_2 DEF_t+\widehat{\delta}_3 TERM_t+\widehat{\delta}_4 TB_t$$

为了检验市场风险溢价在我国市场中是否存在逆周期特征，本书选取居民非耐用消费品增长率（non-durable consumption growth，*NDCG*），并将预期市场风险溢价（market expected risk premium，*MERP*）回归到 *NDCG* 上检验其相关性。样本期为 2006 年 4 月至 2019 年 12 月，样本区间根据 *NDCG* 数据可得性确定。

附表 3 汇报了检验结果，t 值采用稳健标准误计算。其中模型（1）为全样本检验结果，模型（2）～（4）为子样本检验结果。可以看到，在全样本和各个子样本期，预期市场风险溢价与非耐用消费品增长率基本上呈现显著负相关关系；2011 年 1 月至 2015 年 12 月虽然显著性和拟合优度出现明显下降，但二者仍然负相关。附表 3 的结果证明了在我国市场上预期市场风险溢价同样呈现逆周期特征。

附表 3　非耐用消费品增长率和预期市场风险溢价相关性检验

	(1)	(2)	(3)	(4)
	2006 年 4 月—2019 年 12 月	2006 年 4 月—2010 年 12 月	2011 年 1 月—2015 年 12 月	2016 年 1 月—2019 年 12 月
MERP	−0.708*** (−3.70)	−0.819*** (−5.48)	−0.255 (−1.54)	−0.549*** (−3.04)

续表

	(1)	(2)	(3)	(4)
b	0.137*** (33.46)	0.182*** (37.74)	0.136*** (43.37)	0.081*** (18.98)
Obs.	149	57	52	40
R^2	0.076	0.187	0.026	0.155

注：***、**和*分别表示在1%、5%和10%的水平上统计显著。括号中t值的标准误采用Newey & West (1987) 滞后3阶项进行调整。

2. 个股系统性风险敏感性估计

首先，将个股月度超额收益率滚动回归到市场超额收益率上，滚动窗口期设置为36个月，并根据数据可得性要求最小的初始窗口期为24个月，建立回归模型如下：

$$r_{it}-r_{ft}=\alpha+\beta_i(r_{Mt}-r_{ft})+\varepsilon_{it}$$

其次，将估计得到的个股系统性风险 *Beta* 进一步回归到预期市场风险溢价上，进一步估计系统性风险敏感性：

$$\widehat{\beta}_{it}=c_i+\varphi_i\widehat{\gamma}_t+\eta_{it}$$

为剔除异常值的影响，对所得到的个股系统性风险敏感性$\widehat{\varphi}_{it}$做上下5%的缩尾处理。附表4汇报了$\widehat{\varphi}_{it}$的描述性统计结果。可以看到，$\widehat{\varphi}_{it}$在各年份的均值和波动率有所不同，呈现显著的跨年度波动，这说明随着经济周期的不断波动，股票的对冲消费冲击的周期特征也在不断变动。

附表4　系统性风险敏感性的描述性统计结果

年份	最小值	均值	中位数	最大值	标准差
2010	−24.722	8.593	7.364	37.316	11.761
2011	−52.274	1.381	1.625	37.037	13.136
2012	−52.497	−8.963	−8.844	36.891	16.860
2013	−52.572	−28.575	−30.688	35.105	15.540
2014	−52.429	−1.792	−1.686	37.288	17.257
2015	−51.369	12.751	13.614	37.302	14.098
2016	−52.522	1.018	2.733	37.282	17.624
2017	−52.535	2.019	4.214	37.285	20.940

续表

年份	最小值	均值	中位数	最大值	标准差
2018	−52.575	−8.741	−8.954	37.309	22.517
2019	−52.433	−2.767	−2.223	37.297	21.462
全样本	−52.575	−4.405	−2.820	37.316	20.733

附录 5　市场现金流风险估计

本附录给出了股票市场现金流风险的估计过程。

1. 模型设定

Campbell & Shiller（1988）和 Campbell（1991）认为，未预期到的市场收益率可以分解为未预期到的现金流冲击和未预期到的折现率冲击两部分，并将模型设定为如下形式：

$$r_{t+1}-E_t(r_{t+1})=(E_{t+1}-E_t)\sum_{j=0}^{\infty}\rho^j\Delta d_{t+1+j}-(E_{t+1}-E_t)\sum_{j=0}^{\infty}\rho^j r_{t+1+j}=N_{CF,t+1}+N_{DR,t+1} \quad (附 5-1)$$

其中，r_{t+1}表示 $t+1$ 期市场指数的对数收益率，E_t 表示基于 t 期的条件期望，Δ 表示一阶差分过程，$\rho\in(0,\ 1)$ 表示跨期折现系数，d_t 表示 t 期的市场的总体股息率水平，$N_{CF,t+1}$ 表示 $t+1$ 期的现金流冲击，$N_{DR,t+1}$表示 $t+1$ 期的折现率冲击。

（附 5－1）式表明，当期未预期到的市场收益率变动来源于未预期到的现金流变动或折现率变动：当现金流冲击为正时，未预期到的市场收益率显著为正；当折现率冲击为正时，未预期到的市场收益率显著为负，这是因为给定股票现金流，未来更高的市场收益率必须由当前证券价格下跌加以弥补。

Campbell（1991）假定市场收益率及对应的状态变量服从以下一阶向量自回归过程：

$$z_{t+1}=a+\Gamma z_t+u_{t+1} \quad (附 5-2)$$

其中，z_{t+1}是 $m\times1$ 阶状态变量向量，其第一个元素为r_{t+1}；a 为 $m\times1$ 阶常数向量；Γ 为 $m\times m$ 阶系数矩阵；u_{t+1}为 $m\times1$ 阶随机冲击，服从独立同分布。基于（附 5-1）式和（附 5-2）式的设定形式，未预期到的市场收益率中现金流冲击和折现率冲击的解析解形式如下：

$$N_{CF,t+1}=(e1^T+e1^T\lambda)u_{t+1} \quad (附 5-3)$$

$$N_{DR,t+1}=e1^T\lambda\, u_{t+1} \quad (附 5-4)$$

其中，$e1=[1, 0, 0, 0]^T$是变量选择向量，表示将 z_{t+1}中的第一个元素提取出来；参数 $\lambda=\rho\Gamma(\mathrm{I}-\rho\Gamma)^{-1}$。

2. 参数估计

本书参照 Campbell & Vuolteenaho（2004）的方法，选取市场超额收益率（r_M^e）、期限利差（TY）、市场平均市盈率（PE）、小公司估值差异（VS）共 4 个变量作为模型的状态变量。其中，市场超额收益率 r_M^e 等于上证综指和深证成指按市值加权计算的收益率与无风险利率之差；期限利差 TY 等于 10 年期和 1 年期国债收益率之差；市场平均市盈率 PE 通过计算个股市盈率均值得到；小公司估值差异 VS 选取市值低于市场中位数的公司，通过计算价值型公司和成长型公司账面-市值比 B/M 得到。

附表 5 汇报了一阶向量自回归的参数估计结果。可以看到：（1）4 个状态变量最显著的影响因素为变量本身；（2）滞后一期的市场超额收益率和市场平均市盈率是影响市场超额收益率的显著因素；（3）滞后一期的期限利差和小市值公司估值差异是影响期限利差的显著因素；（4）滞后一期的市场超额收益率和市场平均市盈率是影响市场平均市盈率的显著因素；（5）小市值公司估值差异仅与其本身上一期的估值差异相关。

附表 5　一阶向量自回归参数估计结果

	a	r_{Mt}^e	TY_t	PE_t	VS_t	R^2
r_{Mt+1}^e	0.094 (0.086)	0.128* (1.86)	0.709 (0.62)	−0.038* (−1.77)	0.052 (0.88)	0.027
TY_{t+1}	0.008*** (2.57)	0.001 (0.33)	0.789*** (19.79)	0.001 (0.42)	−0.006*** (−3.38)	0.764

续表

	a	r^e_{Mt}	TY_t	PE_t	VS_t	R^2
PE_{t+1}	0.255*** (2.39)	0.144* (1.69)	0.408 (0.28)	0.920*** (34.12)	0.058 (0.78)	0.873
VS_{t+1}	0.017 (0.45)	−0.035 (−1.12)	−0.120 (−0.23)	0.011 (1.12)	0.940*** (34.93)	0.906

注：***、**和*分别表示在1%、5%和10%的水平上统计显著。括号中t值的标准误采用Newey & West（1987）滞后3阶项进行调整。

根据向量自回归参数估计结果，将参数ρ设定为0.95即可得到参数表达式λ的具体数值，再根据（附5-4）式计算得到折现率冲击N_{DR}；按照（附5-3）式的表达形式，根据向量自回归残差项和折现率冲击N_{DR}即可倒推计算出现金流冲击N_{CF}。在此基础上，采用滚动回归法将个股收益率回归到现金流冲击时间序列N_{CF}上得到现金流风险系数β^i_{CF}，估计模型如下：

$$r_{it}=\alpha+\beta^i_{CF}\cdot N_{CF,t}+\varepsilon_{it}$$

滚动窗口期设置为36个月，根据数据可得性将最小窗口期设定为24个月。附表6提供了现金流*Beta*分年份和全样本的描述性统计结果。

附表6　现金流*Beta*分年份和全样本描述性统计结果

年份	最小值	均值	中位数	最大值	标准差	偏度
2004	−0.057	0.939	0.953	1.904	0.293	−0.254
2005	0.038	0.939	0.950	1.942	0.275	−0.161
2006	−0.059	0.957	0.959	1.826	0.287	−0.074
2007	−0.104	0.844	0.824	2.320	0.281	0.359
2008	0.089	0.784	0.781	1.598	0.214	0.179
2009	0.075	0.832	0.829	1.669	0.203	0.087
2010	−0.384	0.853	0.857	1.672	0.216	−0.018
2011	−0.355	0.889	0.906	2.252	0.284	−0.294
2012	−0.386	0.935	0.940	2.433	0.359	−0.093
2013	−0.391	1.099	1.111	2.341	0.344	−0.298

续表

年份	最小值	均值	中位数	最大值	标准差	偏度
2014	−0.980	1.090	1.118	2.454	0.367	−0.446
2015	−0.688	0.822	0.817	2.580	0.332	0.060
2016	−0.621	0.903	0.915	2.295	0.275	−0.217
2017	−0.523	0.937	0.937	2.407	0.302	−0.011
2018	−1.015	1.074	1.082	2.758	0.327	−0.277
2019	−0.954	0.981	0.979	2.652	0.343	0.032
全样本	**−1.015**	**0.948**	**0.940**	**2.758**	**0.323**	**0.043**

附录 6 个股现金流风险估计

本附录给出了个股现金流风险的估计过程。根据附录 5 可知，市场现金流风险表达式如下：

$$N_{CF,t+1}=(E_{t+1}-E_t)\sum_{j=0}^{\infty}\rho^j\Delta d_{t+j+1} \tag{附 6-1}$$

为了避免 Campbell & Vuolteenaho（2004）潜在的模型误设问题，Da & Warachka（2009）基于分析师对个股的盈利能力预测直接计算公司未来现金流预期状况，并基于（附 6-1）式计算现金流冲击。

1. 模型设定与推导

根据会计盈余恒等式，公司净资产 B、净利润 X 和现金流流出 D 存在以下恒等关系：

$$B_{t+1}=B_t+X_{t+1}-D_{t+1}=B_t+X_{t+1}\cdot(1-PR_{t+1}) \tag{附 6-2}$$

其中，PR_{t+1}表示公司第 $t+1$ 期的股息支付比率（payout ratio，PR）。

公司净资产收益率 ROE 满足以下表达式：

$$ROE=e_{t+j+1}=\log\left(1+\frac{X_{t+j+1}}{B_{t+j}}\right) \tag{附 6-3}$$

Vuolteenaho（2002）将（附 6-2）式做对数线性化，并使用（附 6-3）式的 ROE 替代（附 6-1）式中的现金流变动 Δd_{t+j+1}，可得到

如下表达式：

$$N_{CF,t+1}=(E_{t+1}-E_t)\sum_{j=0}^{\infty}\rho^j e_{t+j+1} \qquad (附 6-4)$$

假设公司无限期存续，根据（附 6-3）式和（附 6-4）式可知，当 X_{t+j+1} 和 B_{t+j} 可得时，即可通过计算各期 e_{t+j+1} 估计得到现金流冲击 $N_{CF,t+1}$。

2. 模型估计

首先，根据上市公司在季报、半年报和年报中最新披露的利润数据，将净利润数据剥离为季度数据，并在各季度通过滚动累加前 4 个季度的净利润将季度数据变换为年度数据，以保证数据具备可比性。进一步，根据财务报告披露的具体日期，将分析师每月对公司的净利润预测数据与实际可得的最新财务数据相匹配，在保证数据可得性的前提下避免数据窥视和前视误差。在同一个月，若有多个卖方分析师对同一家公司相同期限的净利润进行预测，则对该利润数据取算术平均数。

其次，根据实际披露的净利润数据 X_{t-1} 和分析师预测的净利润数据 $A0_t$、$A1_t$、$A2_t$，预测未来存续期公司的净利润数据 $X_{t,t+j+1}$。其中：$A0_t$、$A1_t$、$A2_t$ 分别表示分析师在 t 期对当年、未来 1 年、未来 2 年的净利润预测值。假设未来净利润的增长分为三个阶段：第一阶段为未来第 1～5 年，公司的净利润按照分析师预测值及前两年预测值的增长率 LTG_t 增长；第二阶段为未来 5～10 年，公司净利润增长将由预测增长率 LTG_t 逐步收敛至经济中稳态增长率 g_t；第三阶段为未来 11 年至无限存续期，公司净利润将按稳态增长率 g_t 增长。

净利润预测增长率 LTG_t 计算方法如下：

$$A0_{t,\%}=\frac{A0_t-X_{t-1}}{|X_{t-1}|}$$

$$A1_{t,\%}=\sqrt{1+\frac{A1_t-X_{t-1}}{|X_{t-1}|}}-1$$

$$A2_{t,\%}=\sqrt[3]{1+\frac{A2_t-X_{t-1}}{|X_{t-1}|}}-1$$

$$LTG_t=\frac{1}{3}\cdot(A0_{t,\%}+A1_{t,\%}+A2_{t,\%})$$

在同一横截面对所有上市公司净利润预测增长率 LTG_t 取平均值计算可得经济中净利润的稳态增长率g_t：

$$g_t = \frac{1}{N}\sum_{n=1}^{N} LTG_t^i$$

根据以上所得到的净利润增长率数据，即可计算公司未来每个阶段的净利润预测值。

第一阶段：对未来 1～5 年净利润$X_{t,t+j+1}$的预测值：

$$X_{t,t+1} = A0_t$$

$$X_{t,t+2} = A2_t$$

$$X_{t,t+3} = A2_t \cdot (1+LTG_t)$$

$$X_{t,t+4} = A2_t \cdot (1+LTG_t)$$

$$X_{t,t+5} = X_{t,t+4} \cdot (1+LTG_t)$$

第二阶段：对未来 6～10 年净利润$X_{t,t+j+1}$的预测值：

$$X_{t,t+j+1} = X_{t,t+j} \cdot \left[1+LTG_t + \frac{j-4}{5}(g_t - LTG_t)\right], j=5,\cdots,9$$

第三阶段：对未来 11 年至无限存续期净利润$X_{t,t+j+1}$的预测值：

$$X_{t,t+j+1} = X_{t,t+j} \cdot (1+g_t)$$

根据（附 6 - 2）式，需要估计公司的股利支付比率 PR_{t+1}。本书按照国泰安数据库公布的上市公司年度股利支付比率，计算了每一个年度横截面 PR 的数字特征，如附表 7 所示。可以看到，上市公司各个年度股息支付比率有所不同，在全样本中股息支付比率均值为 9.86%，因此本书选取 $PR=10\%$。根据各公司在以上三个阶段的净利润预测值，结合（附 6 - 2）式即可计算公司净资产的预测值$B_{t,t+j}$，进而根据（附 6 - 3）式可得到公司未来存续期内各期的净资产收益率 ROE 的预测值满足如下条件：

$$e_{t,t+j+1} = \begin{cases} \log\left(1+\dfrac{X_{t,t+j+1}}{B_{t,t+j}}\right), 0 \leqslant j \leqslant 9 \\ \log\left(1+\dfrac{g_t}{1-PR}\right), j \geqslant 10 \end{cases}$$

因此，公司在 t 期的预期现金流现值之和可根据如下表达式加以计算：

附表 7　A 股上市公司股息支付比率的描述性统计结果（%）

年份	最小值	均值	中位数	最大值	标准差
2000	0	8.17	5.00	70.00	9.73
2001	0	7.18	4.00	66.00	9.46
2002	0	6.64	1.20	60.00	9.65
2003	0	6.51	0.00	70.00	10.25
2004	0	7.92	2.00	70.00	11.47
2005	0	6.97	0.00	83.00	11.77
2006	0	7.30	0.00	80.94	11.86
2007	0	7.74	1.00	83.60	12.64
2008	0	7.15	1.67	85.00	11.46
2009	0	8.86	3.00	80.00	13.50
2010	0	11.09	5.00	85.00	15.14
2011	0	11.64	7.00	85.00	14.80
2012	0	11.24	6.00	80.00	14.41
2013	0	10.01	5.00	82.00	12.94
2014	0	9.93	5.00	85.00	13.54
2015	0	9.71	5.00	81.00	13.74
2016	0	10.85	5.35	84.52	14.48
2017	0	12.11	6.50	85.00	15.08
2018	0	11.62	5.70	85.00	15.38
2019	0	11.77	5.40	85.00	15.73
全样本	0	9.86	5.00	85.00	13.76

$$E_t \sum_{j=0}^{\infty} \rho^j e_{t+j+1} = \sum_{j=0}^{9} \rho^j \ e_{t,t+j+1} + \frac{\rho^{10}}{1-\rho} \log\left(1 + \frac{g_t}{1+PR}\right)$$

（附 6－5）

在（附 6－5）式的基础上，根据（附 6－1）式和（附 6－4）式即可计算得到个股的现金流冲击$N_{CF,t+1}^{i}$。同时，在根据（附 6－5）式计算个股现金流现值基础上，按市值加权计算可得市场现金流现值之和，并根据（附 6－1）式和（附 6－4）式计算得到市场现金流冲击$N_{CF,t+1}^{M}$，此处

将跨期折现率 ρ 取值为 0.95。进一步，按照下式估计个股现金流风险：

$$N^{i}_{CF,t+1}=\alpha^{i}_{CF}+\beta^{i}_{CF}\cdot N^{M}_{CF,t+1}+\in^{i}_{t+1}$$

其中，β^{i}_{CF} 度量了个股现金流冲击 $N^{i}_{CF,t+1}$ 对市场现金流冲击 $N^{M}_{CF,t+1}$ 的敏感性：较高的 β^{i}_{CF} 意味着个股现金流冲击对市场现金流冲击具有更高的敏感性和波动性，因此具有更高的系统性风险。

附录 7　营运杠杆风险估计

本附录给出了公司层面营运杠杆风险（*DOL*）的估计步骤，按照 Mandelker & Rhee（1984）和 O'Brien & Vanderheiden（1987）对于营运杠杆风险的理论框架，结合 García-Feijóo & Jorgensen（2010）的两步法进行估计。

首先，采用滚动回归法，将公司年度息税前利润（*EBIT*）① 和营业收入（*Sales*）分别回归到公司上市之初的 *EBIT* 和 *Sales* 上，并控制年度趋势项，滚动窗口期设置为 5 年。

$$\ln EBIT_t=\ln EBIT_0+g_{EBIT}\cdot t+\mu_{t,EBIT} \quad (附 7-1)$$

$$\ln Sales_t=\ln Sales_0+g_{Sales}\cdot t+\mu_{t,Sales} \quad (附 7-2)$$

其次，将（附 7－1）式的残差项回归到（附 7－2）式回归方程的残差项上，得到公司的营运杠杆风险 *DOL*：

$$\mu_{t,EBIT}=DOL\cdot \mu_{t,Sales}+\in_t \quad (附 7-3)$$

最后，根据公司年度报告披露的具体日期，将估计得到的最新 *DOL* 与股票交易数据匹配。附表 8 汇报了分年份及全样本公司营运杠杆风险的描述性统计结果。

附表 8　营运杠杆风险的描述性统计结果

年份	最小值	均值	中位数	最大值	标准差
2000	−6.031	0.920	0.740	15.760	2.097
2001	−13.602	1.104	0.734	53.674	3.945

① *EBIT*＝净利润＋所得税费用＋财务费用。

续表

年份	最小值	均值	中位数	最大值	标准差
2002	−19.729	0.764	0.683	9.694	2.455
2003	−11.771	0.916	0.698	27.876	2.408
2004	−10.744	1.072	0.789	30.523	2.600
2005	−11.210	1.103	0.826	19.342	2.322
2006	−10.801	1.027	0.780	17.655	2.163
2007	−10.589	0.958	0.747	17.552	1.985
2008	−13.701	0.950	0.811	35.082	2.699
2009	−8.955	0.894	0.847	22.065	2.146
2010	−38.183	0.818	0.862	11.730	2.400
2011	−30.695	0.930	0.965	23.393	2.682
2012	−43.987	0.883	0.940	12.586	2.995
2013	−33.775	1.055	0.993	26.814	2.972
2014	−35.889	1.136	1.031	44.450	3.466
2015	−66.864	1.276	1.088	89.019	3.914
2016	−42.436	1.222	1.058	78.372	3.496
2017	−16.824	1.232	1.049	49.861	2.924
2018	−17.465	1.229	1.068	46.033	2.859
2019	−15.160	1.288	1.080	49.091	2.878
全样本	−66.864	1.099	0.955	89.019	2.964

附录 8　股权久期风险估计

本附录给出了股权久期风险的模型设定和参数估计的具体步骤。

1. 模型设定

债券资产现金流平均回收期通常使用麦考利久期（Macaulay duration）加以度量：

$$D=\frac{\sum_{t=1}^{T}\left[t\times\frac{CF_t}{(1+r)^t}\right]}{P} \tag{附 8-1}$$

其中，CF_t 表示 t 期的现金流，r 表示债券的到期收益率。然而，将债券的久期计算方法推广至计算股权久期将面临两大难点：第一，由于公司存续期无法确定，且理论上来讲公司是无限期存续的，因此股权的未来现金流期限是不确定的。第二，债券在存续期的现金流在债券发行时已事先确定，但股权的未来现金流依赖于公司的盈利能力和股利分配政策，加之经济形势的变化，股权的未来现金流面临极大的不确定性。

为了克服以上两大难点，Dechow 等（2004）根据（附 8－1）式将股权久期分解为 $t\in[1, T]$ 有限期和 $t\in[T+1, \infty]$ 无限期两部分：

$$D=\frac{\sum_{t=1}^{T}\left[t\times\frac{CF_t}{(1+r)^t}\right]}{\sum_{t=1}^{T}\left[\frac{CF_t}{(1+r)^t}\right]}\times\frac{\sum_{t=1}^{T}\left[\frac{CF_t}{(1+r)^t}\right]}{P}+\frac{\sum_{t=T+1}^{\infty}\left[t\times\frac{CF_t}{(1+r)^t}\right]}{\sum_{t=T+1}^{\infty}\left[\frac{CF_t}{(1+r)^t}\right]}\times\frac{\sum_{t=T+1}^{\infty}\left[\frac{CF_t}{(1+r)^t}\right]}{P} \tag{附 8-2}$$

将（附 8－2）式作等量代换和化简求和可得：

$$D=\frac{\sum_{t=1}^{T}\left[t\times\frac{CF_t}{(1+r)^t}\right]}{P}+\left(T+\frac{1+r}{r}\right)\times\frac{P-\sum_{t=1}^{T}\frac{CF_t}{(1+r)^t}}{P} \tag{附 8-3}$$

从（附 8－2）式到（附 8－3）式的推导过程可利用以下级数求和与等量代换得到：

$$\frac{\sum_{t=T+1}^{\infty}\left[t\times\frac{CF_t}{(1+r)^t}\right]}{\sum_{t=T+1}^{\infty}\left[\frac{CF_t}{(1+r)^t}\right]}=T+\frac{1+r}{r} \tag{附 8-4}$$

$$\sum_{t=T+1}^{\infty}\left[\frac{CF_t}{(1+r)^t}\right]=P-\sum_{t=1}^{T}\frac{CF_t}{(1+r)^t} \tag{附 8-5}$$

从（附 8－3）式可以看到，对股权久期的求解转换为对有限期 T、有限期内现金流 CF_t、股权收益率 r 三个参数的确定，而股权价格 P 可以从市场交易数据中直接获得。

2. 参数估计

根据会计盈余恒等式，公司现金流（CF）、净利润（E）、净资产（BV）满足下列关系：

$$CF_t = E_t - (BV_t - BV_{t-1}) = BV_{t-1} \times \left[\frac{E_t}{BV_{t-1}} - \frac{BV_t - BV_{t-1}}{BV_{t-1}}\right]$$
$$= BV_{t-1} \times (ROE_t - g_{bv,t}) \quad \text{（附 8－6）}$$

本书根据上市公司资产负债表和利润表中披露的年度净资产和净利润数据计算得到净资产收益率 ROE_t 和净资产增长率 $g_{bv,t}$。Nissim & Penman（2001）指出，公司的股权资本成本［（附 8－3）式中的 r］在长期内收敛于净资产收益率 ROE_t，且 ROE_t 和 $g_{bv,t}$ 服从一阶自回归过程。因此，三个核心参数的确定方法如下：

第一，对有限期 T 的确定。参照 Dechow 等（2004）将 T 设定为 10，这一设定既考虑到了短期内不同公司现金流水平的差异，又兼顾了在更长期限内公司盈利能力向宏观经济增长率收敛。

第二，对有限期内现金流水平 CF_t 的确定。分别对 ROE_t 和 $g_{bv,t}$ 进行建模，取 AR（1）的预测值作为（附 8－1）式中 ROE_t 和 $g_{bv,t}$ 的估计值，进而根据（附 8－6）式计算各期公司的现金流 CF_t。

第三，对股权收益率 r 的确定。参照 Nissim & Penman（2001）和 Dechow 等（2004）的做法，将股权收益率 r 设定为各期净资产收益率 ROE_t 在一阶自回归模型中的预测值。

根据年度财务报表披露的具体月份，将 ROE_t 和 $g_{bv,t}$ 的预测值与公司总市值 P 相匹配，以使得交易数据与最新的财务数据相匹配。附表 9 汇报了净资产收益率 ROE_t 和净资产增长率 $g_{bv,t}$ 一阶自回归模型中各年份和全样本预测值的描述性统计结果。可以看到，全样本的净资产收益率均值约为 6.49%，净资产增长率的均值约为 12.60%，这一结果与 Dechow 等（2004）基于美股数据的结果类似。

在此基础上，可以通过（附 8－3）式计算出个股久期数据。由于有

限期 $T=10$，因此本节的久期样本区间为 2000 年 1 月至 2009 年 12 月。附表 10 汇报了股权久期的描述性统计结果。可以看到，A 股上市公司股权投资回收期约为 20.31 年，不同年份股权久期各有不同。

附表 9 净资产收益率和净资产增长率的描述性统计结果（%）

年份	ROE_t				$g_{bv,t}$			
	最小值	均值	最大值	标准差	最小值	均值	最大值	标准差
2000	−18.35	6.73	22.26	4.38	10.92	12.64	13.41	0.26
2001	−21.01	6.67	22.10	4.20	10.10	12.60	13.48	0.28
2002	−20.26	5.70	19.97	3.96	11.15	12.67	13.55	0.23
2003	−21.48	5.51	22.13	4.40	10.10	12.67	13.55	0.22
2004	−21.50	5.86	19.46	3.94	10.46	12.64	13.56	0.20
2005	−21.07	5.75	23.86	4.76	10.77	12.67	13.55	0.20
2006	−21.40	5.20	20.58	5.06	10.10	12.70	13.57	0.20
2007	−21.00	6.15	23.25	4.74	10.18	12.64	13.52	0.28
2008	−21.29	7.49	23.51	4.95	10.05	12.52	13.55	0.40
2009	−21.51	6.23	23.95	5.11	10.02	12.63	13.52	0.34
2010	−20.08	6.76	23.83	4.72	10.03	12.60	13.56	0.31
2011	−20.25	7.61	23.61	4.19	10.01	12.55	13.52	0.37
2012	−21.00	7.23	23.59	4.18	10.04	12.57	13.57	0.39
2013	−20.88	6.60	22.86	3.76	10.00	12.62	13.34	0.25
2014	−21.09	6.47	22.35	3.66	10.21	12.63	13.57	0.23
2015	−21.23	6.55	22.30	3.77	9.98	12.57	13.54	0.31
2016	−21.22	6.35	23.65	4.11	10.02	12.53	13.56	0.38
2017	−20.42	6.68	23.73	3.65	10.04	12.54	13.55	0.36
2018	−21.50	6.90	23.93	3.57	10.20	12.58	13.57	0.29
2019	−21.52	6.20	23.93	4.59	10.47	12.65	13.56	0.23
全样本	−21.52	6.49	23.95	4.26	9.98	12.60	13.57	0.30

附表 10　股权久期的描述性统计结果

年份	最小值	均值	最大值	标准差
2000	1.95	23.43	82.31	6.66
2001	0.22	22.21	81.27	6.19
2002	1.83	22.35	83.90	7.00
2003	0.01	21.58	84.32	8.07
2004	0.12	18.93	62.60	6.28
2005	0.32	16.21	58.75	7.17
2006	0.24	18.77	73.44	8.13
2007	0.09	23.20	78.44	6.02
2008	0.03	16.17	82.95	6.83
2009	1.61	22.15	78.60	7.37
全样本	0.01	20.31	84.32	7.51

附录 9　个股预期差和价值指标在美股的横截面检验结果

附表 11　基于 *FSCORE* 的预期差和价值指标对预期收益率的 FM 横截面检验

	(1)	(2)	(3)	(4)	(5)	(6)	(7)	(8)	(9)	(10)	(11)	(12)	(13)	(14)	(15)
ERROR	0.311*** (7.61)								0.159*** (3.75)	0.313*** (7.60)	0.303*** (7.59)	0.308*** (7.92)	0.296*** (7.27)	0.482*** (7.66)	0.340*** (4.45)
log(*B/M*)		0.489*** (7.69)						0.478*** (7.45)	0.350*** (5.14)						0.124 (1.63)
E/P			0.440* (1.81)					−0.016 (−0.07)		0.136 (0.59)					0.114 (0.42)
D/P				2.831** (2.07)				−1.040 (−0.69)			1.725 (1.30)				−0.997 (−0.65)
CF/P					2.494*** (3.85)			1.680*** (3.02)				0.871 (1.37)			1.200** (2.28)
S/P						0.028*** (3.97)		0.004 (0.67)					0.018*** (2.60)		0.006 (0.90)
FSCORE							0.090* (1.88)							−0.343*** (−4.64)	−0.189** (−2.23)
b	−0.140 (−0.52)	0.069 (0.26)	−0.174 (−0.64)	−0.202 (−0.71)	−0.322 (−1.12)	−0.219 (−0.83)	−0.143 (−0.53)	−0.032 (−0.11)	−0.009 (−0.03)	−0.149 (−0.55)	−0.168 (−0.59)	−0.224 (−0.78)	−0.187 (−0.71)	−0.135 (−0.50)	−0.210 (−0.73)
Obs.	1 262 349	1 262 349	1 261 766	1 259 115	1 258 249	1 261 530	1 262 370	1 255 581	1 262 349	1 261 745	1 259 094	1 258 228	1 261 509	1 262 349	1 255 581
R^2	0.007	0.010	0.005	0.005	0.007	0.003	0.004	0.027	0.014	0.011	0.012	0.013	0.010	0.014	0.031

注：***、**和*分别表示在 1%、5%和 10%的水平上统计显著。括号中 t 值的标准误采用 Newey & West（1987）滞后 3 阶项进行调整。

附表 12　基于 *QSCORE* 的预期差和价值指标对预期收益率的 FM 横截面检验

	(1)	(2)	(3)	(4)	(5)	(6)	(7)	(8)	(9)	(10)	(11)	(12)	(13)	(14)	(15)
ERROR	0.138*** (6.34)								0.118*** (5.46)	0.140*** (6.67)	0.134*** (6.45)	0.137*** (7.10)	0.136*** (6.19)	0.563*** (8.81)	0.466*** (6.16)
$\log(B/M)$		0.489*** (7.69)						0.478*** (7.45)	0.457*** (7.20)						0.104 (1.39)
E/P			0.440* (1.81)					−0.016 (−0.07)		0.222 (1.19)					0.057 (0.21)
D/P				2.831** (2.07)				−1.040 (−0.69)			2.197* (1.78)				−1.351 (−0.97)
CF/P					2.494*** (3.85)			1.680*** (3.02)				1.347** (2.33)			0.398 (0.74)
S/P						0.028*** (3.97)		0.004 (0.67)					0.026*** (3.60)		0.004 (0.67)
QSCORE							0.057*** (2.60)							−0.444*** (−7.08)	−0.332*** (−4.36)
b	−0.148 (−0.55)	0.069 (0.26)	−0.174 (−0.64)	−0.202 (−0.71)	−0.322 (−1.12)	−0.219 (−0.83)	−0.146 (−0.54)	−0.032 (−0.11)	0.043 (0.16)	−0.168 (−0.62)	−0.191 (−0.67)	−0.276 (−0.98)	−0.221 (−0.84)	−0.140 (−0.52)	−0.164 (−0.57)
Obs.	1 262 349	1 262 349	1 261 766	1 259 115	1 258 249	1 261 530	1 262 370	1 255 581	1 262 349	1 261 745	1 259 094	1 258 228	1 261 509	1 262 349	1 255 581
R^2	0.006	0.010	0.005	0.005	0.007	0.003	0.006	0.027	0.016	0.010	0.011	0.012	0.010	0.016	0.032

注：***、**和*分别表示在1%、5%和10%的水平上统计显著。括号中 t 值的标准误采用 Newey & West（1987）滞后 3 阶项进行调整。

附录 10　美股价值因子和预期差因子的表现

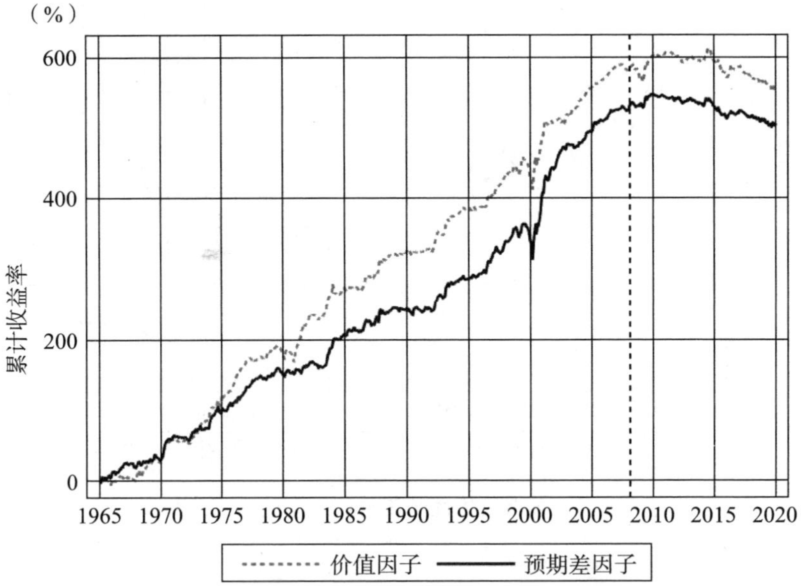

附图 1　美股价值因子和预期差因子的累计收益率

附录 11 美股价值因子和预期差因子收益率的多空分解

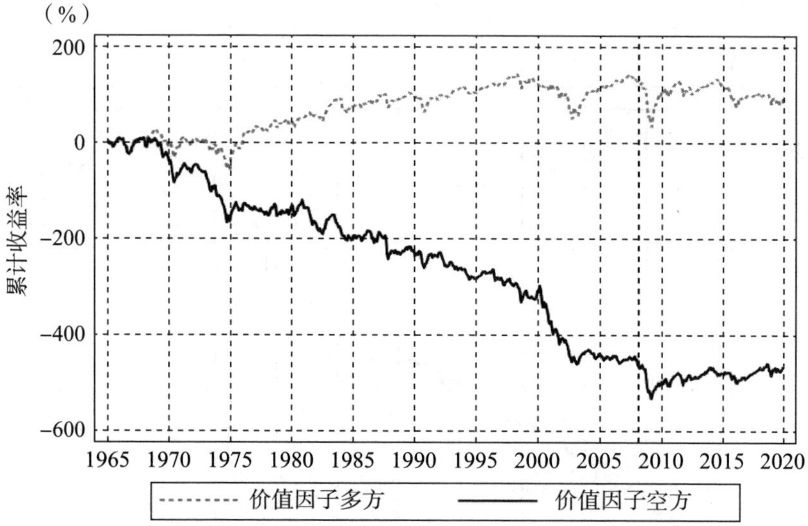

附图 2 美股价值因子累计收益率的多空分解

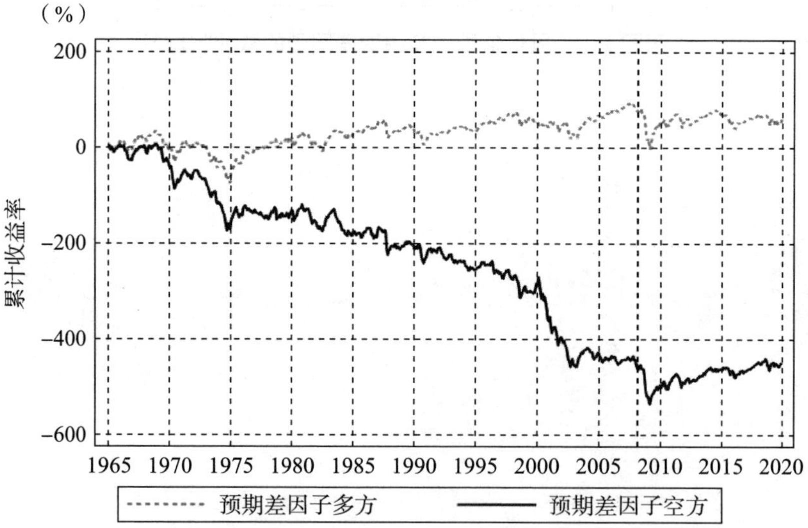

附图 3 美股预期差因子累计收益率的多空分解

附表 13 美股价值因子 *HML* 和预期差因子 *ERROR* 的统计特征

样本期	因子	多空双方	样本量	月均收益率（%）	t 统计量	波动率（%）	年化夏普比率
1965 年 1 月—2019 年 12 月	*HML*	多方	660	0.150	0.69	5.55	0.09
	ERROR		660	0.092	0.46	5.20	0.06
	HML	空方	660	−0.701	−3.03	5.95	−0.41
	ERROR		660	−0.676	−2.77	6.27	−0.37
	HML	**因子**	**660**	**0.852**	**5.79**	**3.78**	**0.78**
	ERROR		**660**	**0.798**	**5.77**	**3.42**	**0.81**
1965 年 1 月—2007 年 12 月	*HML*	多方	516	0.264	1.15	5.20	0.18
	ERROR		516	0.164	0.75	4.99	0.11
	HML	空方	516	−0.868	−3.21	6.14	−0.49
	ERROR		516	−0.854	−3.00	6.47	−0.46
	HML	**因子**	**516**	**1.132**	**6.70**	**3.84**	**1.02**
	ERROR		**516**	**1.019**	**6.40**	**3.62**	**0.98**
2008 年 1 月—2019 年 12 月	*HML*	多方	144	−0.257	−0.47	6.64	−0.13
	ERROR		144	−0.166	−0.34	5.92	−0.10
	HML	空方	144	−0.103	−0.24	5.15	−0.07
	ERROR		144	−0.036	−0.08	5.48	−0.02
	HML	**因子**	**144**	**−0.154**	**−0.55**	**3.38**	**−0.16**
	ERROR		**144**	**−0.130**	**−0.65**	**2.41**	**−0.19**

参考文献

[1] 陈雨露，汪昌云. 金融学文献通论：微观金融卷. 2 版. 北京：中国人民大学出版社，2021.

[2] 洪永淼，汪寿阳. 数学、模型与经济思想. 管理世界，2020 (10)：15－27.

[3] 洪永淼. 站在中国人的立场上，用现代方法研究中国问题，用国际语言讲述中国故事. 经济研究，2017 (5)：19－21.

[4] 胡熠，顾明. 巴菲特的阿尔法：来自中国股票市场的实证研究. 管理世界，2018 (8)：41－54.

[5] 李培馨，刘悦，王宝链. 中国股票市场的赌博行为研究. 财贸经济，2014 (3)：68－79.

[6] 李志冰，杨光艺，冯永昌，等. Fama-French 五因子模型在中国股票市场的实证检验. 金融研究，2017 (6)：191－206.

[7] 石川，刘洋溢，连祥斌. 因子投资：方法与实践. 北京：电子工业出版社，2020：231.

[8] 汪昌云. 中国实证资产定价. 北京：中国金融出版社，2020.

[9] 汪荣飞，张然. 基本面分析在中国 A 股市场有用吗?：来自季度财务报表的证据. 金融学季刊，2018 (12)：81－105.

[10] 尹力博，廖辉毅. 中国 A 股市场存在品质溢价吗?. 金融研究，2019 (10)：170－187.

[11] 郑振龙，孙清泉. 彩票类股票交易行为分析：来自中国 A 股市场的证据. 经济研究，2013 (5)：128－140.

［12］ Aabo，T.，Pantzalis，C.，Park，J. C. Idiosyncratic volatility：An indicator of noise trading?. *Journal of Banking & Finance*，2017，75(2)：136－151.

［13］ Acharya，V. V.，Pedersen，L. H. Asset pricing with liquidity risk. *Journal of Financial Economics*，2005，77(2)：375－410.

［14］ Ai，H.，Kiku，D. Volatility risks and growth options. *Management Science*，2016，62(3)：741－763.

［15］ Ali，A.，Hwang，L. S.，Trombley，M. A. Arbitrage risk and the book-to-market anomaly. *Journal of Financial Economics*，2003，69(2)：355－373.

［16］ Altman，E. I. Financial ratios，discriminant analysis and the prediction of corporate bankruptcy. *Journal of Finance*，1968，23(4)：589－609.

［17］ Amihud，Y. Illiquidity and stock returns：Cross-section and time-series effects. *Journal of Financial Markets*，2002，5(1)：31－56.

［18］ Amihud，Y.，Mendelson，H. Asset pricing and the bid-ask spread. *Journal of Financial Economics*，1986，17(2)：223－249.

［19］ Amihud，Y.，Mendelson，H. The effects of beta，bid-ask spread，residual risk，and size on stock returns. *Journal of Finance*，1989，44(2)：479－486.

［20］ Ang，A.，Hodrick，R. J.，Xing，Y.，Zhang，X. The cross-section of volatility and expected returns. *Journal of Finance*，2006，61(1)：259－299.

［21］ Arnott，R. D.，Harvey，C. R.，Kalesnik，V.，Linnainmaa，J. T. Reports of value's death may be greatly exaggerated. *Financial Analysts Journal*，2020，77(1)：44－67.

［22］ Asness，C. S.，Frazzini，A.，Pedersen，L. H. Quality minus junk. *Review of Accounting Studies*，2019，24(1)：34－112.

［23］ Asness，C. S.，Friedman，J. A.，Krail，R. J.，Liew，J. M. Style timing：Value versus growth. *Journal of Portfolio Management*，

2000，26(3)：50－60.

[24] Asness，C. S.，Moskowitz，T. J.，Pedersen，L. H. Value and momentum everywhere. *Journal of Finance*，2013，68(3)：929－985.

[25] Asquith，P.，Gertner，R.，Scharfstein，D. Anatomy of financial distress：An examination of junk-bond issuers. *Quarterly Journal of Economics*，1994，109(3)：625－658.

[26] Asquith，P.，Pathak，P. A.，Ritter，J. R. Short interest，institutional ownership，and stock returns. *Journal of Financial Economics*，2005，78(2)：243－276.

[27] Bansal，R.，Dittmar，R. F.，Lundblad，C. T. Consumption，dividends，and the cross section of equity returns. *Journal of Finance*，2005，60(4)：1639－1672.

[28] Banz，R. W. The relationship between return and market value of common stocks. *Journal of Financial Economics*，1981，9(1)：3－18.

[29] Barbee Jr，W. C.，Jeong，J. G.，Mukherji，S. Relations between portfolio returns and market multiples. *Global Finance Journal*，2008，19(1)：1－10.

[30] Barbee Jr，W. C.，Mukherji，S.，Raines，G. A. Do sales-price and debt-equity explain stock returns better than book-market and firm size?. *Financial Analysts Journal*，1996，52(2)：56－60.

[31] Barberis，N.，Thaler，R. A survey of behavioral finance. // Constantinides，G. M.，Harris，M.，Stulz，R. M. *Handbook of the Economics of Finance*. Amsterdam：North Holland，2003：1053－1128.

[32] Basu，S. The information content of price earnings ratios. *Financial Management*，1975，4(2)：53－64.

[33] Basu，S. Investment performance of common stocks in relation to their price-earnings ratios：A test of the efficient market hypothesis. *Journal of Finance*，1977，32(3)：663－682.

[34] Basu，S. The relationship between earnings' yield，market value and return for NYSE common stocks：Further evidence. *Journal*

of Financial Economics, 1983, 12(1): 129 - 156.

[35] Battalio, R., Schultz, P. Options and the bubble. *Journal of Finance*, 2006, 61(5): 2071 - 2102.

[36] Bauman, W. S., Conover, C. M., Miller, R. E. Growth versus value and large-cap versus small-cap stocks in international markets. *Financial Analysts Journal*, 1998, 54(2): 75 - 89.

[37] Beber, A., Pagano, M. Short-selling bans around the world: Evidence from the 2007 - 09 crisis. *Journal of Finance*, 2013, 68(1): 343 - 381.

[38] Bhandari, L. C. Debt/equity ratio and expected common stock returns: Empirical evidence. *Journal of Finance*, 1988, 43(2): 507 - 528.

[39] Bhardwaj, R. K., Brooks, L. D. The January anomaly: effects of low share price, transaction costs, and bid-ask bias. *Journal of Finance*, 1992, 47(2): 553 - 575.

[40] Black, F. Capital market equilibrium with restricted borrowing. *Journal of Business*, 1972, 45(3): 444 - 455.

[41] Black, F., Jensen, M. C., Scholes, M. The capital asset pricing model: Some empirical tests.//Jensen, M. C. *Studies in the Theory of Capital Markets*. New York: Praeger, 1972: 79 - 121.

[42] Black, F., Scholes, M. The pricing of options and corporate liabilities. *Journal of Political Economy*, 1973, 81(3): 637 - 654.

[43] Blume, M. E. Stock returns and dividend yields: Some more evidence. *Review of Economics and Statistics*, 1980, 62(4): 567 - 577.

[44] Blume, M. E., Friend, I. A new look at the capital asset pricing model. *Journal of Finance*, 1973, 28(1): 19 - 33.

[45] Blume, M. E., Goldstein, M. A. Displayed and effective spreads by market. Rodney L. White Center for Financial Research Working Papers 27 - 92, 1992.

[46] Bodie, Z. *Investments*. New Delhi: Tata McGraw-Hill Education, 2009.

［47］ Boehmer，E.，Wu，J. Short selling and the price discovery process. *Review of Financial Studies*，2013，26(2)：287－322.

［48］ Bordalo，P.，Gennaioli，N.，Porta，R. L.，Shleifer，A. Diagnostic expectations and stock returns. *Journal of Finance*，2019，74(6)：2839－2874.

［49］ Breeden，D. T. An intertemporal asset pricing model with stochastic consumption and investment opportunities. *Journal of Financial Economics*，1979，7(3)：265－296.

［50］ Breen，W. Low price-earnings ratios and industry relatives. *Financial Analysts Journal*，1968，24(4)：125－127.

［51］ Breiman，L. Statistical modeling：The two cultures. *Statistical Science*，2001，16(3)：199－231.

［52］ Brennan，M. J.，Jegadeesh，N.，Swaminathan，B. Investment analysis and the adjustment of stock prices to common information. *Review of Financial Studies*，1993，6(4)：799－824.

［53］ Brennan，M. J.，Subrahmanyam，A. Market microstructure and asset pricing：On the compensation for illiquidity in stock returns. *Journal of Financial Economics*，1996，41(3)：441－464.

［54］ Bris，A.，Goetzmann，W. N.，Zhu，N. Efficiency and the bear：Short sales and markets around the world. *Journal of Finance*，2007，62(3)：1029－1079.

［55］ Cakici，N.，Fabozzi，F. J.，Tan，S. Size，value，and momentum in emerging market stock returns. *Emerging Markets Review*，2013，16(c)：46－65.

［56］ Campbell，J. A variance decomposition for stock returns. *Economic Journal*，1991，101(405)：157－179.

［57］ Campbell，J. Y. Asset pricing at the millennium. *Journal of Finance*，2000，55(4)：1515－1567.

［58］ Campbell，J. Y.，Cochrane，J. H. By force of habit：A consumption-based explanation of aggregate stock market behavior.

Journal of Political Economy, 1999, 107(2): 205－251.

[59] Campbell, J. Y., Cochrane, J. H. Explaining the poor performance of consumption-based asset pricing models. *Journal of Finance*, 2000, 55(6): 2863－2878.

[60] Campbell, J. Y., Hilscher, J., Szilagyi, J. In search of distress risk. *Journal of Finance*, 2008, 63(6): 2899－2939.

[61] Campbell, J. Y., Shiller, R. J. The dividend-price ratio and expectations of future dividends and discount factors. *Review of Financial Studies*, 1988, 1(3): 195－228.

[62] Campbell, J. Y., Vuolteenaho, T. Bad beta, good beta. *American Economic Review*, 2004, 94(5): 1249－1275.

[63] Capaul, C., Rowley, I., Sharpe, W. F. International value and growth stock returns. *Financial Analysts Journal*, 1993, 49(1): 27－36.

[64] Carhart, M. M. On persistence in mutual fund performance. *Journal of Finance*, 1997, 52(1): 57－82.

[65] Carlson, M., Fisher, A., Giammarino, R. Corporate investment and asset price dynamics: Implications for the cross-section of returns. *Journal of Finance*, 2004, 59(6): 2577－2603.

[66] Chan, K., Chan, L. K., Jegadeesh, N., Lakonishok, J. Earnings quality and stock returns. *Journal of Business*, 2006, 79(3): 1041－1082.

[67] Chan, K. C., Chen, N. F. Structural and return characteristics of small and large firms. *Journal of Finance*, 1991, 46(4): 1467－1484.

[68] Chan, A., Chui, A. P. An empirical re-examination of the cross-section of expected returns: UK evidence. *Journal of Business Finance & Accounting*, 1996, 23(9－10): 1435－1452.

[69] Chan, L. K., Hamao, Y., Lakonishok, J. Fundamentals and stock returns in Japan. *Journal of Finance*, 1991, 46(5): 1739－1764.

[70] Chan, L. K., Jegadeesh, N., Lakonishok, J. Evaluating the

performance of value versus glamour stocks: The impact of selection bias. *Journal of Financial Economics*, 1995, 38(3): 269 - 296.

[71] Chava, S. , Jarrow, R. A. Bankruptcy prediction with industry effects. *Review of Finance*, 2004, 8(4): 537 - 569.

[72] Cheema, M. A. , Nartea, G. V. Momentum returns, market states, and market dynamics: Is China different?. *International Review of Economics & Finance*, 2017, 100(50): 85 - 97.

[73] Chen, Y. W. , Chen, S. S. , Chou, R. K. Short-sale constraints and options trading: Evidence from Reg SHO. *Journal of Financial and Quantitative Analysis*, 2020, 55(5): 1555 - 1579.

[74] Chen, J. , Hong, H. , Stein, J. C. Breadth of ownership and stock returns. *Journal of Financial Economics*, 2002, 66(2 - 3): 171 - 205.

[75] Chen, N. F. , Zhang, F. Risk and return of value stocks. *Journal of Business*, 1998, 71(4): 501 - 535.

[76] Chen, L. , Zhao, X. Return decomposition. *Review of Financial Studies*, 2009, 22(12): 5213 - 5249.

[77] Cheng, C. S. A. , Liu, C. S. , Schaefer, T. F. Earnings permanence and the incremental information content of cash flows from operations. *Journal of Accounting Research*, 1996, 34(1): 173 - 181.

[78] Chordia, T. , Goyal, A. , Saretto, A. Anomalies and false rejections.*Review of Financial Studies*, 2020, 33(5): 2134 - 2179.

[79] Chou, P. H. , Huang, T. Y. , Yang, H. J. Arbitrage risk and the turnover anomaly. *Journal of Banking & Finance*, 2013, 37(11): 4172 - 4182.

[80] Christie, W. G. Dividend yield and expected returns: The zero-dividend puzzle. *Journal of Financial Economics*, 1990, 28(1 - 2): 95 - 125.

[81] Chu, Y. , Hirshleifer, D. , Ma, L. The causal effect of limits to arbitrage on asset pricing anomalies. *Journal of Finance*, 2020, 75(5): 2631 - 2672.

[82] Chui, A.C., Titman, S., Wei, K.C., Xie, F. Explaining the value premium around the world: Risk or mispricing?. Social Science Research Network, 2012.

[83] Cochrane, J.H. New facts in finance. National Bureau of Economic Research, No. 7169, 1999.

[84] Cochrane, J.H. Presidential address: Discount rates. *Journal of Finance*, 2011, 66(4): 1047-1108.

[85] Collins, B.M., Fabozzi, F.J. A methodology for measuring transaction costs. *Financial Analysts Journal*, 1991, 47(2): 27-36.

[86] Constantinides, G.M., Duffie, D. Asset pricing with heterogeneous consumers. *Journal of Political Economy*, 1996, 104(2): 219-240.

[87] Cook, T.J., Rozeff, M.S. Size and earnings/price ratio anomalies: One effect or two?. *Journal of Financial and Quantitative Analysis*, 1984, 19(4): 449-466.

[88] Cooper, M.J., Gulen, H., Schill, M.J. Asset growth and the cross-section of stock returns. *Journal of Finance*, 2008, 63(4): 1609-1651.

[89] Crosbie, P., Bohn, J.R. Modeling default risk. KMV LLC, 1999.

[90] Da, Z., Warachka, M.C. Cashflow risk, systematic earnings revisions, and the cross-section of stock returns. *Journal of Financial Economics*, 2009, 94(3): 448-468.

[91] Damodaran, A. *Investment valuation: Tools and techniques for determining the value of any asset* (Vol. 666). New York: John Wiley & Sons, 2012.

[92] Daniel, K., Hirshleifer, D., Subrahmanyam, A. Investor psychology and security market under- and overreactions. *Journal of Finance*, 1998, 53(6): 1839-1885.

[93] Daniel, K., Hirshleifer, D., Sun, L. Short- and long-horizon

behavioral factors. *Review of Financial Studies*, 2020, 33(4): 1673-1736.

[94] Daniel, K., Titman, S., Wei, K. J. Explaining the cross-section of stock returns in Japan: Factors or characteristics?. *Journal of Finance*, 2001, 56(2): 743-766.

[95] Davis, J. L., Fama, E. F., French, K. R. Characteristics, covariances, and average returns: 1929 to 1997. *Journal of Finance*, 2000, 55(1): 389-406.

[96] D'Avolio, G. The market for borrowing stock. *Journal of Financial Economics*, 2002, 66(2-3): 271-306.

[97] De Bondt, W. F., Thaler, R. Does the stock market overreact?. *Journal of Finance*, 1985, 40(3): 793-805.

[98] Dechow, P. M., Sloan, R. G. Returns to contrarian investment strategies: Tests of naive expectations hypotheses. *Journal of Financial Economics*, 1997, 43(1): 3-27.

[99] Dechow, P. M., Sloan, R. G., Soliman, M. T. Implied equity duration: A new measure of equity risk. *Review of Accounting Studies*, 2004, 9(2): 197-228.

[100] De Long, J. B., Shleifer, A., Summers, L. H., Waldmann, R. J. Noise trader risk in financial markets. *Journal of Political Economy*, 1990, 98(4): 703-738.

[101] Denis, D. J., Denis, D. K. Causes of financial distress following leveraged recapitalizations. *Journal of Financial Economics*, 1995, 37(2): 129-157.

[102] Desai, H., Rajgopal, S., Venkatachalam, M. Value-glamour and accruals mispricing: One anomaly or two?. *The Accounting Review*, 2004, 79(2): 355-385.

[103] Dhatt, M. S., Kim, Y. H., Mukherji, S. The value premium for small-capitalization stocks. *Financial Analysts Journal*, 1999, 55(5): 60-68.

[104] Dhatt, M. S., Kim, Y. H., Mukherji, S. Can composite value measures enhance portfolio performance?. *Journal of Investing*, 2004, 13(4): 42-48.

[105] Diamond, D. W., Verrecchia, R. E. Constraints on short-selling and asset price adjustment to private information. *Journal of Financial Economics*, 1987, 18(2): 277-311.

[106] Dichev, I. D. Is the risk of bankruptcy a systematic risk?. *Journal of Finance*, 1998, 53(3): 1131-1147.

[107] Diether, K. B., Malloy, C. J., Scherbina, A. Differences of opinion and the cross section of stock returns. *Journal of Finance*, 2002, 57(5): 2113-2141.

[108] Dimson, E., Nagel, S., Quigley, G. Capturing the value premium in the United Kingdom. *Financial Analysts Journal*, 2003, 59(6): 35-45.

[109] Dissanaike, G., Lim, K. H. The sophisticated and the simple: The profitability of contrarian strategies. *European Financial Management*, 2010, 16(2): 229-255.

[110] Dontoh, A., Radhakrishnan, S., Ronen, J. The declining value-relevance of accounting information and non-information-based trading: An empirical analysis. *Contemporary Accounting Research*, 2004, 21(4): 795-812.

[111] Douglas, G. W. *Risk in the Equity Markets: An Empirical Appraisal of Market Efficiency*. Ann Arbor, Michigan: University Microfilms, Inc, 1968.

[112] Doukas, J. A., Kim, C., Pantzalis, C. A test of the errors-in-expectations explanation of the value/glamour stock returns performance: Evidence from analysts' forecasts. *Journal of Finance*, 2002, 57(5): 2143-2165.

[113] Doukas, J. A., Kim, C. F., Pantzalis, C. Arbitrage risk and stock mispricing. *Journal of Financial and Quantitative Analysis*,

2010，45(4)：907－934.

［114］ Duffie，D. *Dynamic Asset Pricing Theory*. Princeton：Princeton University Press，2002.

［115］ Edmans，A. Does the stock market fully value intangibles? Employee satisfaction and equity prices. *Journal of Financial Economics*，2011，101(3)：621－640.

［116］ Edmans，A. The case for stock buybacks. *Harvard Business Review*，September 15，2017.

［117］ Elton，E. J.，Gruber，M. J.，Agrawal，D.，Mann，C. Explaining the rate spread on corporate bonds. *Journal of Finance*，2001，56(1)：247－277.

［118］ Elton，E.，Gruber，M.，Rentzler，J. A simple examination of the empirical relationship between dividend yields and deviations from the CAPM. *Journal of Banking & Finance*，1983，7(1)：135－146.

［119］ Fama，E. F. Efficient capital markets：A review of theory and empirical work. *Journal of Finance*，1970，25(2)：383－417.

［120］ Fama，E. F. Market efficiency，long-term returns，and behavioral finance. *Journal of Financial Economics*，1998，49(3)：283－306.

［121］ Fama，E. F. Random walks in stock market prices. *Financial Analysts Journal*，1965，21(5)：55－59.

［122］ Fama，E. F. Two pillars of asset pricing. *American Economic Review*，2014，104(6)：1467－1485.

［123］ Fama，E. F.，French，K. R. The cross-section of expected stock returns. *Journal of Finance*，1992，47(2)：427－465.

［124］ Fama，E. F.，French，K. R. Common risk factors in the returns on stocks and bonds. *Journal of Financial Economics*，1993，33(1)：3－56.

［125］ Fama，E. F.，French，K. R. Size and book-to-market factors in earnings and returns. *Journal of Finance*，1995，50(1)：131－155.

［126］ Fama，E. F.，French，K. R. The CAPM is wanted，dead or

alive. *Journal of Finance*, 1996a, 51(5): 1947 - 1958.

[127] Fama, E. F., French, K. R. Multifactor explanations of asset pricing anomalies. *Journal of Finance*, 1996b, 51(1): 55 - 84.

[128] Fama, E. F., French, K. R. Value versus growth: The international evidence. *Journal of Finance*, 1998, 53(6): 1975 - 1999.

[129] Fama, E. F., French, K. R. The capital asset pricing model: Theory and evidence. *Journal of Economic Perspectives*, 2004, 18(3): 25 - 46.

[130] Fama, E. F., French, K. R. The value premium and the CAPM. *Journal of Finance*, 2006, 61(5): 2163 - 2185.

[131] Fama, E. F., French, K. R. Size, value, and momentum in international stock returns. *Journal of Financial Economics*, 2012, 105(3): 457 - 472.

[132] Fama, E. F., French, K. R. A five-factor asset pricing model. *Journal of Financial Economics*, 2015, 116(1): 1 - 22.

[133] Fama, E. F., French, K. R. International tests of a five-factor asset pricing model. *Journal of Financial Economics*, 2017, 123(3): 441 - 463.

[134] Fama, E. F., French, K. R. The value premium. *Review of Asset Pricing Studies*, 2021, 11(1): 105 - 121.

[135] Fama, E. F., MacBeth, J. D. Risk, return, and equilibrium: Empirical tests. *Journal of Political Economy*, 1973, 81(3): 607 - 636.

[136] Figlewski, S., Webb, G. P. Options, short sales, and market completeness. *Journal of Finance*, 1993, 48(2): 761 - 777.

[137] Fisher, K. L. *Super Stocks*. New York: Irwin Professional Publishing, 1984.

[138] Foster, F. D., Viswanathan, S. The effect of public information and competition on trading volume and price volatility. *Review of Financial Studies*, 1993, 6(1): 23 - 56.

[139] Frazzini, A., Kabiller, D., Pedersen, L. H. Buffett's alpha. *Financial Analysts Journal*, 2018, 74(4): 35-55.

[140] Friedman, M. *Essays in Positive Economics*. Chicago: University of Chicago Press, 1953.

[141] Friend, I., Blume, M. Measurement of portfolio performance under uncertainty. *American Economic Review*, 1970, 60(4): 561-575.

[142] Froot, K. A., Dabora, E. M. How are stock prices affected by the location of trade?. *Journal of Financial Economics*, 1999, 53(2): 189-216.

[143] Gao, L., He, W., Wang, Q. In search of distress risk in China's stock market. *Global Finance Journal*, 2019, 42: 1-22.

[144] García-Feijóo, L., Jorgensen, R. D. Can operating leverage be the cause of the value premium?. *Financial Management*, 2010, 39(3): 1127-1154.

[145] Geczy, C. C., Musto, D. K., Reed, A. V. Stocks are special too: An analysis of the equity lending market. *Journal of Financial Economics*, 2002, 66(2-3): 241-269.

[146] Gibbons, M. R., Ross, S. A., Shanken, J. A test of the efficiency of a given portfolio. *Econometrica*, 1989, 57(5): 1121-1152.

[147] Golubov, A., Konstantinidi, T. Where is the risk in value? Evidence from a market-to-book decomposition. *Journal of Finance*, 2019, 74(6): 3135-3186.

[148] Gomes, J., Kogan, L., Zhang, L. Equilibrium cross section of returns. *Journal of Political Economy*, 2003, 111(4): 693-732.

[149] Gonçalves, A. S. The short duration premium. *Journal of Financial Economics*, 2021, 141(3): 919-945.

[150] Gordon, M. J., Shapiro, E. Capital equipment analysis: The required rate of profit. *Management Science*, 1956, 3(1): 102-110.

[151] Goyenko, R. Y., Holden, C. W., Trzcinka, C. A. Do

liquidity measures measure liquidity?. *Journal of Financial Economics*, 2009, 92(2): 153 - 181.

[152] Graham, B., Dodd, D. *Security Analysis*. New York: Whittlesey House, 1934.

[153] Griffin, J. M., Ji, X., Martin, J. S. Momentum investing and business cycle risk: Evidence from pole to pole. *Journal of Finance*, 2003, 58(6): 2515 - 2547.

[154] Griffin, J. M., Lemmon, M. L. Book-to-market equity, distress risk, and stock returns. *Journal of Finance*, 2002, 57(5): 2317 - 2336.

[155] Griffin, D., Tversky, A. The weighing of evidence and the determinants of confidence. *Cognitive Psychology*, 1992, 24(3): 411 - 435.

[156] Grinblatt, M., Han, B. Prospect theory, mental accounting, and momentum. *Journal of Financial Economics*, 2005, 78(2): 311 - 339.

[157] Gromb, D., Vayanos, D. Limits of arbitrage. *Annual Review of Financial Economics*, 2010, 2(1): 251 - 275.

[158] Grundy, B. D., Martin, J. S. M. Understanding the nature of the risks and the source of the rewards to momentum investing. *Review of Financial Studies*, 2001, 14(1): 29 - 78.

[159] Gulen, H., Xing, Y., Zhang, L. Value versus growth: Time-varying expected stock returns. *Financial Management*, 2011, 40(2): 381 - 407.

[160] Hahn, J., Lee, H. Yield spreads as alternative risk factors for size and book-to-market. *Journal of Financial and Quantitative Analysis*, 2006, 41(2): 245 - 269.

[161] Harvey, C. R., Liu, Y., Zhu, H. … and the cross-section of expected returns. *Review of Financial Studies*, 2016, 29(1): 5 - 68.

[162] Hayn, C. The information content of losses. *Journal of Accounting and Economics*, 1995, 20(2): 125 - 153.

[163] Hirshleifer, D., Teoh, S. H., Yu, J. J. Short arbitrage, return asymmetry, and the accrual anomaly. *Review of Financial Studies*, 2011, 24(7): 2429 - 2461.

[164] Holden, C. W., Subrahmanyam, A. Long-lived private information and imperfect competition. *Journal of Finance*, 1992, 47 (1): 247 - 270.

[165] Hong, H., Lim, T., Stein, J. C. Bad news travels slowly: Size, analyst coverage, and the profitability of momentum strategies. *Journal of Finance*, 2000, 55(1): 265 - 295.

[166] Hong, H., Stein, J. C. A unified theory of underreaction, momentum trading, and overreaction in asset markets. *Journal of Finance*, 1999, 54(6): 2143 - 2184.

[167] Hou, K., Karolyi, G. A., Kho, B. C. What factors drive global stock returns?. *Review of Financial Studies*, 2011, 24 (8): 2527 - 2574.

[168] Hou, K., Xue, C., Zhang, L. Digesting anomalies: An investment approach. *Review of Financial Studies*, 2015, 28 (3): 650 - 705.

[169] Hou, K., Mo, H., Xue, C., Zhang, L. An augmented *q*-factor model with expected growth. *Review of Finance*, 2020a, 25(1): 1 - 41.

[170] Hou, K., Xue, C., Zhang, L. Replicating anomalies. *Review of Financial Studies*, 2020b, 33(5): 2019 - 2133.

[171] Ippolito, R. A. Consumer reaction to measures of poor quality: Evidence from the mutual fund industry. *Journal of Law and Economics*, 1992, 35(1): 45 - 70.

[172] Israel, R., Laursen, K., Richardson, S. Is (systematic) value investing dead?. *Journal of Portfolio Management*, 2020, 47(2): 38 - 62.

[173] Israel, R., Moskowitz, T. J. The role of shorting, firm size,

and time on market anomalies. *Journal of Financial Economics*, 2013, 108(2): 275 - 301.

[174] Jagannathan, R., Wang, Z. The conditional CAPM and the cross-section of expected returns. *Journal of Finance*, 1996, 51(1): 3 - 53.

[175] Jaffe, J., Keim, D. B., Westerfield, R. Earnings yields, market values, and stock returns. *Journal of Finance*, 1989, 44(1): 135 - 148.

[176] Jegadeesh, N., Titman, S. Returns to buying winners and selling losers: Implications for stock market efficiency. *Journal of Finance*, 1993, 48(1): 65 - 91.

[177] Jiang, F., Qi, X., Tang, G. Q-theory, mispricing, and profitability premium: Evidence from China. *Journal of Banking & Finance*, 2018, 87: 135 - 149.

[178] Jones, C. M., Lamont, O. A. Short-sale constraints and stock returns. *Journal of Financial Economics*, 2002, 66(2 - 3): 207 - 239.

[179] Jorgensen, B., Li, J., Sadka, G. Earnings dispersion and aggregate stock returns. *Journal of Accounting and Economics*, 2012, 53(1 - 2): 1 - 20.

[180] Kahneman, D., Tversky, A. Subjective probability: A judgment of representativeness. *Cognitive Psychology*, 1972, 3(3): 430 - 454.

[181] Keim, D. B. Dividend yields and stock returns: Implications of abnormal January returns. *Journal of Financial Economics*, 1985, 14(3): 473 - 489.

[182] Kogan, L., Papanikolaou, D. Growth opportunities, technology shocks, and asset prices. *Journal of Finance*, 2014, 69(2): 675 - 718.

[183] Kolasinski, A. C., Reed, A. V., Ringgenberg, M. C. A

multiple lender approach to understanding supply and search in the equity lending market. *Journal of Finance*, 2013, 68(2): 559 - 595.

[184] Kothari, S. P., Shanken, J., Sloan, R. G. Another look at the cross-section of expected stock returns. *Journal of Finance*, 1995, 50 (1): 185 - 224.

[185] Kumar, A. Who gambles in the stock market?. *Journal of Finance*, 2009, 64(4): 1889 - 1933.

[186] Lakonishok, J., Shleifer, A., Vishny, R. W. Contrarian investment, extrapolation, and risk. *Journal of Finance*, 1994, 49(5): 1541 - 1578.

[187] Lamont, O. A., Thaler, R. H. Can the market add and subtract? Mispricing in tech stock carve-outs. *Journal of Political Economy*, 2003, 111(2): 227 - 268.

[188] La Porta, R. Expectations and the cross-section of stock returns. *Journal of Finance*, 1996, 51(5): 1715 - 1742.

[189] La Porta, R., Lakonishok, J., Shleifer, A., Vishny, R. Good news for value stocks: Further evidence on market efficiency. *Journal of Finance*, 1997, 52(2): 859 - 874.

[190] Lee, C. M., Swaminathan, B. Price momentum and trading volume. *Journal of Finance*, 2000, 55(5): 2017 - 2069.

[191] Leivo, T. H., Pätäri, E. J. Enhancement of value portfolio performance using momentum and the long-short strategy: The Finnish evidence. *Journal of Asset Management*, 2011, 11(6): 401 - 416.

[192] Leledakis, G., Davidson, I. Are two factors enough? The UK evidence. *Financial Analysts Journal*, 2001, 57(6): 96 - 105.

[193] Lettau, M., Ludvigson, S. Resurrecting the (C) CAPM: A cross-sectional test when risk premia are time-varying. *Journal of Political Economy*, 2001, 109(6): 1238 - 1287.

[194] Lettau, M., Wachter, J. A. Why is long-horizon equity less risky? A duration-based explanation of the value premium. *Journal of*

Finance, 2007, 62(1): 55 - 92.

[195] Lev, B. The deteriorating usefulness of financial report information and how to reverse it. *Accounting and Business Research*, 2018, 48(5): 465 - 493.

[196] Levis, M. Stock market anomalies: A re-assessment based on the UK evidence. *Journal of Banking & Finance*, 1989, 13(4 - 5): 675 - 696.

[197] Lintner, J. Security prices, risk, and maximal gains from diversification. *Journal of Finance*, 1965, 20(4): 587 - 615.

[198] Litzenberger, R. H., Ramaswamy, K. The effects of dividends on common stock prices tax effects or information effects?. *Journal of Finance*, 1982, 37(2): 429 - 443.

[199] Liu, J., Stambaugh, R. F., Yuan, Y. Size and value in China. *Journal of Financial Economics*, 2019, 134(1): 48 - 69.

[200] Liu, L. X., Zhang, L. Momentum profits, factor pricing, and macroeconomic risk. *Review of Financial Studies*, 2008, 21(6): 2417 - 2448.

[201] Lofthouse, S. *Investment Management*. Chichester, UK: John Wiley & Sons, 2001.

[202] Loughran, T., Ritter, J. R. The new issues puzzle. *Journal of Finance*, 1995, 50(1): 23 - 51.

[203] Loughran, T., Vijh, A. M. Do long-term shareholders benefit from corporate acquisitions?. *Journal of Finance*, 1997, 52(5): 1765 - 1790.

[204] Lucas Jr, R. E. Asset prices in an exchange economy. *Econometrica*, 1978, 46(6): 1429 - 1445.

[205] Lui, D., Markov, S., Tamayo, A. What makes a stock risky? Evidence from sell-side analysts' risk ratings. *Journal of Accounting Research*, 2007, 45(3): 629 - 665.

[206] Maddala, G. S., Nimalendran, M. 17 Errors-in-variables

problems in financial models. *Handbook of Statistics*, 1996, 14: 507 - 528.

[207] Malkiel, B. G., Fama, E. F. Efficient capital markets: A review of theory and empirical work. *Journal of Finance*, 1970, 25(2): 383 - 417

[208] Mandelker, G. N., Rhee, S. G. The impact of the degrees of operating and financial leverage on systematic risk of common stock. *Journal of Financial and Quantitative Analysis*, 1984, 19(1): 45 - 57.

[209] Markowitz, H. M. Portfolio selection. *Journal of Finance*, 1952, 7(1): 77 - 91.

[210] Mashruwala, C., Rajgopal, S., Shevlin, T. Why is the accrual anomaly not arbitraged away? The role of idiosyncratic risk and transaction costs. *Journal of Accounting and Economics*, 2006, 42(1 - 2): 3 - 33.

[211] McWilliams, J. D. Prices, earnings and PE ratios. *Financial Analysts Journal*, 1966, 22(3): 137 - 142.

[212] Mendenhall, R. R. Arbitrage risk and post-earnings-announcement drift. *Journal of Business*, 2004, 77(4): 875 - 894.

[213] Merton, R. C. An intertemporal capital asset pricing model. *Econometrica*, 1973, 41(5): 867 - 887.

[214] Merton, R. C. On the pricing of corporate debt: The risk structure of interest rates. *Journal of Finance*, 1974, 29(2): 449 - 470.

[215] Merton, R. C. Option pricing when underlying stock returns are discontinuous. *Journal of Financial Economics*, 1976, 3(1 - 2): 125 - 144.

[216] Miller, E. M. Risk, uncertainty, and divergence of opinion. *Journal of Finance*, 1977, 32(4): 1151 - 1168.

[217] Miller, M. H., Scholes, M. Rates of return in relation to risk: A reexamination of some recent findings. // Jensen, M. C. *Studies in the Theory of Capital Markets*. New York: Praeger, 1972: 47 - 78.

[218] Millwood, I. Y., Bennett, D. A., Holmes, M. V., et al. Association of CETP gene variants with risk for vascular and nonvascular diseases among Chinese adults. *JAMA Cardiology*, 2018, 3(1): 34-43.

[219] Mohanram, P. S. Separating winners from losers among low book-to-market stocks using financial statement analysis. *Review of Accounting Studies*, 2005, 10(2-3): 133-170.

[220] Mossin, J. Equilibrium in a capital asset market. *Econometrica*, 1966, 34(4): 768-783.

[221] Nagel, S. Short sales, institutional investors and the cross-section of stock returns. *Journal of Financial Economics*, 2005, 78(2): 277-309.

[222] Naranjo, A., Nimalendran, M., Ryngaert, M. Stock returns, dividend yields, and taxes. *Journal of Finance*, 1998, 53(6): 2029-2057.

[223] Newey, W. K., West, K. D. A simple, positive semi-definite, heteroskedasticity and autocorrelation consistent covariance matrix. *Econometrica*, 1987, 55(3): 703-708.

[224] Ni, S. X., Pan, J. Trading puts and CDS on stocks with short sale ban. Unpublished HKUST and MIT working paper (July), 2011.

[225] Nicholson, S. F. Price-earnings ratios. *Financial Analysts Journal*, 1960, 16(4): 43-45.

[226] Nicholson, S. F. Price ratios in relation to investment results. *Financial Analysts Journal*, 1968, 24(1): 105-109.

[227] Nishiotis, G. P., Rompolis, L. S. Put-call parity violations and return predictability: Evidence from the 2008 short sale ban. *Journal of Banking & Finance*, 2019, 106(9): 276-297.

[228] Nissim, D., Penman, S. H. Ratio analysis and equity valuation: From research to practice. *Review of Accounting Studies*, 2001, 6(1): 109-154.

[229] Novy-Marx, R. Operating leverage. *Review of Finance*,

2011, 15(1): 103 - 134.

[230] Novy-Marx, R. The other side of value: The gross profitability premium. *Journal of Financial Economics*, 2013, 108(1): 1 - 28.

[231] O'Brien, T. J., Vanderheiden, P. A. Empirical measurement of operating leverage for growing firms. *Financial Management*, 1987, 16(2): 45 - 53.

[232] Ofek, E., Richardson, M., Whitelaw, R. F. Limited arbitrage and short sales restrictions: Evidence from the options markets. *Journal of Financial Economics*, 2004, 74(2): 305 - 342.

[233] Ohlson, J. A. Financial ratios and the probabilistic prediction of bankruptcy. *Journal of Accounting Research*, 1980, 18(1): 109 - 131.

[234] Ohlson, J. A. Earnings, book values, and dividends in equity valuation. *Contemporary Accounting Research*, 1995, 11(2): 661 - 687.

[235] Ohlson, J. A. Earnings, book values, and dividends in equity valuation: An empirical perspective. *Contemporary Accounting Research*, 2001, 18(1): 107 - 120.

[236] Opler, T. C., Titman, S. Financial distress and corporate performance. *Journal of Finance*, 1994, 49(3): 1015 - 1040.

[237] Parker, J. A., Julliard, C. Consumption risk and the cross section of expected returns. *Journal of Political Economy*, 2005, 113(1): 185 - 222.

[238] Pástor, L'., Stambaugh, R. F. Liquidity risk and expected stock returns. *Journal of Political Economy*, 2003, 111(3): 642 - 685.

[239] Pätäri, E., Leivo, T. A closer look at value premium: Literature review and synthesis. *Journal of Economic Surveys*, 2017, 31(1): 79 - 168.

[240] Penman, S. H. The articulation of price-earnings ratios and market-to-book ratios and the evaluation of growth. *Journal of Accounting Research*, 1996, 34(2): 235 - 259.

[241] Petersen, M. A. Estimating standard errors in finance panel data sets: Comparing approaches. *Review of Financial Studies*, 2009, 22(1): 435 - 480.

[242] Petkova, R., Zhang, L. Is value riskier than growth?. *Journal of Financial Economics*, 2005, 78(1): 187 - 202.

[243] Phalippou, L. Can risk-based theories explain the value premium?. *Review of Finance*, 2007, 11(2): 143 - 166.

[244] Phillips, B. Options, short-sale constraints and market efficiency: A new perspective. *Journal of Banking & Finance*, 2011, 35 (2): 430 - 442.

[245] Piotroski, J. D. Value investing: The use of historical financial statement information to separate winners from losers. *Journal of Accounting Research*, 2000, 38: 1 - 41.

[246] Piotroski, J. D., So, E. C. Identifying expectation errors in value/glamour strategies: A fundamental analysis approach. *Review of Financial Studies*, 2012, 25(9): 2841 - 2875.

[247] Pontiff, J. Costly arbitrage: Evidence from closed-end funds. *Quarterly Journal of Economics*, 1996, 111(4): 1135 - 1151.

[248] Pontiff, J. Costly arbitrage and the myth of idiosyncratic risk. *Journal of Accounting and Economics*, 2006, 42(1 - 2): 35 - 52.

[249] Reinganum, M. R. Misspecification of capital asset pricing: Empirical anomalies based on earnings' yields and market values. *Journal of Financial Economics*, 1981, 9(1): 19 - 46.

[250] Rhodes-Kropf, M., Robinson, D. T., Viswanathan, S. Valuation waves and merger activity: The empirical evidence. *Journal of Financial Economics*, 2005, 77(3): 561 - 603.

[251] Roll, R. A critique of the asset pricing theory's tests Part I:

On past and potential testability of the theory. *Journal of Financial Economics*, 1977, 4(2): 129 - 176.

[252] Roll, R. R-squared. *Journal of Finance*, 1988, 43(3): 541 - 66.

[253] Roll, R. Style return differentials: Illusions, risk premiums, or investment opportunities.//Coggin, T. D., Fabozzi, F. J. *Handbook of Equity Style Management*. Chichester, UK: John Wiley & Sons, 1995.

[254] Rosenberg, B., Reid, K., Lanstein, R. Persuasive evidence of market inefficiency. *Journal of Portfolio Management*, 1985, 11(3): 9 - 16.

[255] Ross, S. A. The arbitrage theory of capital asset pricing. *Journal of Economic Theory*, 1976, 13(3):341 - 360.

[256] Sadka, R. Momentum and post-earnings-announcement drift anomalies: The role of liquidity risk. *Journal of Financial Economics*, 2006, 80(2): 309 - 349.

[257] Saffi, P. A., Sigurdsson, K. Price efficiency and short selling. *Review of Financial Studies*, 2011, 24(3): 821 - 852.

[258] Samuelson, P. Proof that properly anticipated prices fluctuate randomly. *Industrial Management Review*, 1965, 6: 41 - 50.

[259] Senchack Jr, A. J., Martin, J. D. The relative performance of the PSR and PER investment strategies. *Financial Analysts Journal*, 1987, 43(2): 46 - 56.

[260] Shanken, J. On the estimation of beta-pricing models. *Review of Financial Studies*, 1992, 5(1): 1 - 33.

[261] Sharpe, W. F. Capital asset prices: A theory of market equilibrium under conditions of risk. *Journal of Finance*, 1964, 19(3): 425 - 442.

[262] Shleifer, A., Vishny, R. W. The limits of arbitrage. *Journal of Finance*, 1997, 52(1): 35 - 55.

[263] Shleifer, A., Vishny, R. W. Stock market driven

acquisitions. *Journal of Financial Economics*, 2003, 70(3): 295－311.

[264] Shumway, T. Forecasting bankruptcy more accurately: A simple hazard model. *Journal of Business*, 2001, 74(1): 101－124.

[265] Sloan, R. G. Do stock prices fully reflect information in accruals and cash flows about future earnings?. *The Accounting Review*, 1996, 71(3): 289－315.

[266] Spiess, D. K., Affleck-Graves, J. Underperformance in long-run stock returns following seasoned equity offerings. *Journal of Financial Economics*, 1995, 38(3): 243－267.

[267] Stambaugh, R. F. On the exclusion of assets from tests of the two-parameter model: A sensitivity analysis. *Journal of Financial Economics*, 1982, 10(3): 237－268.

[268] Stambaugh, R. F., Yu, J., Yuan, Y. The short of it: Investor sentiment and anomalies. *Journal of Financial Economics*, 2012, 104(2): 288－302.

[269] Stambaugh, R. F., Yuan, Y. Mispricing factors. *Review of Financial Studies*, 2017, 30(4): 1270－1315.

[270] Stattman, D. Book values and stock returns. *The Chicago MBA: A Journal of Selected Papers*, 1980, 4(1): 25－45.

[271] Stock, J. H., Watson, M. W. Business cycle fluctuations in U. S. macroeconomic time series. NBER Working Paper No. 6528, 1998.

[272] Titman, S., Wei, K. J., Xie, F. Capital investments and stock returns. *Journal of Financial and Quantitative Analysis*, 2004, 39(4): 677－700.

[273] Tversky, A., Kahneman, D. Judgment under uncertainty: Heuristics and biases. *Science*, 1974, 185(4157): 1124－1131.

[274] van der Hart, J., De Zwart, G., van Dijk, D. The success of stock selection strategies in emerging markets: Is it risk or behavioral bias?. *Emerging Markets Review*, 2005, 6(3): 238－262.

[275] van der Hart, J., Slagter, E., van Dijk, D. Stock selection

strategies in emerging markets. *Journal of Empirical Finance*, 2003, 10(1-2): 105-132.

[276] Vassalou, M., Xing, Y. Default risk in equity returns. *Journal of Finance*, 2004, 59(2): 831-868.

[277] Vuolteenaho, T. What drives firm-level stock returns?. *Journal of Finance*, 2002, 57(1): 233-264.

[278] Walkshäusl, C. Expectation errors in European value-growth strategies. *Review of Finance*, 2016, 21(2): 845-870.

[279] Warther, V. A. Aggregate mutual fund flows and security returns. *Journal of Financial Economics*, 1995, 39(2-3): 209-235.

[280] Wurgler, J., Zhuravskaya, E. Does arbitrage flatten demand curves for stocks?. *Journal of Business*, 2002, 75(4): 583-608.

[281] Zhang, L. The value premium. *Journal of Finance*, 2005, 60(1): 67-103.

[282] Zhang, X. F. Information uncertainty and stock returns. *Journal of Finance*, 2006, 61(1): 105-137.

后　记

我花了很多年的时间求学，走了很长的路，吃了不少的苦，才能够将这篇论文最终呈现在这里。求学的历程，对我来讲不能说容易。这虽然与我个人的努力与坚持分不开，但更重要的是，在这样一个日新月异的大时代，像我这样一个普普通通的个体，是在一系列国家政策的援助之下，同时在父母家人、老师朋友的极大帮助之下，才顺利完成了学业。

在儿时的印象中，父亲母亲经常会为凑齐学费、向粮站上交公粮（农业税和农林特产税，国家已于2006年全部废除）而提前做好准备。而家中那几只母鸡产蛋换来的钱常常成为我学费的重要来源。母亲是极要面子之人，但为了凑齐学费也顾不得面子，常常为了1分钱的价差跑遍集市上所有可能的小卖部，虽然在此过程中免不得遭到不少冷嘲热讽，但母亲总可以将鸡蛋的价钱卖得最好。即使如此，在每学期开学时，我也常常会因为家中欠交公粮而被校长从周一全校的晨会中点名叫出来，回家“督促”父亲母亲向粮站交粮，等拿到粮站开具的公粮交收凭证后，才可以回到学校继续读书。彼时，学费和公粮成为我脑海中不能磨灭的印象。

高中时期，我的学习总算没有让父母花费太多的心力，但乡亲们口口相传的大学巨额学费却成为父母心中迈不过去的一道坎。父亲母亲节衣缩食、东借西凑，终于在我离家前往天津求学前凑足了1万元，这已是我们这个家庭当时的经济极限，至于未来的学费与生活费来源则只能走走看看。此时以及后来研究生期间，中国银行提供的国家助学贷款成为支持我顺利完成学业的重要保障，也正因如此，我对中国银行怀有特殊的情感。

国运即人生，二者是紧密结合在一起的。父亲常对我说，我生在了一个百年难遇的好时代，可以按照个人想法选择自己的人生路径，并通过努力争取到一些在父亲那个年代普通家庭的学子难以争取到的机会。对父亲那一代人的际遇我虽然难有切身体会，但坚信自己是因国运而极为幸运之人，在选择的关键时刻，总会有相应的选项供自己选择，即使自身的经济条件有限，国家也会有相应的政策支持自己前行，而不至由于客观条件所限而被迫中途失学。因此，我们的国家是支撑我在求学路上顺利前行的最大“贵人”。

父亲母亲均是因家庭条件所限而被迫中断学业的，他们没有机会接受高等教育，却对我和弟弟的教育倾注了近乎毕生的精力。求学的结果充满期待，但求学的过程历经清苦。在我正值青壮年和父亲母亲日渐年迈之时，我能够静坐在课堂中、书桌前学习和研究，这离不开父亲母亲长期以来对我教育的重视和他们对清贫的极度忍耐。

我和妻子是在我硕士研究生二年级时结婚组成家庭的，那时我身无分文且因学业而不得不放弃体面的工作。妻子能够在这种境况下与我齐心协力组建起小家庭，同我携手应对未来可能存在的各种不确定性，在学习和研究受挫时开导和支持我，并将儿子抚养得健康活泼，一手支撑起我们这个小家，这对于一个女性来讲无疑是异常沉重的担子，或许只有经历过才知其中之不易。感谢妻子这么多年陪着我风雨兼程，并在我的低谷期赠给我如下一句话：“在等待的日子里，刻苦读书，谦卑做人，养得深根，日后才有可能枝繁叶茂。”感谢儿子江江，他的到来让我们这个家变得更加温暖，让做父亲的我有了更加明确的前行目标。

感谢我的博导汪老师和硕导韩老师。韩老师的建议让我向往来中国人民大学学习；汪老师给予我的读博机会让我有可能在国内接受到最好的金融学训练，这对我来讲或许是一个重要的转折点。在博士学位论文的选题阶段，汪老师和韩老师都给予我十分重要的建议，促使我将研究的重点聚焦于既具学术价值又有实践意义的价值溢价研究。在论文的成文和投稿阶段，汪老师近乎手把手地教我如何写作，孜孜不倦地引导我逐步掌握论文写作的基本要领。两位老师在我 4 年的博士学习阶段对我的学习、生活和未来的工作去向给予足够的关心和建议，这让原本不够自信的我在面对不确定时有了更多的信心。

感谢宋哲泉同学，在论文正式写作阶段，他不厌其烦地听我展示论文的研究思路和内容并提出宝贵的建议，他的认真倾听让我在进一步理清写作思路的同时，体会到好的研究更需要好的表达。感谢郑洁菲和杨阳同学，两位同行者的鼓励给予我持续向前的力量。感谢贾翔夫、韩绪原、卢尚霖、张祎、刘笑彤、莫言、吴丹同学和我的好友卓俊宏，在求学和求职阶段给予我重要的参考建议，帮助我做出最终的选择。感谢班主任何平老师和 2017 级金融博士班的全体同学，大家对我在班级事务上的信任，给予我充分锻炼和提升自我的机会。

在建党 100 周年之际，我谨以这篇用心写作的博士学位论文向党组织献礼，祝愿伟大的中国共产党能够永葆生机和活力，带领国家和人民开启下一个百年辉煌新征程。祝愿母校在新时代、新征程中培养出更多对国家和社会有益的“复兴栋梁、强国先锋”，在服务祖国和奉献社会中再创辉煌。

图书在版编目（CIP）数据

风险、预期差和价值溢价/姜圆著．-- 北京：中国人民大学出版社，2023.8
（中国经济问题丛书）
ISBN 978-7-300-31552-2

Ⅰ.①风… Ⅱ.①姜… Ⅲ.①股票价格-研究-中国
Ⅳ.①F832.51

中国国家版本馆 CIP 数据核字（2023）第 052543 号

中国经济问题丛书
风险、预期差和价值溢价
姜 圆 著
Fengxian、Yuqicha he Jiazhi Yijia

出版发行	中国人民大学出版社		
社　　址	北京中关村大街 31 号	**邮政编码**	100080
电　　话	010－62511242（总编室）		010－62511770（质管部）
	010－82501766（邮购部）		010－62514148（门市部）
	010－62515195（发行公司）		010－62515275（盗版举报）
网　　址	http://www.crup.com.cn		
经　　销	新华书店		
印　　刷	涿州市星河印刷有限公司		
开　　本	720 mm×1000 mm　1/16	**版　　次**	2023 年 8 月第 1 版
印　　张	15 插页 3	**印　　次**	2023 年 8 月第 1 次印刷
字　　数	221 000	**定　　价**	68.00 元